純資産の部の総合的検討

Comprehensive Study of Net Assets Section

日税研論集

Journal of Japan Tax Research Institute

VOL 76

研究にあたって

成蹊大学名誉教授　成道　秀雄

　平成 6 年 12 月に日税研論集第 29 号『資本等取引』（以下『資本等取引』とする）が刊行されている。この論集が刊行された 10 年後の平成 17 年 7 月に会社法が制定され，それに伴い法人税法上の重要な改正が行われたことから，その内容の多くが見直しの対象となっている。このたび刊行される『純資産の部の総合的検討』は，いわば『資本等取引』の全訂版ともいえるものである。

　「研究にあたって」では，会社法制定に伴う法人税法の重要な改正で，どのような見直しがなされたかを解説し，そして各章の執筆者と概要を示しておくこととする。

1　会社法の制定に伴う会計基準・適用指針の公表と法人税法の改正

　平成 17 年 7 月の会社法の制定に伴い，同年 12 月に会社法施行令が，翌年の 2 月に会社法施行規則，会社計算規則が制定されている。これらの会社法等の制定を受けて，純資産の部での次の会計基準，適用指針等が公表され，法人税法も改正された。

> ①　「貸借対照表の純資産の部の表示に関する会計基準」，「貸借対照表の純資産の部の表示に関する会計基準の適用指針」　平成 17年 12 月公表
> 　　資産と負債の差額概念として純資産が整理され，その純資産の部で株主資本以外の項目として評価・換算差額等，及び新株予約権が示さ

れた。そのうちの評価換算差額として，その他有価証券評価差額金や繰延ヘッジ損益，為替換算調整勘定等があり，それらは金融商品会計基準で会計処理及び開示の方法が示されている。それに合わせて，法人税法上も平成13年度の改正で整理されている。

② 「株主資本等変動計算書に関する会計基準」，「株主資本等変動計算書に関する会計基準の適用指針」 平成17年12月公表
株主資本等変動計算書では，純資産を株主資本，評価・換算差額，新株予約権に分けて，各事業年度の変動額が純額で示される。それぞれの会計数値をもとに税務調整が行われることとなった。

③ 「ストック・オプション等に関する会計基準」「ストック・オプション等に関する会計基準の適用指針」 平成17年12月公表
主としてストック・オプション取引の会計処理及び開示を明らかにする目的で公表された。
法人税法では，平成19年度の税制改正で，ストック・オプション（新株予約権）は純資産の計算上，負債に含まれることを定めた。

④ 「払込資本を増加させる可能性のある部分を含む複合金融商品に関する会計処理」 平成19年4月公表
この適用指針は金融商品会計基準の「Ⅳ複合金融商品」のうち，「払込資本を増加させる可能性のある部分を含む複合金融商品」の取り扱いについて示している。ここでの複合金融商品としては，新株予約権，自己新株予約権，新株予約権付社債があげられる。

なお，『資本等取引』の後で，会社法制定の前の資本関係に係わる会計基準，実務指針等の公表として，次のものがある。

① 「金融商品に関する会計基準」平成11年1月公表，「金融商品会計に関する実務指針」平成12年1月公表
「Ⅳ金融商品及び金融負債の貸借対照表価額等」の2，(4)「その他有価証券」では，評価差額の合計額を資本の部に計上する，いわゆる

全部純資産直入法ととともに，時価が取得原価を上回る銘柄に係る評価差額は資本の部に計上し，時価が取得原価を下回る銘柄に係る評価差損はその期のの損失として処理する，部分純資産直入法を適用することができるとされた。

法人税法では平成12年度の税制改正で，「その他有価証券」は原価評価するものとされ，部分純資産直入法での低価法の適用は廃止されている。

---

② 「自己株式及び準備金の額の減少等に関する会計基準」，「自己株式及び準備金の額の減少等に関する会計基準の適用指針」平成14年2月公表

平成13年に「商法等の一部を改正する等の法律」が交付され，自己株式の取得及び保有規制の見直し等がなされたために当会計基準，適用指針が公表された。その後の会社法の制定に伴い，税制改正が行われている。

法人税法では，平成13年度の税制改正で組織再編税制が創設されたことから，次の組織再編での資本の部の取り扱いが明示された。

①合併・分割型分割，②分社型分割・現物出資，③事後設立，④減資又は残余財産の分配・株式の消却・退社又は脱退等

会社法制定の翌年の平成18年度の税制改正で，資本の部の整備が行われた。改正の主なものは次の通りである。

①資本の部の構成，②自己の株式を交付した場合に増加する資本金等の額，③自己の株式の取得等をした場合，④資本の払戻しにより減少する資本金等の額及び利益積立金額

さらに平成19年度の税制改正で，資本の払戻し等又は自己株式の取得等の場合の資本金等の額，利益積立金額及びみなし配当の額の計算規定が整備された。

4

2 会社法の制定と法人税法の改正事項

『資本等取引』は平成6年12月に刊行され，会社法の制定が平成17年7月であることから，本来であればその間の会社法，法人税法の変遷もフォローすべきであるが，会社法制定まで最低資本金制度が撤廃されなかったことから，その間は商法において資本充実の原則がとられ，商法，法人税法において資本の部に係る大改正は行われていない。それゆえ，ここでは主に会社法制定に伴う平成18年度の資本の部の税制改正事項を簡潔に述べることとする。

(1) 資本の部の構成

平成18年度税制改正前は，法人の「資本等の金額」は法人の資本の金額又は出資金の金額と資本積立金の金額の合計額とされていたが，18年度改正後は，会社法の制定を機に，資本金の額と資本積立金額を一括りにし，「法人が株主等から出資を受けた金額」としてその概念の明確化が図られた。その際，従来の「資本等の金額」が，「資本金等の額」に改められた。

利益積立金額についても，「資本金等の額」と同様に，「法人の所得の金額で留保している金額」として，その概念の明確化が図られた。

(2) 自己の株式を交付した場合に増加する資本金等の額

平成18年度税制改正前においては自己の株式は資産として扱い，その譲渡差額は資本積立金の増減として扱われていたが，18年度改正後では，自己の株式は新株と同様に扱われることとなった。それゆえ自己の株式は，原則として払い込まれた金銭の額及び給付を受けた金銭以外の資産の価額その他の対価の額に相当する金額となっている（法令8①(1)）。なお，平成18年度税制改正前においては，「払い込まれた金銭の額」でなく，「発行価額」であったが，会社法で株式について発行価額という概念がなくなったためである（第2章40頁参照）。

(3) 自己の株式の取得等をした額

株価の低迷を受けて経済界の要望により，平成7年4月の商法改正で株

式の消却を目的とした場合に限り，自己株式の取得を認めることとなった。そして，消却以外の特別の事情で自己株式を取得した場合でも短期間での処分を要請していたので，流動資産として計上されていた（旧計規12）。法人税法上も商法と同様に扱い，自己株式を取得した場合は流動資産として計上し，それを処分しての現金対価との差額は資本積立金の増減として資本等取引で扱われていた。

平成18年度の税制改正で，法人が自己の株式を取得した場合には，資産に計上せず，取得等をした株式に対応する資本金等の額（以下「取得資本金額」とする）を，取得等の時に資本金等の額から減算することとされた（法法2⑵，法令8①⒇）。また，その対価の額から取得資本金額を控除した金額が，減少する利益積立金額となる（法令9①⑻）。ただし，上場株式の市場における取得など，みなし配当の額が生じる事由に該当しない自己の株式の取得の場合には，その取得の対価等が，減少する資本金等の額となるため，利益積立金額は減少しないとされた（法令8①㉑）。

⑷ 資本の払戻しにより減少する資本金等の額及び利益積立金額

会社法が制定される前の平成13年度の税制改正では，法人の商法上の処理や企業会計上の処理の如何に関わらず，現において行われた取引の実態に即して処理することとしていた。たとえば減資のために資本金1,000万円を取り崩した場合に，税法上も同様に資本金1,000万円を取り崩したとして課税関係をみることになっていた。

しかし平成18年度の税制改正では，手続ではなく払戻原資に着目することとし，払戻原資が利益剰余金のみである場合には利益部分の払戻し，すなわち利益積立金額の減少とし，払戻原資に資本剰余金が含まれている場合には，資本部分と，みなし配当部分の払戻し，すなわちプロラタ方式による計算によって資本金等の額と利益積立金額を減少することとした。

⑸ 利益積立金の資本組入

平成13年度の税制改正前は，利益準備金を資本に組み入れた場合には，利益積立金の資本組み入れとして，みなし配当課税の対象とするとともに，

その組み入れた金額は利益積立金額を減少することとしていた。しかし受け取ってもいない配当に対して課税するのは酷なこととして，平成13年度の税制改正で，そのみなし配当課税を廃止するとともに，利益積立金を減少せずに，資本積立金を減少することとなった。平成18年度の税制改正でも，資本積立金が資本金等の額に吸収されたことから，その手当がなされたものの，実質的な変更はない。

平成13年度改正前　（借）利益積立金×××　（貸）資本金　　×××
平成13年度改正　　（借）資本積立金×××　（貸）利益積立金×××
平成18年度改正　　（借）資本金以外の資本金等の額×××

　　　　　　　　　　　　　　　　　　　（貸）利益積立金×××

⑹　資本金による欠損塡補

　資本金を減少して資本剰余金に移し，欠損塡補に充てた場合，法人税法上は資本金等の額及び利益積立金額の増減規定に欠損塡補に関する規定がないことから（法令8，9），欠損補塡の場合であっても，資本金等の額を利益積立金額に振り替えることはせず，結果として資本金等の額と利益積立金額に変動が生じることはない。

　会計処理

（借）資　本　金×××　　　（貸）その他の利益剰余金×××

　税務処理

（借）利益積立金×××　　　（貸）資　本　金×××

3　各章の概要

　『純資産の部の総合的検討』をまとめるにおいては平成30年3月から11月までに合計9回の研究会を開いた。冒頭に述べたように，平成6年に日税研論集『資本等取引』が発刊されているが，平成17年の会社法の制定に伴う翌年の平成18年度の税制改正で，資本の部の重要な改正が行われた。そのため『資本等取引』の内容の多くが現行法人税法の規定と合わないものとなってしまった。『純資産の部の総合的検討』では，『資本等取

引』で取り上げた細目との連続性，不連続性に十分配慮するとともに，会社法の制定のみでなく，それに伴い公表された会計基準，適用指針等の関わりについても注視した。

　以下に各章の概要を示しておく。必ずしも解説書のように内容を統一するようなことはせず，執筆者の主張に任せた。法人税法における資本の部のあり方についての一助となればという期待がある。

倉田幸路　第1章　純資産の部の会計と法務

　2001年商法改正から2005年会社法制定にいたる，資本（純資産）の部の会社法上，会計上，の問題点について議論した。はじめに，資本（純資産）の部の表示上の変遷，2001年商法改正及び2005年会社法制定による，商法の配当規制，法定準備金の減少，減資差益の資本準備金からの削除，利益準備金積立要件の緩和等の問題を議論し，これに対する会計上の問題提起を議論した。表示の上では同じ基準が作られているが，配当規制を行う会社法と資本と利益の区別に基づく，情報開示を重視する会計上の考え方と相違があることを明らかにした。

成道秀雄　第2章　資本金等の額と利益積立金額

　会社法制定によって株主資本たる資本金等の額と利益の留保たる利益積立金額においては概念の明確化が進み，資本と利益との厳格な区分と租税回避の防止に適うものとなった。しかし，一方で余りに厳格ゆえに，また過度に租税回避を意識するゆえに，マイナスの資本金等の額やマイナスの利益積立金額が生じてしまうような場面も見られ，はたして現実的であるかについても配慮する必要があることを述べた。

金子友裕　第3章　法人税法における「増資」の検討

　法人税法上の「増資」を法人税法の資本金等の額の増加として捉えた上で，「増資」に関する課税の意義や会社法等の取り扱い等を含めて検討した。また，現在の「増資」の検討において重要な示唆となる株式プレミアムに関する議論や「増資」における具体的な事象として有利発行を取り上げ，出資者の取り扱いも含め検討を行っている。

藤井誠　　第4章　減資に関する課税関係の検討

　減資により株主へ金銭等が交付された場合の課税上の取り扱いについては，会社法改正の影響もあり，減少資本金等の額の規定に関する数回の改正が行われている。しかし，現行規定の根拠は不明瞭であり，資本剰余金のみを原資とする配当を行った場合でも，必ず利益積立金額の減少が認識されることの合理性が明らかではない。そこで，通常の配当も含めてすべて交付金銭プロラタにする方法が考えられる。なお，利益積立金額がマイナスになる場合には，現行制度による別途対応が必要になる。

坂本雅士　第5章　欠損塡補，剰余金の配当

　本稿では，欠損塡補，剰余金の配当について，資本と利益の区別に意識を置きながら会社法の取扱い，会計処理および税務処理を横断的に整理し，会計と税務の相違と調整を明らかにした。

　会社法，会計，法人税法ではそれぞれ資本と利益を区別しているが，剰余金の配当原資としてのそれとは異なる。いずれもそれぞれの法の枠組みの中で合理的に考えられたものだが，結果として剰余金の配当の取扱いに相違を生みだしている。

尾上選哉　第6章　債務の資本化にかかる課税関係の検討

　企業再生策の一環として用いられる手法である債務の資本化について，債務者企業側の課税関係を取り扱っている。まず，債務の資本化の意義や法的構成を確認した上で，現物出資型の債務の資本化について，会社法制（改正前商法及び会社法）上及び企業会計上の取り扱いを制度改正の変遷を踏まえながら考察している。そして債務の資本化にかかる課税関係，すなわち債務の資本化における債務消滅益課税の根拠や，その妥当性を検討している。

白土英成　第7章　新株予約権，新株予約権付社債，株式報酬費用，種類株式

　会社法が改正されていく中で新株予約権，新株予約権付社債，株式報酬費用，そして種類株式の制度設計は資金調達を円滑にし，企業の活性化に寄与した。同時に払込資本が配当可能となったため，資本金の意義が大きく変わった。また，特定譲渡制限付株式は役員等から報酬債権の現物出資を受け，報酬債権相当額が資本金として計上される新しい仕組みである。中小企業にも適用可能な制度設計と資本金の位置づけが重要である。

齋藤真哉　第8章　自己株式

　自己株式とは，株式会社が発行後に取得し，消却することなく保有している自社株式である。商法では明治32年制定当時，その取得は禁止されていた。その後，徐々に緩和され，平成13年の改正によりその取得は原則自由となり，それが会社法に引き継がれている。税務上は，その取得時に払込資本の減少部分と留保利益の減少部分に区分して取り扱われるのに対して，会計上は，そうした区分を行わずに処理している点に重要な相違

が存在する。

鈴木一水　第9章　組織再編成での資本取引

　各種組織再編成に係る純資産額の決定と内訳に関する企業会計基準及び会社法の規制と法人税法の取り扱いとを比較し，そのうえで会計上の純資産に対する税務上の加算項目及び減算項目の内容を検討した。組織再編成においては，会計と税務の間に差異が生じることが前提とされ，しかも一度生じた差異は将来にわたって継続する。したがって，組織再編成においては，資本金等に加算される額の内容を把握しておくことが重要になる。

古田美保　第10章　会社法成立以降の純資産の部に関連する判決例

　平成13年以降の一連の商法・会社法改正や法人税法の改正は，資本等取引の内容を非常に複雑なものとし，法人税法上の純資産の概念に混乱をきたし，また資本等取引を背景として生じる損益取引のあり方についても大きく影響を及ぼすこととなった。結果として，企業集団内の資本等取引の実行が租税回避の観点から論じられる事例が増加し，課税処分の論拠を包括的否認規定のみならず所得計算の通則（法22条）に求める事例が増加したことが指摘される。

目　　次

研究にあたって………………………………………………………成道　秀雄

第1章　純資産の部の会計と法務………………倉田　幸路・1

Ⅰ　は じ め に…………………………………………………………1

Ⅱ　会社法（商法）と会計基準（財務諸表規則）における資本
　　（純資産）の部の表示の変遷………………………………………1

　　1　2001年（平成13年）の商法改正以前の商法と財務諸表等
　　　　規則との比較………………………………………………………2

　　2　2001年（平成13年）の商法改正と2002年（平成14年）
　　　　の企業会計基準第1号との比較…………………………………3

　　3　2005年（平成17年）会社法制定と企業会計基準第5号
　　　　（適用指針第8号）の比較………………………………………6

Ⅲ　2001年商法改正における資本の部の変容………………………8

　　1　商法の配当規制……………………………………………………8

　　2　額面株式の廃止……………………………………………………8

　　3　法定準備金の減少…………………………………………………9

　　4　減資差益の資本準備金からの削除………………………………10

　　5　その他資本剰余金…………………………………………………11

　　6　利益準備金の積立要件の緩和……………………………………12

　　7　株式等評価差額金…………………………………………………13

　　8　土地再評価差額金…………………………………………………14

	9 自 己 株 式	……………………………14
IV	2005年会社法における純資産の部の変容	……………………………15
	1 会社法における資本制度	……………………………15
	2 最低資本金制度の廃止	……………………………16
	3 利益準備金の積立要件の緩和	……………………………17
	4 配 当 規 制	……………………………18
	5 新株予約権	……………………………19
V	会計基準における純資産（資本）の部の変容	……………………………19
	1 会計上の資本と利益	……………………………20
	2 純資産（資本）の部の分類	……………………………21
	3 法定準備金の取崩し	……………………………22
	4 配 当 規 制	……………………………23
VI	国 際 比 較	……………………………23
	1 国際財務報告基準（IFRS）	……………………………23
	2 ア メ リ カ	……………………………25
	3 E U	……………………………27
VII	資本と利益に関する会社法と会計の考え方の相違	……………………………28
	1 純資産の部の表示	……………………………29
	2 準備金の取崩し	……………………………30
VIII	お わ り に	……………………………31

第2章　資本金等の額と利益積立金額………… 成道　秀雄・35

は じ め に	……………………………………………………………………35	
I	資本等取引の内容	……………………………………………36
II	「資本金等の額」の範囲	……………………………………38
	1 「資本金等の額」の増加としての株式の発行又は自己株式	
	の譲渡（上記1）	……………………………………………39

2　完全子法人株式（自己株式）の譲渡損益を「資本金等の
　　　　額」とする取り扱い（上記22）……………………………………41
　Ⅲ　「利益積立金額」の範囲………………………………………………42
　　　1　完全支配関係での完全親法人から完全子法人への寄附
　　　　（上記14）………………………………………………………………44
　　　2　現物分配に係る「利益積立金額」（上記11）…………………46
　　　3　適格合併，適格分割型分割における利益積立金額の
　　　　取り扱い（上記9 .10）………………………………………………46
　Ⅳ　「マイナスの資本金等の額」………………………………………49
　　　1　「マイナスの資本金等の額」が生じる事例………………………49
　　　2　「マイナスの資本金等の額」の問題点……………………………54
　Ⅴ　「マイナスの利益積立金額」………………………………………56
　　　1　「マイナスの利益積立金額」が生じる事例………………………56
　　　2　「マイナスの利益積立金額」の問題点……………………………58
　Ⅵ　資本金基準と資本金等の額…………………………………………59
　　　1　中小法人優遇税制と資本金基準……………………………………59
　　　2　減資の事例……………………………………………………………60
　　　3　資本金基準と資本金等の額…………………………………………61
　結　　語…………………………………………………………………………62

第3章　法人税法における「増資」の検討

……………………………………………… 金子　友裕・65

　Ⅰ　は じ め に…………………………………………………………………65
　Ⅱ　法人税法における資本等取引と検討対象とする法人税法の
　　　「増資」の範囲………………………………………………………………66
　Ⅲ　資本等取引に対する課税の考え方…………………………………68
　　　1　資本等取引を課税の対象から除く考え方…………………………68

2　混合取引に関する検討……………………………………69

　Ⅳ　増資の取扱い…………………………………………………72

　　1　金銭出資及び現物出資……………………………………72

　　2　無償増資の取扱い…………………………………………73

　Ⅴ　株式プレミアム………………………………………………77

　Ⅵ　有利発行における課税………………………………………80

　　1　有利発行に関する取扱い…………………………………80

　　2　有利発行における構造からの検討………………………84

　Ⅶ　お わ り に……………………………………………………91

第4章　減資に関わる課税関係の検討……………藤井　誠・95

　Ⅰ　は じ め に……………………………………………………95

　Ⅱ　減資に関する会社法の規定と会計処理の変遷………………96

　Ⅲ　減資の課税関係………………………………………………98

　　1　無償減資（法人税法施行令第8条第1項第12号）…………98

　　2　資本制度廃止（法人税法施行令第8条第1項第14号）‥100

　　3　資本の払戻し等（法人税法施行令第8条第1項第18号）

　　　　（有償減資）…………………………………………………101

　　4　出資等分配（法人税法施行令第8条第1項第19号）……103

　Ⅳ　規定の変遷……………………………………………………105

　　1　平成13年および平成14年改正……………………………105

　　2　平成18年改正………………………………………………105

　　3　平成22年改正………………………………………………106

　　4　平成27年改正………………………………………………106

　Ⅴ　有償減資に関する課税関係の検討…………………………107

　　1　平成13年度改正と平成18年度改正の比較………………107

　　2　プロラタ計算の検討………………………………………109

VI 利益積立金額がマイナスの場合の特殊性……………………116

   1 新たな問題 ……………………………………………………116

   2 事案の概要（2017 年（平成 29 年）12 月 6 日東京地裁

     判決，平成 27 年（行ウ）第 514 号)……………………119

   3 判　　旨 ………………………………………………………120

   4 考　　察 ………………………………………………………121

VII おわりに……………………………………………………………122

第 5 章　欠損塡補，剰余金の配当………………坂本　雅士・127

I はじめに ……………………………………………………………127

II 欠損塡補と資本金等の額………………………………………128

   1 欠損塡補に係る法務 ……………………………………128

   2 欠損塡補に係る会計 ……………………………………131

   3 欠損塡補に係る税務 ……………………………………132

   4 欠損塡補に係る会計と税務の調整……………………135

III 剰余金の配当………………………………………………………135

   1 剰余金の配当に係る法務 ………………………………135

   2 剰余金の配当に係る会計 ………………………………139

   3 剰余金の配当に係る税務 ………………………………144

   4 剰余金の配当に係る会計と税務の調整………………152

IV むすびに代えて ……………………………………………………152

第 6 章　債務の資本化にかかる課税関係の検討
………………………………………………………尾上　選哉・155

I はじめに ……………………………………………………………155

II 債務の資本化の意義等……………………………………………157

	1 債務の資本化の意義	157
	2 債務の資本化の法的構成	158
Ⅲ	会社法における債務の資本化の取扱い	159
	1 改正前商法	159
	2 会 社 法	164
Ⅳ	企業会計における債務の資本化の取扱い	166
	1 債権者側の会計処理	167
	2 債務者側の会計処理	168
Ⅴ	法人税法における債務の資本化の取扱い	170
	1 現行の取扱い	170
	2 規定の変遷	172
Ⅵ	企業再生局面における債務の資本化の課税上の問題点	175
	1 金銭債権の評価	175
	2 債務消滅益への対応	181
Ⅶ	裁判例の検討	185
	1 事案の概要	186
	2 判 旨	187
	3 考 察	188
Ⅷ	お わ り に	190

第7章 新株予約権，新株予約権付社債，株式報酬費用，種類株式 ……………………………………白土 英成・195

Ⅰ	は じ め に	195
Ⅱ	新株予約権，種類株式等に関する諸制度の変遷	198
Ⅲ	新株予約権	205
	1 会社法における新株予約権	205
	2 新株予約権の目的	206

3 新株予約権の会計処理と税務調整	206
4 新株予約権付社債（転換社債型新株予約権付社債）	209

Ⅳ ストック・オプション……………………………………………210
  1 一般的なストック・オプションの概要………………………210
  2 ストック・オプションの企業会計上の取扱………………211
Ⅴ ストック・オプションの税務処理…………………………………218
  1 税務上の取扱概要……………………………………………218
  2 新株予約権を対価とする費用の帰属年度の特例等………223
  3 税制適格ストック・オプション制度（租税特別措置法
    第29条の2）……………………………………………225
Ⅵ 種 類 株 式…………………………………………………………228
  1 種類資本金額の計算…………………………………………228
  2 種類株式増大の背景…………………………………………228
  3 種類株式の内容………………………………………………229
  4 自己株式の取得と税務計算…………………………………233
  5 種類株式の取得価額…………………………………………235
Ⅶ 現物株式報酬………………………………………………………235
  1 背　　　景……………………………………………………235
  2 現物株式報酬の類型…………………………………………238
  3 特定譲渡制限付株式の会計処理について…………………239
  4 特定譲渡制限付株式の無償取得……………………………244
  5 「事前確定届出給与」に該当するための要件………………245
  6 事後交付型現物株式…………………………………………246
Ⅷ 平成29年度税制改正・損金算入要件の見直し…………………247
  1 平成29年度改正の趣旨及び背景……………………………247
  2 平成29年度税制改正前の概要………………………………248
  3 平成29年度税制改正の概要…………………………………249
  4 事前確定届出給与の見直し…………………………………250

5　業績連動給与に関連する退職給与及び新株予約権による

　　　　給与の見直し………………………………………………………251

　Ⅸ　お わ り に………………………………………………………………253

第8章　自 己 株 式………………………………齋藤　真哉・255

　Ⅰ　問題の所在………………………………………………………………255

　Ⅱ　会社法における規制…………………………………………………256

　　　1　商法・会社法での規制の経緯……………………………………256

　Ⅲ　自己株式に関する会計上の取扱い…………………………………258

　　　1　自己株式の会計上の性質…………………………………………258

　　　2　自己株式の取得と貸借対照表上の表示…………………………260

　　　3　自己株式の取得原価………………………………………………260

　　　4　自己株式の無償取得………………………………………………262

　　　5　自己株式の処分……………………………………………………263

　　　6　自己株式の消却……………………………………………………265

　Ⅳ　自己株式に関する税務上の取扱い…………………………………265

　　　1　自己株式の取得……………………………………………………265

　　　2　自己株式の処分……………………………………………………267

　　　3　自己株式の消却……………………………………………………269

　　　4　自己株式の時価……………………………………………………269

　　　5　現物配当となる自己株式の取得…………………………………270

　Ⅴ　ま　と　め………………………………………………………………271

第9章　組織再編成での資本取引………………鈴木　一水・273

　Ⅰ　は じ め に………………………………………………………………273

　Ⅱ　組織再編成に伴う資本金等の額の増減……………………………274

Ⅲ　組織再編成の会計……………………………………………274

　　1　組織再編成の会計上の分類………………………………274

　　2　取得の会計…………………………………………………276

　　3　共通支配下の取引および共同支配企業の形成の会計……277

Ⅳ　合　　　併…………………………………………………………278

　　1　合併の会計…………………………………………………278

　　2　法人税法における合併の取扱い…………………………284

　　3　設　　　例…………………………………………………287

Ⅴ　分社型分割…………………………………………………………290

　　1　分社型分割の会計…………………………………………290

　　2　法人税法における分社型分割の取扱い…………………293

　　3　設　　　例…………………………………………………295

Ⅵ　分割型分割…………………………………………………………297

　　1　分割型分割の会計…………………………………………297

　　2　法人税法における分割型分割の取扱い…………………298

　　3　設　　　例…………………………………………………301

Ⅶ　現 物 出 資…………………………………………………………303

　　1　現物出資の会計……………………………………………303

　　2　法人税法上の取扱い………………………………………303

　　3　設　　　例…………………………………………………304

Ⅷ　株式交換・株式移転………………………………………………305

　　1　株式交換の会計……………………………………………305

　　2　株式移転の会計……………………………………………307

　　3　法人税法における株式交換の取扱い……………………308

　　4　法人税法における株式移転の取扱い……………………310

　　5　設　　　例…………………………………………………311

Ⅸ　組織再編成に係る会計と税務の差異……………………………313

Ⅹ　お わ り に…………………………………………………………315

第10章　会社法成立以降の純資産の部に関連する
　　　　判決例……………………………………古田　美保・317

　はじめに………………………………………………………………317
　Ⅰ　第三者割当増資（有利発行）に関する事例～オウブンシャホー
　　　ルディング事件……………………………………………………318
　　　1　事案の概要……………………………………………………319
　　　2　主たる争点……………………………………………………322
　　　3　当事者の主張…………………………………………………322
　　　4　判決の要旨……………………………………………………323
　　　5　純資産の部の税務の観点からの考察………………………324
　Ⅱ　自己株式取得取引による減資に関する事例……………………328
　Ⅱ-1　IBM の自己株式取得取引におけるみなし配当課税と譲渡
　　　損失…………………………………………………………………328
　　　1　事案の概要……………………………………………………329
　　　2　主たる争点……………………………………………………331
　　　3　当事者の主張…………………………………………………332
　　　4　判決の要旨……………………………………………………333
　　　5　純資産の部の税務の観点からの考察………………………335
　Ⅱ-2　日　産　事　件…………………………………………………337
　　　1　事案の概要……………………………………………………338
　　　2　主たる争点……………………………………………………340
　　　3　当事者の主張…………………………………………………340
　　　4　判決の要旨……………………………………………………344
　　　5　純資産の部の税務の観点からの考察………………………344
　Ⅲ　組織再編成と繰越欠損金の引継ぎ・利用に関する事例
　　　～ヤフー・IDCF 事件……………………………………………348

1	事案の概要	……………………………………………………	349
2	主たる争点	……………………………………………………	351
3	当事者の主張	…………………………………………………	352
4	判決の要旨	……………………………………………………	354
5	純資産の部の税務の観点からの考察	…………………………	356

Ⅳ 事業体の法人該当性判断とその結果としての資本等取引の
該当性の判断に関する事例……………………………………………359

1	事案の概要	……………………………………………………	360
2	主たる争点	……………………………………………………	360
3	当事者の主張	…………………………………………………	361
4	判決の要旨	……………………………………………………	361
5	純資産の部の税務の観点からの考察	…………………………	363

終わりに………………………………………………………………………366

純資産の部の総合的検討

第 1 章 　純資産の部の会計と法務

立教大学名誉教授 　　倉田 　幸路

Ⅰ 　は じ め に

　本章では，従来貸借対照表において資本の部と呼ばれていた区分が純資産の部と呼ばれるようになったが，この変遷のプロセス及びその内容について，商法（会社法）及び会計基準の側面からみることにする。

　はじめに，会社法（商法）と会計基準における資本（純資産）の部の区分の変遷をみることとし，次に近年における会社法（商法）の改正の経緯を議論し，さらに会計基準における純資産の部の変容を検討し，最後に国際比較を行うこととする[1]。

Ⅱ 　会社法（商法）と会計基準（財務諸表規則）における資本（純資産）の部の表示の変遷

　資本（純資産）の部にかかわる会社法（商法）と会計基準（財務諸表規則）との調整は旧くから行われてきたが，本節では，会社法に改正された 2005

---

[1] 　本研究は，純資産の部に関する会計と税務の問題を中心に検討するので，個別財務諸表における純資産の部に関する会計と法務にしぼって議論する。

2

年（平成 17 年）とこれに先立ち資本（純資産）の部に影響を与えた 2001 年（平成 13 年）の改正に注目し，これ以前の段階との 3 つの段階に分けてみることにする[2]。

1 2001 年（平成 13 年）の商法改正以前の商法と財務諸表等規則との比較

ここでは，2001 年（平成 13 年）の商法改正以前の雛型と財務諸表等規則とを比較することにする。表に示すと以下のとおりである[3]。

2001 年商法改正以前	財務諸表等規則
資本金	Ⅰ　資本金
法定準備金	Ⅱ　資本準備金
資本準備金	Ⅲ　利益準備金
利益準備金	Ⅳ　その他の剰余金（又は欠損金）
剰余金	1．その他の資本剰余金
任意積立金	保険差益積立金
当期未処分利益	……
（または当期未処理損失）	
その他の剰余金	2．任意積立金
減資差益	中間配当積立金
自己株式処分差益	……
再評価差額金	3．当期未処分利益
評価差額金	（又は未処理損失）
自己株式	

ここでは，商法は，基本的には従来から主張している配当規制を重視し，

---

(2)　これ以前の商法の改正については安藤［2011］を参照。
(3)　2001 年商法改正以前の雛型については弥永［2002］34 ページを参考にした。

資本金，法定準備金，剰余金という区分を重視していることがわかる。しかし，①自己株式を資本の部に計上していること，②剰余金の区分の中にその他の剰余金の区分を設け，その中に減資差益，自己株式処分差益を計上していること，③再評価差額金と評価差額金を計上している点で，さらに以前のたとえば1981年（昭和56年）商法改正時点と比べると大きく変わったことがわかる（個別の勘定科目についての問題，たとえば，減資差益を資本準備金でなくその他剰余金としているか，などの論点については後で議論することにする。）。

　財務諸表等規則（企業会計原則）でも，法定準備金を重視する商法に従って，Ⅰ資本金，Ⅱ資本準備金，Ⅲ利益準備金とし，その後にⅣその他の剰余金としている。これは企業会計原則から変わっていないが，剰余金という言葉がないのに，いきなりⅣその他の剰余金という概念が出てくるのは違和感がある。

2　2001年（平成13年）の商法改正と2002年（平成14年）の企業会計基準第1号との比較

　2001年（平成13年）に商法は資本の部の大改正を行った。この改正では，自己株式の取得・保有が原則として自由となったこと，法定準備金の減少の制度が新たに設定されたこと，額面株式制度が廃止されたこと，新株予約権についての規定が作られたことなどにより，資本の部が大きく変わることとなった。また企業会計基準委員会もその翌年企業会計基準第1号「自己株式及び法定準備金の取崩等に関する会計基準」を公表し，資本の部を純資産の部とし，新たに純資産の部の表示を規定した。それぞれを比較すると次のとおりである。

2001年商法改正		2002年企業会計基準第1号
資本金	Ⅰ	資本金
資本剰余金	Ⅱ	資本剰余金

資本準備金	1．資本準備金
その他資本剰余金	2．その他資本剰余金
減資差益	(1)　資本金及び資本準備金減少差益
自己株式処分差益	(2)　自己株式処分差益
利益剰余金	Ⅲ　利益剰余金
利益準備金	1．利益準備金
任意積立金	2．任意積立金
当期未処分利益	3．当期未処分利益
（または当期未処理損失）	
土地再評価差額金	Ⅳ　土地再評価差額金
株式等評価差額金	Ⅴ　その他有価証券評価差額金
自己株式	Ⅵ　自己株式

　2001年（平成13年）の商法改正では，大きく資本金，資本剰余金，利益剰余金に分けられ，資本剰余金の中で資本準備金とその他の資本剰余金を分け，利益剰余金の中に利益準備金と任意積立金，当期未処分利益を分けるという形式になっている。これは従来企業会計原則の注解【注19】「剰余金について」[4]の規定にもみられ，会計理論上の資本の部の区分といわれていたものである。また，資本剰余金の中に資本準備金とその他の資本剰余金の区分を設け，減資差益と自己株式処分差益はその他の資本剰余金に入ることを明らかにしている。また，再評価差額金を土地再評価差額金，

---

(4)　「企業会計原則注解【注19】剰余金について」では，以下のように規定している。
　「会計社の純資産額が法定資本の額をこえる部分を剰余金という。
　剰余金は，次のように資本剰余金と利益剰余金とに分かれる。
　(1)　資本剰余金
　　株式払込剰余金，減資差益，合併差益等
　　なお，合併差益のうち，消滅した会社の利益剰余金に相当する金額については，資本剰余金としないことができる。
　(2)　利益剰余金
　　利益を源泉とする剰余金」

評価差額金を株式等評価差額金として，具体的に示している。

このような商法改正は，剰余金の区分に関して企業会計原則で示していたものと近いため，その1年後に公表された企業会計基準第1号では，項番がふってある以外はほとんど同じ形式のものとなっている。

この変更は，会計学者からは表示上，企業会計原則の基本的な考え方に基づいて調整ができたことで，大きな批判はないようであるが，商法学者からは，多くの疑問が提出されている。弥永は，「資本の部については，商法に基づく計算書類の様式と証券取引法に基づく財務諸表の様式とを異ならせる特別な必要性はなかったのか」（弥永［2002］34ページ）と述べ，必ずしも商法と証券取引法との調整を行わず，それぞれのいいと考える様式を選択する方が望ましいのではないかという考え方を示し，さらに，「資本の部は配当可能限度額計算の観点から自然な様式にするほうが情報提供の観点から優れているという見方も可能である。……株主有限責任を前提とする以上，会社債権者にとって有用な情報が提供されるべきである。そして，会社債権者にとっては，資本準備金の額や利益準備金の額が資本剰余金の額，利益剰余金の額よりも情報として重要なのではないのか」，「資本準備金は資本剰余金の下位概念ではなく，利益準備金は利益剰余金の下位概念ではない」（同上38ページ）と述べて，2001年以前の資本金の次に資本準備金と利益準備金を表示する方法の方が情報提供の面からも望ましいとしている（同上36ページ参照）。小林も，「債権者保護のため配当可能利益を明らかにするという従来の商法の資本の部の論理は，今回の改正により大きく失われたといえよう。」（小林［2002］32ページ）と述べて，弥永と同様の見解を示している。

さらに弥永は，「新様式では，資本剰余金の部，利益剰余金の部を設けるものとしており，欠損金が発生している場合にも欠損金の部としては表示される余地がない。……資本剰余金の部と利益剰余金の部とに分けたことによって，かえって情報の一覧性が損なわれることになっているのではないか。」，「資本剰余金と利益剰余金を定義しないで，新様式を採用する

6

と問題が残るのではないか。」(弥永［2002］38ページ)と述べて，欠損金が生じている場合にもマイナスの資本剰余金，マイナスの利益剰余金という表示になり，欠損金の事実を表示することができないことを問題視している。

3 2005年（平成17年）会社法制定と企業会計基準第5号（適用指針第8号）の比較

2005年7月商法が大改正され，会社法が制定（公布）された。これは，旧商法「第2編 会社」，「商事特例法」及び「有限会社法」が廃止され，会社法となったものである。また，旧来の商法における漢字カタカナまじりの文章が現代語化された。会計に関連する会社法の主な改正として，有限会社の廃止，最低資本金制度の廃止，会計参与制度の創設，剰余金分配手続きの自由化，合併等の組織再編行為の柔軟化，合同会社制度の創出等が挙げられる。

これに伴い，資本の呼び方に代わり純資産が用いられ，純資産の部の表示も大きく変わることとなった。これに合わせ，企業会計基準委員会も2005年12月に企業会計基準第5号「貸借対照表の純資産の部の表示に関する会計基準」と企業会計基準適用指針第8号「貸借対照表の純資産の部の表示に関する会計基準等の適用指針」を公表した。それぞれの雛型は次のとおりである。

2005年会社法（第76条）

イ　株主資本
　一　資本金
　二　新株式申込証拠金
　三　資本剰余金
　　一　資本準備金

2005年企業会計基準第5号
　　　　　適用指針第8号（3項）

I　株主資本
　1　資本金
　2　新株式申込証拠金
　3　資本剰余金
　　(1)　資本準備金

二　その他資本剰余金	（2）その他資本剰余金
四　利益剰余金	4　利益剰余金
一　利益準備金	（1）利益準備金
二　その他利益剰余金	（2）その他利益剰余金
五　自己株式	××積立金
六　自己株式申込証拠金	繰越利益剰余金
ロ　評価・換算差額等	5　自己株式
一　その他有価証券評価差額金	6　自己株式申込証拠金
二　繰延ヘッジ損益	Ⅱ　評価・換算差額等
三　土地再評価差額金	1　その他有価証券評価差額金
四　為替換算調整勘定	2　繰延ヘッジ損益
五　退職給付に係る調整累計額	3　土地再評価差額金
ハ　新株予約権	Ⅲ　新株予約権

　2005年会社法改正により，先にみたように，資本剰余金と利益剰余金の区別はそのまま引き継がれたが，根本的に大きく変更され整理されたと思われる。大きな区分として，イ株主資本，ロ評価・換算差額等，ハ新株予約権に分けたことである。イの株主資本には，新株式申込証拠金，自己株式申込証拠金の項目を加え，資本金，資本剰余金，利益剰余金，自己株式からなるように整理された。これらの項目は，従来の資本に該当する項目であり，近年の会計基準の改正により新たに加わった評価・換算差額等や新株予約権のような他の項目と区別する意味は大きい。また，評価・換算差額等の項目も，その他有価証券評価差額金，繰延ヘッジ損益，土地再評価差額金，為替換算調整勘定，退職給付に係る調整累計額と5つの項目が具体的に例示された。さらに，従来負債の部に計上されていた新株予約権も他の項目とは区別して純資産の部に計上されることになった[5]。

　これに対応し，企業会計基準委員会でも，企業会計基準適用指針第8号における雛型でも，見出しの項番の形式が異なるだけで，本質的に同じ様

8

式である。この点では，両者の純資産の部における表示の形式は同じように調整されたといえる。

　以下，2001 年商法改正，2005 年会社法制定時における純資産の部の各論点についてみることにする。

Ⅲ　2001 年商法改正における資本の部の変容

1　商法の配当規制

　商法における配当規制について，尾崎は，配当規制と有限責任制を結びつけて理解することは正当性があるとし，「株式会社に関する計算規定は，伝統的には，開示規制よりも配当規制として構想されていた」（［尾崎 2002］37 ページ）と述べ，近年の配当規制のあり方について，「近時の企業情報開示法制にかかる国内外の動きからみれば，貸借対照表上の資産概念は（また負債概念も）既に複雑な様相を呈しており，商法配当規制の観点（商法の伝統的資産負債観）からはこの動きに柔軟に対応しきれなくなっているようにも感じられる。」（同上 38 ページ）というように会計基準の進展により，資産，負債の評価に直接対応することの困難さを指摘し，したがって，「資産評価等への直接的コミットという方法ではなく，純資産額の算出までについては基本的に会計原則等に委ね，その結果として得られる純資産額を前提に，そこに含まれる配当不能財源（控除項目）の特定に精力を集中することの方が，より現実的な対応となる」（同上 38 ページ）と述べている。

2　額面株式の廃止

　純資産の部の表示や内容と直接関係ないが，従来認められていた額面株式が廃止され，無額面株式だけが発行できるようになった。この点につい

---

(5)　これは，会計基準の国際的調和化のために行われた側面も大きいと思われるが，後で議論することにする。

第1章 純資産の部の会計と法務 9

て小林は，株式発行価格の2分の1を超えない額を資本というように組み入れることができるようになり，株式と資本金との切断があることを挙げ，無額面株式のメリットとして，企業の資本調達を容易にし，取締役の決議だけで株式分割ができる点を挙げている（小林［2002］29ページ参照）。現実に無額面株式は多く発行されているわけではないが，額面株式も無額面株も株主の1株当たりの権利に相違はなく，現実に会計上問題となることはないと思われる。

3 法定準備金の減少

2001年改正前は，法定準備金は資本欠損の塡補又は資本組み入れに限って用いることが認められていた。2001年改正により，株主総会の普通決議により，法定準備金の総額から資本の4分の1に相当する額を控除した額を限度として法定準備金の減少を行うことができることになった。この資本準備金制度について，弥永は，「会社債権者の保護のため，ある一定の資本剰余金からの払戻しを禁止するとともに，株主にとっては資本準備金によって資本の欠損を塡補して，以後に利益が生じたときに配当を受けることを可能にする制度」（弥永［2003］55ページ）とし，さらに「法定資本は資本として登記され，公示されているから，会社債権者保護のため，払戻しを認めないことが，『資本』の払戻しの禁止の本来的な意味であり，払込資本またはそれに準ずるものからの配当が許されないという理論的理由は見出しがたい」，「資本準備金制度は，債権者，株主および投資家保護の観点から株主の拠出額の配当を許さないほうが望ましいという，配当規制の点から設けられた，政策的な制度といわざるをえない。」（同上55ページ）と述べて，資本準備金制度は，債権者保護のため，政策的に払戻しをしない方がいいと規定したものであって，配当が許されないものではないとしている。

資本準備金の減少が認められる理由として，弥永は，「新株の時価発行などにより，資本準備金の額が巨額に上っていること，会社が資金を効率

的に運用できる投資機会を有しない状況の下では，経営者は会社の資金を投資家に返還することが適切であると考えられるようになってきたこと，その結果，任意の株式消却を行う必要があることなどを現実的には背景としている。」（同上66ページ）という点を挙げているように，株式の時価発行などにより，発行価格の2分の1を資本準備金とする実務が行われ，資本準備金の額が非常に大きくなったことによる政策的な観点もあったと思われる。さらに，「資本準備金に関していえば，資本取引によって生じる剰余金と損益取引によって生じる剰余金とが区別されることが会計規制上考慮されるべき事項であり，資本取引によって生じる剰余金を分配・配当することを認めるかどうかは配当規制上の問題であるという見方を立法者は採用したものと推測される。」（同上67ページ）と述べて，会計上の資本取引と損益取引の区別の問題と配当規制の問題は区別すべき問題だとしている。

小林も法定準備金の減少手続きについて，「解釈論として，減資手続きと同様の手続きにより法定準備金を取り崩しうるという見解も従来から存在していた。」「減資の場合と同様の債権者保護の手続きが必要となったわけで，その点では債権者保護が強化されたといえる。」（小林［2002］31ページ）としている。

4 減資差益の資本準備金からの削除

商法第288条ノ2第1項4号が削除され，いわゆる減資差益は，資本準備金の項目として積み立てる必要はなくなり，その他資本剰余金の項目として計上されることとなった。減資差益は，資本金の減少を行った際の貸方差額であり，明らかに株主の払い込み額であり，会計上は資本である。その他資本剰余金も資本剰余金の項目であるが，配当可能原資であることが，会計上議論をよんだ。これに対し，弥永は上記の法定準備金の減少の制度との関連から，「……債権者保護手続きと株主総会の普通決議を要件として資本準備金を減少させることができるのであれば，資本減少の際に，

資本減少と減資差益（資本準備金）の減少を同時に行うことは許されるのであるから，あえて減資差益を資本準備金とする必要はない」（弥永 [2003] 48ページ）と述べて，法定準備金の減少手続きとの関連で，減資差益を資本準備金としない理由を説明し，さらに，「資本準備金の財源としてどのようなものを含めるかは理論的というよりは政策的に決定されるべきものであり，資本準備金はあくまで配当規制のための概念であると考えるべきものであるという見方が根底にあるというべきであろう。」（同上 48-49ページ）として，配当規制のための政策的判断によるものと述べている。

また，小林も，「減資差益が資本準備金に組み入れられるとしても，法定準備金自体の取崩し（法定準備金の減少）が今回許容され，その取崩し手続きは減資手続きとほぼ同様であるから，減資決議時にその取崩し手続きもなされたとみることもできるからである。」（小林 [2002] 29ページ）と述べ同様の説明をしている。

5　その他資本剰余金

その他資本剰余金の区分は，2003年改正商法施行規則により設けることが規定されたが，商法上は，何が計上されるかは明らかではない。企業会計基準第1号では，資本金及び資本準備金減資差益及び自己株式処分差益が例示されている。資本金及び資本準備金減資差益は，もともと維持拘束される資本金及び資本準備金を商法の手続きに従い減少させたときに生じた貸方差額であり，すでに資本金及び資本準備金としては計上されず，利益でもないためその他資本剰余金に計上される合理性はあると思われる。

自己株式処分差益をその他資本剰余金に計上する根拠について，弥永は，「自己株式の資産性が否定され，資本の部の控除項目とされていること（商法施行規則91条1項5号，3項），自己株式の処分について，新株発行類似の規制を加えていること（商法211条）などから，自己株式の処分は損益取引ではなく，資本取引であると解するべきであろう」（弥永 [2003] 81

ページ）として，自己株式処分取引は資本取引であり，「商法288条ノ2は自己株式の処分によって生ずる損益を資本準備金に反映させるべきことを要求してはおらず，自己株式の処分によって生ずる損失が配当阻止数を形成する資本準備金の額を（自動的に）減少させると解することは，資本準備金の減少につき債権者保護手続きと株主総会の普通決議を要求する商法289条の趣旨に反することから，自己株式の処分損益は資本準備金には影響を与えないと解するべきである。したがって，自己株式の処分損益は『その他資本剰余金』を増減させるものであると解するのが適当であると考えられる」（同上81ページ）と述べて，自己株式処分差益をその他資本剰余金の部に計上することを認めている。

　しかし，自己株式処分差益をその他資本剰余金に計上した場合，その他資本剰余金がマイナスになる場合，「自己株式を資本の控除項目としていることとの整合性から，自己株式の処分損は，資本取引によって生じたものと考えられるので，これを利益剰余金から控除することは不都合である。……マイナスの資本剰余金（資本『欠損金』とでもいうのであろうか）は概念上考えられないとすると（企業会計基準第1号第68項参照），新様式によるかぎり，利益剰余金から控除せざるを得ないことになる（企業会計基準第1号第22項，第23項）が，これは論理的に矛盾する結果を招いている。」（弥永［2002］39-40ページ）と述べて，マイナスのその他資本剰余金を利益剰余金から控除する処理を批判している。

6　利益準備金の積立要件の緩和

　2001年の改正前には，利益準備金は資本金の4分の1に達するまで，毎決算期及び中間配当を行う場合，金銭による利益の配当額の10分の1以上を積み立てることが要求されていた。しかし，2001年改正により，資本準備金と合わせて資本金の4分の1に達するまで積み立てることでよくなった。株式の時価発行増資を行った多くの上場企業にとって，発行価格の半分を資本準備金としているので，利益準備金を積み立てる必要はほとん

どないといえる。この点に関して，弥永は，「資本準備金も利益準備金も『資本』に相当する会社財産を確保するためのバッファーとしての意義を有することから，資本準備金が十分にあれば，利益準備金の積立を要求しないというのも立法論としては不健全とは断定できない」（弥永［2003］73ページ）と述べて，資本準備金も利益準備金も「資本」のバッファーとしての役割であり，立法論としては不健全とはいえないとしている。

尾崎はこの利益準備金の積立緩和に関して，膨張した資本準備金の整理や株主への返戻財源創出のため資本準備金の積立分を利用したものであり，利益準備金の利益剰余金への内部振替のために利用されることになり，配当控除項目たる財源の株主への返戻許可策の導入になると指摘している（尾崎［2002］39ページ参照）。また小林は，法定準備金制度の趣旨は資本の欠損塡補を容易にするためのものであり，債権者保護の観点からは後退としても，改正自体は合理的であるとしている（小林［2002］32ページ参照）。

7　株式等評価差額金

株式等評価差額金は，商法施行規則91条1項3号の規定により，資産につき時価を付すものとした場合における当該資産の評価差額金（当期純利益又は当期純損失として計上したものを除く）は，株式会社の貸借対照表の資本の部に株式等評価差額金の部を設けて記載しなければならないことにより，区別して表示される。この株式等評価差額金について，弥永は，「財務諸表規則68条の2の2にいう『その他有価証券評価差額金』よりも概念としては広い可能性がある。『金融商品に係る会計基準』がデリバティブ取引に係る正味の債権（この評価差額は当期の損益に含められる）を除けば，金銭債権の時価評価を規定していないことを背景に，『その他有価証券評価差額金』は，その他有価証券の時価の変動によって生じた評価差額のみを意味すると考えられるが，株式等評価差額金には金銭債権の評価差額のうち当期の損益に含められなかったものも理論的には含むからである。」（弥永［2003］95ページ）と述べて，株式等評価差額金は財務諸表等規

則の「その他有価証券評価差額金」の概念より広い可能性があることを指摘している。

8　土地再評価差額金

　土地再評価差額金は，土地の再評価に関する法律（平成10年3月31日法律第34号）により計上される，土地の再評価を行った場合の再評価差額から再評価に係る繰延税金資産の額を控除した金額又は再評価差額に再評価に係る繰延税金資産の金額を加えた金額である。この土地再評価法7条2項に規定する土地再評価差額金は，商法施行規則91条1項2号により，貸借対照表の資本の部に土地再評価差額金の部を設けて記載される。

9　自 己 株 式

　自己株式は，商法施行規則91条1項5号により，資本の部から控除する形式で自己株式の部に記載される。この自己株式を資産の部に計上しない理由として，弥永は，「自己株式の取得には，会社財産の払戻しと実質的に同視できるという側面があること，自己株式を資産の部に表示するときには，取得対価に相当する資産が流出しているにもかかわらず，見かけ上の会社の資産総額が維持されることとなり，情報の受け手に対して誤解を与えるおそれがある」（弥永［2003］101ページ）ことを挙げている。さらに，「資本を会社清算時の純資産の余裕を確保する制度と位置付けるならば，配当可能限度額算定目的からは自己株式は資産性を認めるべきではないことになる。会社が破産あるいは支払不能状態になれば，自己株式の価値はゼロになるからである。」（同上111ページ）と述べ，資本の部に計上した場合の問題点として，「減資手続きは法定の手続きを経て行わなければならないから（商法375条），自己株式の取得によって『資本』が自動的に減少すると解することは適当ではない。」「また，現行法の下では，資本準備金や利益準備金も，資本組入れおよび欠損塡補の場合を除き，法定の手続きを経て減少することができるにすぎないから（商法289条・293条ノ3），

自己株式の取得によって資本準備金や利益準備金が自動的に減少すると解することは適当ではない。」(同上 112 ページ) として, 個々の項目から控除するのではなく, 資本の部全体から控除することが妥当であるとしている。

平成 13 年商法改正により, この自己株式の取得が広範に認められたことに関して, 宮島は, 自己株式取得目的の撤廃, 数量規制の撤廃, 保有規制の撤廃であり, これを補う財源規制が規定されたとし (宮島 [2015] 145-151 ページ参照), このような改正に対して, 「緊急経済対策としての『金庫株』の解禁を基本法である会社法本体の改正という方法によって行ってしまったことや, 自己株式取得禁止規制の緩和に対する立法論的な批判がないわけではない。」, 「平成 15 年には, 経済界からの要請をうけた議員立法により, 定款授権に基づく取締役会決議による自己株式の取得が認められることになった。」, 「こうした一連の改正を契機として, はたして国家経済政策目的のために会社法がどこまで積極的に尽くすべきかの大問題が提起され始めている。会社法の役割とは何か, 『私法としての会社法』の役割は終わってしまったのか, という問題である。」(同上 143 ページ) と批判的に述べている。

Ⅳ 2005 年会社法における純資産の部の変容

先にも述べたが, 2005 年会社法が制定されたことにより, 株主資本, 評価・換算差額等, 新株予約権という大きな分類を明確にし, 株主資本の部において, 2001 年改正以来の資本剰余金と利益剰余金の区分を重視するとともに, 自己株式も株主資本の部における控除項目とされた。この会社法制定に伴う次のいくつかの問題について議論する。

1 会社法における資本制度

会社法における資本制度全体について, 小林は, 「資本を債権者保護機能のみを有する制度として純化し, その機能の強化を図ってきた過程であ

るといえる。」（小林［2005］20 ページ）と述べて，これまでの商法から会社
法制定にいたる改正を，債権者保護機能を純化してきたプロセスと肯定的
にとらえている。

　また島原は資本に関して，発行済株式の発行価額の総額に相当する財産
が現実に会社に提供されていることという「資本充実の原則」，株式の発
行により資本の額が定まった場合には，これに相当する財産が会社に「維
持」されていることが必要とされる「資本維持の原則」，いったん定まっ
た資本の額は任意に変更することを許さない「資本不変の原則」という 3
つの原則があるが，「資本制度自体は残しながら，その具体的な規制を大
幅に柔軟化させるという方向でドラスティクな変更を行おうとしている。」
（島原［2005］27 ページ）と述べて，これまでの資本に関する原則は維持し
ながらも，その内容に関しては大きく変化していると評価している。

　また神田は，資本に関する諸原則として，㈠資本充実の原則，㈡資本維
持の原則，㈢資本不変の原則，㈣資本確定の原則の 4 つを挙げているが，
この中で，「会社法のもとでは，存在するといえそうなのは㈡だけであ
る。」（神田［2018］296 ページ）と述べ，資本維持の原則は現行の会社法に
おいて役割を果たしているとしている。ここで，資本維持の原則とは，
「資本金の額に相当する財産が実際に会社に維持されること」（同上 297 ペ
ージ）であり，利益配当の規制，中間配当の規制，自己株式取得の財源規
制などは，この原則の現れであり，「日本の商法は，資本金の額に準備金
の額等を加算した額を純資産額から差し引いた額をもって配当可能限度額
等としてきたが，会社法では剰余金分配規制として改正・横断化されるに
いたった。」（同上 297 ページ）として会社法における分配規制の特徴を述べ
ている。

2　最低資本金制度の廃止

　1990 年（平成 2 年）の商法改正により，第 168 条ノ 4 において，株式会
社は最低資本金として 1,000 万円の金額が規定されていた。この最低資本

金額の規定について，安藤は，「最低資本金の制度化の理由として，株主有限責任に対する債権者保護として株式会社の最低資本金は当然の要請であること，ヨーロッパ諸国（独，仏，英）にはこの制度があること，有限会社の制度が別にあるのだから株式会社は一定規模以上の会社に限定してよいこと」（安藤［2011］30ページ）という理由を挙げ，有限責任の株式会社において，ある程度の資本金の額は必要であることを指摘している。しかし，2005年会社法により，この最低資本金制度は廃止され，債権者保護の手続きをすれば，資本金は0円でもいいことになった。

　このような最低資本金制度の廃止について，小林は，新たな事業の創出という観点から，起業を促進し，設立時については，会社債権者の保護に役立つところは少ないのでプラスのメリットがあることを強調し，会社債権者の保護については他の規制の運用により対処できる（小林［2005］21ページ参照）のであまり問題はないとみている。これに対し島原は，「最低資本金制度は資本充実の原則・資本維持の原則の実効性を担保する意味を持つ」（島原［2005］29ページ）のであり，「最低資本金制度の廃止は，実質的にもマイナス面の方が大きいものと思われる。」（同上29ページ）と述べて，資本充実の原則・資本維持の原則の面から，最低資本金制度の廃止のマイナス面を指摘している。

3　利益準備金の積立要件の緩和

　利益準備金は，資本準備金と合わせて資本金の4分の1を積み立てればよくなったことに関して，尾崎は，「『法定準備金』として資本準備金と利益準備金とを区分することの法的意義は2001年（平成13年）6月改正以降大いに減じられた。」（尾崎［2007］34ページ）と述べ，さらに，「法定準備金の総額が準備金の25％を超過しているときはその超過する法定準備金の直接減額が許容され（改正前商289条2項），さらに資本欠損塡補における取崩し順序の規定もなくなったのである（改正前289条2項）。」（同上34ページ）と述べて，資本準備金と利益準備金を区別する意義が失われ，

同じような扱いになったことを指摘している。

4 配当規制

　配当規制に関して，小林は，「利益配当，中間配当，資本・準備金の減少に伴う払戻し，自己株式の有償取得について，これらはすべて会社財産の株主への払戻しという点では同様であるため，統一的に捉え，横断的に規制することとし，同一の財源規制を課している」（小林［2005］23 ページ）と述べて，利益配当も資本の払戻しも統一的に捉えることを肯定し，実際の分配に際して，「最低 300 万円の純資産額が確保される」（同上 23 ページ）ので問題はないとしている。

　尾崎は，法定準備金の総額は一覧し易い形では提供されないとし，「『その他資本剰余金』と『その他利益剰余金』とは区分されるが，『剰余金の分配』財源としての会社法上の取扱いにおいては，いずれもが分配財源になりうる点で差異はない（会社 446 条 1 号，会社計規 177 条）。その分配手続きや数額の減少手続きにおいても，両者に特段の違いはない（会社計規 46 条・50 条・52 条）。ただ，剰余金配当時に法定準備金を計上しなければならない場合には，その財源に応じて計上すべき法定準備金の種類が決まる。」「資本準備金と利益準備金についても，法定準備金としての取扱いにおいては違いがない。」（尾崎［2007］35 ページ）と述べ，法定準備金の総額が示されないこと，その他資本剰余金とその他利益剰余金の区別も，資本準備金と利益準備金の区別もその取扱いに違いがないことを指摘している。また配当規制の面について，「資本金と資本準備金はともに配当不能財源であり，差がない。配当規制の面で特に払込剰余金の創出を認めることの合理性はないともいえる。」（同上 37 ページ）と述べ，資本準備金の設定は，過小資本の防止と取崩しの容易さの確保であり，現行の配当規制を肯定的にとらえている。

5 新株予約権

　会社法制定以前は，商法上，新株予約権は会計基準に合わせて負債の部に計上されていた。たとえば弥永は，「新株予約権の発行価額とその行使に伴う払込金額との合計額の1株あたりの額をその新株1株の発行価額とみなすこととされており（商法280条ノ20第4項），この規定は新株予約権の発行価額相当額が，新株予約権行使時までは資本金にも資本準備金にも反映されておらず，かつ，全額が貸方に計上されている（取り崩されることがない）ことを前提としていると解されるからである。」「このように考えると，新株予約権を有償で発行した会社は，新株予約権の発行価額に相当する額を一種の仮勘定として，負債の部に新株予約権として計上すべきことになる。」（弥永［2003］126-127ページ）と述べているように，一種の仮勘定であり，負債に計上される項目としていた。

　現行の会社計算規則の第3章純資産の第8節新株予約権において，「株式会社が新株予約権を発行する場合には，当該新株予約権と引換えにされた金銭の払込みの金額，金銭以外の財産の給付の額又は当該株式会社に対する債権をもってされた相殺の額その他適切な価格を，増加すべき新株予約権の額とする。」（第55条）と規定し，新株予約権は純資産の部に計上されるものとしている。

V　会計基準における純資産（資本）の部の変容

　企業会計基準では，先に第2節でみたように，2001年に企業会計基準第1号「自己株式及び法定準備金の取崩等に関する会計基準」，2005年に企業会計基準第5号「貸借対照表の純資産の部の表示に関する会計基準」が公表され，純資産の部の表示が大きく変わった。これはある意味で商法（会社法）との調整のプロセスであるとみることができる。本節では，会計の側から見た純資産に係る問題について検討することにする。

1 会計上の資本と利益

会計上の資本と利益の問題に関して，森川は，会計上資本取引・損益取引区別の原則は重要な意味を持ち，次の2つの機能を果たすとする（森川[2002] 19 ページ参照）。1つは，情報開示機能で，一会計期間において，損益取引つまり資本の運用取引から生じた自己資本増減要素たる収益・費用と，資本取引つまり資本自体の直接的な増減取引から生じた自己資本変動分（資本金及び資本剰余金の増減分）とを区別するという機能を果たす，すなわち適正な期間損益計算の保証であり，2つめは，資本維持機能で，資本取引と損益取引の区別の結果生じた資本剰余金と利益剰余金を期間を超えて区別するという機能を遂行する，というものである。

また，斎藤は，「座談会　企業会計基準委員会『自己株式及び法定準備金の取崩等に関する会計基準』等について」（座談会[2002]）において，資本と利益の区別には，「一つは，元手にあたる株主の投資と，その成果との区分です。この場合は，株主持分のストックの計算と，それが1期間に生み出した利益の計算とを混同しないことが大事」（同上65ページ）であり，「もう一つは，株主持分のストックを，稼得した成果が分配されずに累積している留保利益と，その利益を生み出した株主の払込資本とに分ける」（同上65ページ）という2つの役割があり，「出資や配当のような株主持分の変動を利益の計算に含めないこと，利益に影響する要素は利益に算入した上で留保して，いきなり株主持分に加減したりしないことが必要」（同上65ページ）であり，「払込資本と留保利益とを区別して，資本剰余金と利益剰余金とを明確に分けることは，確固たる通念として定着していて，簡単に否定できるものではない」（同上65ページ）と述べて，会計上資本剰余金と利益剰余金の区分は重要であることを強調している。

梅原は，会計理論における資本と利益の区別は，払込資本と留保利益を区別する「剰余金区別の要請」と，期間損益の構成要素となる取引とそれ以外の純資産の変動をもたらす取引を区別する「期間損益画定の要請」という2つの要請があると指摘している（梅原[2005] 34-35 ページ参照）。

いずれも，会計上，資本と利益の区分は重要であり，特に資本剰余金と利益剰余金の区別を重視している。

2 純資産（資本）の部の分類

　会社法における区分を踏襲して，企業会計基準においても，純資産の部において，株主資本，評価・換算差額等，新株予約権という3つの大区分を採用し，株主資本の中で，資本剰余金と利益剰余金の区分を設けている。企業会計基準適用指針第8号でも同様の分類を示している。このような分類に対して，秋葉は，「債権者保護の観点から資本の部を資本金，法定準備金，剰余金に区分してきた商法の考え方と，払込資本と留保利益に区分する企業会計の考え方の調整によるものと考えられる。」（秋葉［2018］308ページ）と述べて，会社法と企業会計基準との調整としている。

　また森川は，「取引源泉の視点からの『資本と利益の峻別』という会計学上の基本原則に基づく分類としての内容をもち，従来の会計基準で採用されてきた配当規制の視点からの制約から解放されて，情報開示機能の改善に資することが期待される。」（森川［2002］18ページ），つまり「この資本の部の分類は，一般原則三にいう『取引区分の原則』に基づく分類であり，『払込資本（資本金および資本剰余金）と留保利益（利益剰余金）の峻別』という会計上重要な基本的要請を基礎にしている点に特質が認められる。……『現行原則』にみられる主に配当規制の視点を考慮した分類とは異なるものである。」（森川同上23ページ）と述べて，取引源泉の視点から，会計学上の基本原則に基づく分類であり，情報開示機能からも望ましい改善であるとみている。しかし，「資本維持の視点からみると，元手としての払込資本の維持という点で問題が含まれている」（森川同上18ページ）として，資本維持の視点からは問題があるとしている。この後者の点は後の法定準備金の取崩しや配当規制のところに関連する議論である。

　このような純資産の分類が大きく変更された理由について，安藤は，資本概念の揺らぎ・崩壊の背景として，第1に，国内における直接的・短期

的な要因として，バブル崩壊後の長引く不況の下で，資本余剰の傾向があり，第2に，国内における間接的・長期的な要因として，授権資本制度の採用，定款における株式会社の「目的」の地位ないし機能の低下，第3に，国際的な要因として，アメリカにおける法定資本制度が廃止され，それに代わる債権者保護のための配当規制は，支払不能テストと貸借対照表（資産・負債）テストの組み合わせを採用するのが一般的である（安藤［2009］44-45ページ参照）という3つの点を挙げている。

　これまでみたように，会計上は，資本と利益の区別を重視した表示とみることができるが，これに対して梅原は，「資本剰余金や利益剰余金といった資本の部の中区分をあえて設けずに，むしろ期中取引や商法規定に従って処理された勘定科目をそのまま表示した方が，より有用な情報を提供できるとも考えられる。配当規制にも合致しない表示区分を制度的にも維持すべきかどうかについては，剰余金区別の本来的な機能に立ち返った慎重な検討が必要であろう。」（梅原［2005］39ページ）として，資本剰余金と利益剰余金の区分を設けることを批判的に述べている。

3　法定準備金の取崩し

　会社法において，法定準備金の取崩しが認められていることに関して，森川は，「資本準備金」の分配可能性が含意されている点を問題視し，「資本維持機能を支援する商法上の措置が相当程度毀損し，払込資本自体の維持さえ確保できなくなっている状況が存在するのである。」（森川［2002］25ページ）と述べ，「『資本と利益の峻別』をめぐって混乱がみられる。」（同上26ページ）とし，会計上の資本と利益の区別の考え方から批判している。

　安藤も，総会決議と債権者保護手続きを経れば，資本金，資本準備金，その他資本剰余金の相互間の金額の移動は自由であり，払込資本をすべて配当可能な「その他資本剰余金」とすることさえ可能となっていて，これは「平成13年（2001）6月商法改正における資本概念の揺らぎ」であり，「会社法（平成17年7月公布）における資本概念の崩壊」（安藤［2009］43-44

第1章 純資産の部の会計と法務 23

ページ参照）と述べている。

4 配当規制

　会社法上の配当規制に関して，斎藤は，「開示規制と配当制限が一体不可分だということを意味しません。」（座談会 [2002] 76 ページ）と述べ，したがって，「債権者保護のための配当制限が，企業会計の計算と結びつくというのは，要するにそれが取引コスト，ないし契約コストの削減に有効だったからにすぎない」（同上 76 ページ）と述べ，開示規制と配当制限は一体不可分なものではないとしている。

　梅原も，「商法上の配当規制は，株主出資を源泉とする払込剰余金からの分配を認めているので，会計上の剰余金区別の要請からは乖離している。」（梅原 [2005] 36 ページ）として，会計上の資本剰余金と利益剰余金の区分から乖離していることを批判している。

　また，壹岐は，「会社法の配当規制において，資本剰余金と利益剰余金は区分されていない」（壹岐 [2007] 30 ページ）と述べ，さらに，「期間利益算定上の基礎数値としての期末元入資本，しかも，その中核である払込資本自体の社外流出を比較的自由に認めるというのは，如何なものであろうか。」（同上 31 ページ）と述べて，払込資本の社外流出を認めることを問題視している。

VI　国際比較

　資本（純資産）の部の表示に関して，国際財務報告基準（IFRS），アメリカ，EU における表示についてみることにする。

1　国際財務報告基準（IFRS）

　国際財務報告基準（IFRS）では，国際会計基準（IAS）第 1 号 79 項において，貸借対照表（財政状態計算書）の本体若しくは持分変動計算書，又は

注記のいずれかに資本及び株式資本に関する次の情報を表示すべきことを規定している（IASB［2018］）。

(a) 株式資本のクラスごとに

(i) 授権株式数

(ii) 全額払込済の発行済株式数及び未払込額のある発行済株式数

(iii) 1株当たりの額面金額又は無額面である旨

(iv) 期首から期末の発行済株式数の増減内訳

(v) その種類の株式に付されている権利，優先権及び制限（配当支払い及び資本の払戻しの制限を含む)

(vi) 自己株式及び子会社又は関連会社保有の自社の株式

(vii) オプション契約による発行及び受渡契約のための留保株式，ならびにそれらについての契約条件及び金額

(b) 資本に含まれる各種剰余金の内容及び目的

このように，株式資本について規定があるが，本体又は注記のいずれでもよく，特に(a)の内訳項目は，むしろ注記の方がいいと思われ，貸借対照表の資本（純資産）の部には，資本と各種剰余金の内容を示せばいいということになる。雛型の一例は次のとおりである（Ernst & Young［2016］112ページ）。

親会社の所有者に帰属する資本

資本金

利益剰余金

その他の資本項目

非支配持分

資本合計

このような IFRS の資本の部の表示について，佐藤は，「US-GAAP や IFRS の場合には，表示科目やそのまとめ方など，企業の裁量に任されている部分がある程度存在するという点で，多様性が認められる。」（佐藤［2002］59ページ）と述べて，様式に関して自由度が高いことを指摘してい

る。

2　アメリカ

　株主持分の区分について，Kieso et. al は，大きく分けて次の３つの区分を挙げている（Kieso et. al [2010] p. 189.)。

　1　株式資本　発行した株式の額面あるいは表示価額

　2　追加拠出資本　額面あるいは表示価額を超えて払い込まれた超過金額

　3　留保利益　会社の未分配の利益

　このように，株式資本は日本の資本金，追加拠出資本は資本剰余金に，留保利益は利益剰余金に該当すると思われ，会計上の分類に近い。

　さらに，Kieso et. al は，数値を入れた Quanex Corporation 社の資本の部について，次のように表示している（同上 p. 189)。

株主持分（単位：千ドル）

優先株, 無額面, 1,000,000 株授権済；345,000 株発行済かつ未償還	$86,250
普通株, 額面 $0.50, 25,000,000 株授権済；13,638,005 株発行済かつ未償還	6,819
追加拠出資本	87,260
留保利益	57,263
	$237,592

　このようなアメリカにおける資本の部の表示の特徴について，佐藤は，「第１に，授権株式数と発行株式数とが普通株式と優先株式とに区別されて，貸借対照表の資本の部に記載されている。」（佐藤［2002］56 ページ）「第２に，受贈資本（donated capital）が拠出資本（paid-in capital）と留保利益（retained capital）の間で独立の項目として表示されている。」（同上 57 ページ）「第３に，ストック・オプションの対価が，その交付時に追加払込資本とされるため，全額払込資本に含まれる。」（同上 57 ページ）「第４に，金庫株が原価で控除項目として表示されている。」（同上 57 ページ）と４つの特徴を指摘している。

また，アメリカの資本制度について，片木は，「アメリカでは，資本市場における開示や不正行為の規制については連邦法が存在するものの，会社法については伝統的に各州が制定しており，配当規制のあり方についても各州によって異なる。」（片木［2005］49 ページ）と述べて，アメリカでは会社法は各州により規定され，その特徴について，「現在，資本制度による配当規制を維持している州は，デラウェア州，ニューヨーク州をはじめとして，7 州ある。しかし，いずれにおいても，資産維持機能は極めて弱体化している。……券面額の低額化と，無額面株式の普及により，株式の発行価額のうち表示資本に充当されるのは僅かな部分にとどまるようになった。」（同上 49-50 ページ）と述べて，資本制度による配当規制をしている州は少なく，資産維持機能は低下していることを指摘している。そして，「デラウェア州をはじめ 4 州では，資本の欠損が生じている場合でも，当期または前期の利益からの配当を認めている」，「会社は資本剰余金を含む剰余金からの配当が可能である（ニューヨーク事業会社法 510 条・デラウェア一般事業会社法 170 条）。資本の減少についても株主総会の通常決議による承認（ニューヨーク事業会社法 802 条），あるいは取締役会の決議のみによって行うことができる（ニューヨーク事業会社法 516 条・デラウェア一般事業会社法 244 条）。いずれにしても，債権者保護手続きは求められていない。」（同上 50 ページ）資本の欠損が生じている場合でも，前期又は当期の利益があれば配当を認め，剰余金から配当可能であり，資本の減少手続きも株主総会の通常決議，取締役会の決議で行えるとしている。

　その他の州では，模範会社法型の配当規制を行っているとして，「資本制度による資産維持機能そのものを否定する傾向が進んでいる。アメリカ法曹協会が 1984 年に公表した改正模範事業会社法は，株主に対する分配（株主に対する現金その他の資産の配当及び自己の株式の買戻し）は，第 1 に衡平法上の支払不能テストを満たすこと，第 2 に会社資産が会社の負債を上回る限り認められ（ただし，優先株主の残余財産優先払戻権を侵害してはならない），表示資本にもとづく純資産の維持の要求は放棄されている（1984 年

第1章　純資産の部の会計と法務　27

改正模範事業会社法6.40条）。ペンシルベニア，フロリダ，イリノイの各州をはじめ，37州が模範会社法型の配当規制を採用している。」（同上50ページ）と述べ，多くの州は，支払不能テストと資産が負債を上回ることを条件に配当できるとしている。この衡平法上の支払不能テストとは，「会社は，分配により『通常の営業過程においてその債務を履行期に弁済することができなくなる』場合には分配をしてはならない（1984年模範会社法6.40条(c)項(1)号）。」（同上51ページ）というものである。

　特に代替的資産維持制度をとっている，カリフォルニア会社法について，「カリフォルニア一般会社法500条によると，会社は，(a)分配予定額以上の留保利益を有する場合，または(b)(1)会社資産が会社負債の少なくとも4分の5に相当し，かつ(2)会社の流動資産の額が流動負債の額を上回る場合に，分配をすることができる。いずれの場合についても衡平法上の支払不能テストが並行して適用される（カリフォルニア一般会社法501条）。」（同上50ページ）と述べている。

　このように，アメリカでは，資本制度による配当規制を行う州は少なく，多くの州は支払不能テストにより配当規制を行っている。

3　EU

　EUは，会計に関して，会社法指令を通してEU域内の会計基準の調和化を図ってきた。周知のように，2005年に上場企業の連結財務諸表にIAS/IFRSを強制したが，上場企業の個別財務諸表，非上場企業の連結・個別財務諸表は各国に任せている。フランス，ドイツ等個別財務諸表に自国基準を課している国も多い。そこで，旧い個別財務諸表に関する第4号会社法指令（78/660/EEC）と連結財務諸表に関する第7号会社法指令（83/349/EEC）を1つにした新会計指令（2013/34/EU）を公表した（EU[2013]）。この新会計指令の第10条財務諸表の表示において，「貸借対照表の表示に関して，加盟国は，付録ⅢとⅣに記述したレイアウトの1つあるいは両方を規定しなければならない。もし加盟国が両方のレイアウトを規

定したならば，企業が記述したレイアウトのいずれを選択することを許容することになる。」と規定している。付録Ⅲは並列的（勘定式）報告形式で，付録Ⅳは垂直的（報告式）報告形式であり，資本の部の内容は変わらない。その様式は次のとおりである。

資本と積立金

Ⅰ　払込資本

Ⅱ　資本剰余金

Ⅲ　再評価積立金

Ⅳ　積立金

1．法定積立金，国内法がこのような積立金を要求する限り。

2．自己株式積立金，指令 2012/30/EU 第 24 条(1)の(b)にかかわりなく，国内法はこのような積立金を要求する限り。

3．契約により準備する積立金

4．公正価値積立金などのその他積立金

Ⅴ　繰越損益

Ⅵ　当期損益

ここでは，資本（純資産）の部の最低限の表示を要求している。また，第 11 条貸借対照表の代替的表示において，「加盟国は，企業あるいは一定のタイプの企業に，示された情報が少なくとも付録Ⅲ及びⅣにしたがって提供されるものと等しいならば，付録Ⅲ及びⅣに記述されたものとは異なるレイアウトで流動項目と非流動項目の区別に基づく表示を認めることができる。」としているので，資本（純資産）の部の表示に関して，自由度は高いといえる。

Ⅶ　資本と利益に関する会社法と会計の考え方の相違

これまでみてきたように，表示の上では，純資産の部について会社法と会計基準の様式はほとんど同じものとなっている。弥永が，「新様式を採

用した最大の根拠は，証券取引法に基づいて作成される財務諸表としての貸借対照表と商法に基づいて作成される計算書類としての貸借対照表とを形式面においても調和させるということにあったと推測される。」（弥永[2002] 35 ページ）と指摘しているように，証券取引法（企業会計原則）と商法（会社法）との調整であったと思われるが，基本的考え方には大きな相違がある。以下，純資産の部の表示と準備金の取崩しについてみることにする。

1 純資産の部の表示

現行の表示は，旧い企業会計原則にみられる考え方と同じであり，いわば開示規制をもとにした表示であり，会計上は大きな異論はみられない。これに対して，2001 年改正以前の商法は，いわば配当規制に基づく区分であったといえる。

したがって，配当規制を重視する立場からは，現行の表示には問題があるとする。たとえば弥永は，配当可能限度額算定のための資本・法定準備金概念として，「商法上，資本（企業会計上は『資本金』と呼ばれる）や法定準備金（資本準備金と利益準備金）は第一義的には配当可能限度額計算のための概念である。」（弥永[2003] 2 ページ）と述べ，商法上は，配当可能限度額計算が第一義的に重要であるのに対し，会計学上の剰余金（資本剰余金・利益剰余金）概念について，「剰余金とは，法定資本（商法上の資本）の額を超える『純資産』を貨幣的に表示したものをいい，利益剰余金も資本剰余金も『純資産』を貨幣的に表示したものの一部分を指すものと理解できる」（同上 3 ページ）として，「純資産」を貨幣的に表したものとみている。この点で，両者には重要な相違があるとして，「第 1 に，商法上の資本あるいは法定準備金はいわば容器の大きさを示すものであるのに対し，会計学上の剰余金（利益剰余金及び資本剰余金）は会社財産（純資産）そのものの貨幣的評価額を基礎とするもの」「会計学の見地からは，法定資本そのものの大きさよりも法定資本の大きさに対応する会社の純資産に注目して

いると解釈することもできそうである。」（同上4ページ）とし，また，「第2に，商法上の資本あるいは法定準備金の額は一定の手続きを踏まなければ変動しないのに対し，会計学上の剰余金は基本的には会社の取引によって変動するもの」と述べて両者の考え方の相違を指摘している。したがって，商法（会社法）の考え方について，「『資本』は配当規制上の概念であり，債権者保護という政策的な観点から設けられていると解されており，何を『資本』とすべきか，視点を変えれば，どれだけの金額を配当可能限度額とすべきかは政策的に決まるものと考えられてきた。したがって，『資本』の源泉が社員の出資でなければならないという論理的必然性はないし，逆に，社員の出資をすべて『資本』としなければならないとも言い切れない。」（同上10ページ）と述べている。この点に会計の考え方との相違が如実に表れていると思われる。さらに，「商法の立場と会計学の立場との間に重要な差異があるのではないか，そもそも，両者の間には『同床異夢』といった関係があるのではないか」（同上2ページ）と述べている。

2 準備金の取崩し

　資本準備金と利益準備金という2つの法定準備金は，資本金の4分の1を超える額について，債権者保護手続きを経て資本準備金はその他資本剰余金へ，利益準備金はその他利益剰余金へ振り替えることができるようになった。もともと利益準備金の源泉は利益であるので，その他利益剰余金に振り替えられることは，会計上問題がないが，特に資本準備金のその他資本剰余金への振替は，その他資本剰余金が配当の原資となるので，問題となる。

　これに対し，弥永は，「資本準備金に関していえば，資本取引によって生ずる剰余金と損益取引によって生ずる剰余金とが区別されることが会計規制上考慮されるべき事項であり，資本取引によって生ずる剰余金を分配・配当することを認めるかどうかは配当規制上の問題であるという見方を立法者は採用したものと推測される。」（弥永［2003］67ページ）として，

商法（会社法）上の配当規制の問題であるとし，また，尾崎も，「剰余金の性質論と社外流出分の可否とは必ずしも一致しないのである。したがって，『利益』配当・『利益』処分の語は厳格にとらえるべき」（尾崎 [2002] 41 ページ）である。「『利益』の『配当』は『資本の払戻し』『法定準備金の払戻し』を含む『金銭等の社外流出分・剰余金の処分』（『配当』）の一場合にすぎないことを明確に自覚すべきではなかろうか。」（同上 41 ページ）と述べて，利益の配当には資本や法定準備金の払戻しも含むことを明確にしている。

　しかし，会計上は，「『配当』という文言は『その他利益剰余金の配当』の場合に限定し，資本剰余金の場合には，文言を『その他資本剰余金の払戻し』に変更し，規制も分けて行うのが望ましかったと思われる。……株主に対して会社財産を払い戻す行為という点で，同一の行為と考えているからのようであるが，現象面からみればそのとおりでも，源泉面からみれば，両者の性格は違うと考える。結局，そのような源泉面を無視して，統一的な財源規制を定めたところに，問題があると思われる。」（壹岐 [2007] 32 ページ）というように，利益配当と資本の払戻しという用語を分けて使う方がいいという意見もある。

Ⅷ　お わ り に

　これまで，純資産の部の会計と法務について，2001 年商法改正と 2005 年会社法制定を契機とした，資本（純資産）の部の表示の変遷，商法（会社法）の配当規制の変遷，これに伴う各純資産項目の問題について検討し，国際比較を行い，会計と会社法における考え方の相違をみてきた。日本において，表示の面では会社法と会計基準とで相違はないが，取引の源泉による資本と利益の区別を重視する会計上の考え方と，配当規制を重視する会社法上の考え方とは大きな相違があること，国際的には純資産の表示は日本より柔軟であることが明らかになった。

【参考文献】

秋葉 [2006]：秋葉賢一稿「『貸借対照表の純資産の部の表示に関する会計基準』について」『JICPA ジャーナル』第607号，2006年2月。

秋葉 [2018]：秋葉賢一稿「純資産」佐藤信彦他編著『スタンダードテキスト　財務会計論　I 基本論点編第11版』中央経済社，2018年。

秋葉 [2015]：秋葉賢一著『エッセンシャル IFRS 第4版』中央経済社，2015年。

安藤 [1998]：安藤英義稿「アメリカで揺らぐ資本概念（資本と利益の区別）」『會計』第153巻第1号，1998年1月。

安藤 [2009]：安藤英義稿「会社法における資本概念の崩壊と税務会計」『税経通信』第64巻第1号，2009年1月。

安藤 [2011]：安藤英義稿「商法・会社法会計の展開」安藤英義・古賀智敏・田中建二責任編集体系現代会計学第5巻『企業会計と法制度』第1章，中央経済社，2011年。

壹岐 [2007]：壹岐芳弘稿「資本と利益の区分―会社法における剰余金の会計規制と配当規制を中心として」『企業会計』第59巻第2号，2007年2月。

池田 [2007]：池田幸典稿「ASBJ『純資産の部』の特徴―企業会計基準第5号に関する検討―」『高崎経済大学論集』第49巻第3・4合併号，2007年3月。

梅原 [2005]：梅原秀継稿「会計理論からみた資本の部の変容―資本と利益の区別をめぐって」『企業会計』第57巻第9号，2005年9月。

尾崎 [2002]：尾崎安央稿「配当可能利益の変容」『企業会計』第54巻第7号，2002年7月。

尾崎 [2007]：尾崎安央稿「剰余金区分原則の会社法的意義」『企業会計』第59巻第2号，2007年2月。

片木 [2005]：片木晴彦稿「資本制度の国際比較」『企業会計』第57巻第9号，2005年9月。

神田 [2018]：神田秀樹著『会社法　第18版』弘文堂，2016年。

小賀坂 [2002]：小賀坂敦稿「『自己株式及び法定準備金の取崩等に関する会計基準』等の解説」『企業会計』第54巻第6号，2002年6月。

小林 [2002]：小林量稿「商法の債権者保護機能との関係」『企業会計』第54巻第7号，2002年7月。

小林 [2005]：小林量稿「新会社法による資本の変容」『企業会計』第57巻第9号，2005年9月。

佐藤 [2002]：佐藤信彦稿「『資本の部』の国際比較―日米会計基準及び IFRS を中心にして」『企業会計』第54巻第7号，2002年7月。

座談会 [2002]：斎藤静樹，神田秀樹，逆瀬重郎，小賀坂敦，（司会）西川郁生「座談会企業会計基準委員会『自己株式及び法定準備金の取崩等に関する会計基準』等について」『企業会計』第54巻第6号，2002年6月。

島原 [2005]：島原宏明稿「債権者保護機能からみた資本制度」『企業会計』第 57 巻第 9
号，2005 年 9 月。

成道 [2002]：成道秀雄稿「企業組織再編成と『資本の部』」第 54 巻第 7 号，2002 年 7
月。

平松 [2002]：平松朗稿「財務諸表等規則等の改正について」『企業会計』第 54 巻第 6 号，
2002 年 6 月。

万代 [2007]：万代勝信稿「資本・利益の区分をめぐる歴史的動向と理論—資本取引と
損益取引の区分を中心として」『企業会計』第 59 巻第 2 号，2007 年 2 月。

宮島 [2015]：宮島司著『新会社法エッセンス第 4 版補正版』弘文堂，2015 年。

森川 [2002]：森川八洲男稿「新会計基準における『資本の部』の分類の特質」『企業会
計』第 54 巻第 7 号，2002 年 7 月。

弥永 [2002]：弥永真生稿「商法施行規則の制定と資本の部の変容」『企業会計』第 54 巻
第 6 号，2002 年 6 月。

弥永 [2003]：弥永真生著『『資本』の会計　商法と会計基準の概念の相違』中央経済社，
2003 年。

Ernst & Young [2016]: The International Financial Reporting Group of EY, "International GAAP 2016 Vol. 1", Wiley, 2016.

EU [2013]: "Directive 2013/34/EU of the Europian Parliament and of the Council of 26 June 2013 on the annual financial statements, consolidated financial statements and related reports of certain types of undertakings, amending Directive 2006/43/EC of the European Parliament and of the Council and repealing Council Directives 78/660/EEC and 83/349/EEC." 2013.6.29.

IFRS [2018]: IFRS Foundation, "IFRS Standards Part A. issued at 1 January 2018, reflecting changes not yet required." 2018.　IFRS 財団編『IFRS 基準　Part A 2018 年 1 月 1 日現在で公表（まだ要求されていない変更を反映）』中央経済社，2018 年。

Kieso et. al [2010]:Kieso, Donald E., Jerry J. Weygandt & Terry D. Warfield, "Intermediate Accounting 13ed.", John Wiley & Sons, Inc. 2010.

純資産の部の総合的検討

第2章　資本金等の額と利益積立金額

成蹊大学名誉教授　成道　秀雄

は じ め に

　法人の純資産の額の変動を伴う取引とは法人と株主との取引で，その課税事象でみると，「資本金等の額」と「利益積立金額」は重要な概念といえる。「資本金等の額」とは法人が株主から出資を受けた金額である（法法2⒃）。「利益積立金額」とは，法人の所得金額で留保された金額といえる（法法2⒅）。「資本金等の額」と「利益積立金額」では，法人から株主へ金銭等の払い出しがなされた時点で課税上の取り扱いが異なっている。「資本金等の額」が払い出されれば，株主にとってそれは出資の払い戻しで課税されることはなく，「利益積立金額」が払い出されれば，株主に対する受取配当として課税されることになる。それゆえ法人税法上は法人から株主に払い出された金銭が「資本金等の額」であるか「利益積立金額」であるかを区分することは重要な意味がある。

　そこで本章では，法人税法上での「資本金等の額」と「利益積立金額」がどのように決定されるかを整理し，かつそれぞれの増減をもたらす課税取引を示すこととする。さらに，平成13年度税制改正で組織再編税制が創設されるに伴い「マイナスの資本金等の額」と「マイナスの利益積立金

額」の存在が明らかにされたが，その実質から課税上どう扱われるべきか
を考察する。

I　資本等取引の内容

　法人税法における資本等取引とは，法人の「資本金等の額の増加又は減
少をもたらす取引」並びに法人が行う「利益又は剰余金の分配（資産の流
動化に関する法律第115条第1項（中間配当）に規定する金銭の分配を含
む)」及び「残余財産の分配又は引き渡し」をいう（法法22⑤)。資本取引
となれば最初の資本金等の額の増加又は減少をもたらす取引のみが該当す
るので，資本等取引としているゆえんである。最初の「資本金等の額」の
増減は株主持分の増減を意味していることから益金又は損金を構成するこ
とはなく，次の「利益又は剰余金の分配」も財産の減少をもたらすものの
損金に算入されることはない。

　そして平成22年度の税制改正で，最後の「残余財産の分配又は引き渡
し」が追加された。同年度の税制改正で清算所得課税制度が廃止され，清
算中の法人に対しても各事業年度の所得計算が行われることになったので，
株主等への残余財産の分配と引き渡しの段階では損益が生じないようにし
たのである。

　ただ，同年度の税制改正で残余財産の分配と引き渡しが行われれば，そ
の時の時価でもって譲渡損益が課税されることとなったので（法法62の5)，
上記の規定と矛盾しているのではとの批判がある（日本税制研究所　朝長英
樹「『資本等取引』とは」2012年2月15日 http://www.zeiseiken.or.jp/faq/
column/column9.pdf（2019年4月10日訪問))。

　このことについて，税制改正解説書では次のように述べている（平成22
年版『改正税法のすべて』280頁)。

　「また，残余財産の分配又は引渡しが，資本等取引の範囲に追加されま
した（法法22⑤)。残余財産の分配としての金銭以外の資産の交付という

行為には，資産の譲渡という面と資産の流出という面の二つの面があり，このうち資本等取引に追加されたことにより課税の対象外とされるのは，後者の面，すなわち，資産が流出したことによる損失について損金の額に算入しないという面のみであり，前者の面，すなわち譲渡損益を課税しないということではありません。なお，残余財産の引渡しは出資者等の法人の持分権者との取引ではありませんが，残余財産の引渡しという行為自体は，その文字からも明らかなように剰余の分配の性質を有し，所得から控除されるべきものでないものと考えられ，従前より引き渡される残余財産についても清算所得課税の対象とされていたことから，今回，清算所得課税が通常所得課税に変更されるに当たり，資本等取引とされたものです。」

この解説によると，残余財産の分配又は引き渡しには資産の譲渡と資産の流出の２面があって，法人税法第22条第５項の「残余財産の分配と引き渡し」は後者の資産の流出が当てはまるとしているようである。

仕訳的には次のように観念される（武田昌輔編『DHC コンメンタール法人税法』1176頁　第一法規）。

すなわち，簿価400万円，時価1,000万円の資産を譲渡して，譲渡益600を計上し，同時に資産の時価相当額1,000万円の利益積立金額を減少する。

（借）現金預金	1,000万円	（貸）資　　　産	400万円
		譲　渡　益	600万円
（借）利益積立金額	1,000万円	（貸）現金預金	1,000万円

この２段目の（借）利益積立金額1,000万円，（貸）現金預金1,000万円の仕訳が「残余財産の分配と引き渡し」と観念されるならば，現金預金1,000万円が残余財産ということになろう。

なお，平成22年度の税制改正で適格現物分配が設けられた。完全支配関係等の一定の要件を満たせば，金銭でない現物分配であっても，その譲渡損益は，損益取引として益金又は損金に算入されることがなくなった（法法62の5）。

II 「資本金等の額」の範囲

先に述べたように,「資本金等の額」とは,法人が株主等から出資を受けた金額をいう（法法2⑯)。この「資本金等の額」を増加又は減少する取引を,「利益又は剰余金の分配」及び「残余財産の分配又は引き渡し」を含めて資本等取引としている。この「資本金等の額」は株主からの拠出又は払い戻しであることから,損益取引として益金又は損金に算入されることはない。

法人税法では,次のように「資本金の額（又は出資金の額)」を出発点として,過去の事業年度と当期の事業年度の資本金の額の加算項目と減算項目を列挙している（法令8①)。

法人税法施行令第8条第1項第1号〜第12号の資本金等の額
加算額

1　株式の発行又は自己の株式の譲渡
2　新株予約権の行使に基づく自己株式の交付
3　取得条項付新株予約権の取得対価としての自己株式の交付
4　協同組合等の加入金
5　合併（適格無対価合併及び適格三角合併含む）（合併法人の処理）
6　分割型分割（適格無対価分割を含む）（分割承継法人の処理）
7　分社型分割（適格無対価分割を含む）（分割承継法人の処理）
8　適格現物出資（被現物出資法人の処理）
9　事業の移転を伴う非適格現物出資（被現物出資法人の処理）
10　株式交換等（株式交換完全親法人の処理）
11　株式移転（株式移転完全親法人の処理）
12　資本金又は出資金の額の減少

－（マイナス)

法人税法施行令第8条第1項第13号〜第22号の資本金等の額

第2章　資本金等の額と利益積立金額　39

減算額

13　準備金等の減少（資本組入れ）

14　資本金又は出資金を有する法人から資本金又は出資金を有しない法人への転換（出資法人から非出資法人への移行）

15　分割型分割（分割法人の処理）

16　適格株式分配

17　非適格株式分配

18　資本の払戻し等（資本払戻等法人の処理）

19　出資等減少分配（分配法人の処理）

20　自己株式の取得等（自己株式の取得等による金銭等交付法人の処理）

21　自己株式の取得（自己株式の取得法人の処理）

22　完全支配関係法人間での発行法人に対する株式譲渡（株主法人の処理）

「資本金等の額」の変動（増減）取引の区分整理

(1)　法人設立，増資（自己株式の処分を含む）・減資，清算　　1，2，3，4，13，18，19

(2)　自己株式の取得　　　　　　　　　　　20，21

(3)　組織再編　　　　　　　　　　　　　　5，6，7，8，9，10，11，12，15，16，17

(4)　グループ法人税制　　　　　　　　　　22

(5)　組織変更　　　　　　　　　　　　　　14

　上記「資本金等の額」が間違いなく株主等から出資を受けた金額であるかどうかは注意する必要があろう。以下においていくつかの論点をあげておく。

1　「資本金等の額」の増加としての株式の発行又は自己株式の譲渡（上記1）

　平成18年度の税制改正で，株式の発行又は自己株式を譲渡した場合に，

払い込まれた金銭の額及び給付を受けた金銭以外の資産の価額その他の対価の額によって「資本金等の額」の増加が算出されることとなった（法令8①(1)）。平成18年度改正前には株式の「発行価額」とされていたのが改正後には「払い込まれた金銭の額」とされたのである。税制改正解説書によると，会社法において株式について発行価額という概念がなくなったことにより「払い込まれた金銭の額」となったとの説明がある（平成18年版『改正税法のすべて』287頁）。

そこで次のような例で「払い込まれた金銭の額」による「資本金等の額」の増加を示してみる。

株式の払込金額100万円　　株式の時価1,000万円

そのまま受け入れた金額で仕訳をすれば次のようになる（改正後）。

　　　　［株式の取得法人］

　　　　（借）株　　　式　　　100万円　（貸）現　　　金　　　　　100万円

　　　　［株式の発行法人］

　　　　（借）現　　　金　　　100万円　（貸）資本金等の額　　　　100万円

そこで実質でもって仕訳をすれば，次のようになる（改正前）。

　　　　［株式の取得法人］

　　　　（借）株　　　式　　1,000万円　（貸）現　　　金　　　　　100万円

　　　　　　　　　　　　　　　　　　　　　　　受 贈 益　　　　　　900万円

　　　　［株式の発行法人］

　　　　（借）現　　　金　　　100万円　（貸）資本金等　　　　1,000万円

　　　　（借）寄 附 金　　　　900万円

平成18年度税制改正前のオーブンシャホールディング事件（最高裁第3小法廷　平成16年（行ヒ）128号　平成18年1月24日　差戻控訴審　平成19年1月30日）のように既存株主の株式価値の希薄化を認識するとなれば，既存株主と新株主，あるいは単なる増資であれば既存株主での株式価値の平均化がなされ，それに相応して株式の取得法人においては受贈益の額，株式の発行法人においては寄附金の額が決められている。

第2章　資本金等の額と利益積立金額　41

平成18年度税制改正での「払い込まれた金銭の額」が発行株式の時価と等しいことを前提にして，既存株主が保有している株式も時価で払い込みがあったものとして，その価額を決定し，新株主と既存株主との間で株式の価値の移転がないようにすべきであり，新株主と既存株主での持分割合を決定して，それに基づき配当を受けるように措置していかなければならない。

2　完全子法人株式（自己株式）の譲渡損益を「資本金等の額」とする取り扱い（上記22）

完全親法人が完全子法人株式をその完全子法人に譲渡（完全子法人からすると自己株式の譲受け）したことにより「資本金等の額」の増減をもたらすとしているが（法令8①（22）），はたして益金又は損金をもたらさない資本等取引（法法22⑤）といえるであろうか。完全親法人からすれば有価証券たる完全子法人株を有しているのであって，その譲渡は損益取引として譲渡損益が生じるとするのが通常である。

例えば平成22年度の税制改正前では，完全子法人の資本金が2億円で，その完全子法人株の株価が1億円に値下がりしたとする。そこで完全親法人がその完全子法人株の半分を完全子法人に時価譲渡するとなると次のように処理されていた（ここではみなし配当が発生しないものとする）。

（借）現　　　　金　　　5,000万円　（貸）完全子法人株　　　　1億円
　　　譲渡損失　　　　5,000万円

しかし平成22年度の税制改正で，譲渡損とせずに資本金等の額として計上することとした。

（借）現　　　　金　　　5,000万円　（貸）完全子法人株　　　　1億円
　　　資本金等の額　　5,000万円

完全支配関係での完全子法人の自己株式の譲渡ということで，譲渡損でなく「資本金等の額」として損金に算入されない。完全親子間での取引は内部的なものであって，本支店間取引のように損益が生じるとは言い難く，

資本修正とみる考え方もあろう。損益を計上せずに直接的に資本直入（資本修正）するのである。このような資本直入も資本等取引に含めるというのであれば，法人税法第22条第5項の資本等取引の内訳のなかに「資本修正」を新たに加えることによって，法人税法施行令第8条第1項第22号と法人税法第22条第5項で矛盾のないようにする必要があるとする見解がある（武田昌輔「法人税改正の重要問題(2)―資本金等の額・資本積立金額」『税務事例』75〜78頁 Vol. 43 No. 1　2011年1月）。

Ⅲ　「利益積立金額」の範囲

　「利益積立金額」とは，法人の各事業年度の税引後の留保金額である。「利益積立金額」は株主，出資者への配当等の原資となることから，その金額が減少したような場合には十分な検証が必要である。そのために法人税法では「利益積立金額」の構成内容を厳格に区分している。

　法人税法では次のように過去の事業年度と当期の事業年度の「利益積立金額」加算項目の1〜14と減算項目の15〜25を列挙している（法令9①）。

法人税法施行令第9条第1項第1号〜第8号の「利益積立金額」 加算額
1　各事業年度の所得の金額
2　受取配当等の益金不算入額
3　外国子会社配当等の益金不算入額
4　完全支配関係の法人間の受贈益の益金不算入額
5　還付金等の益金不算入額
6　繰越青色欠損金の損金算入額
7　法人課税信託の受益者等に引き継がれる信託財産に属する資産の帳簿価額から負債の帳簿価額を減算した金額
8　医療法人が設立に係る受贈益等の益金不算入額
9　適格合併により被合併法人から引き継ぐ利益積立金額
10　適格分割型分割により分割法人から引き継ぐ利益積立金額

11 適格現物分配により交付を受けた資産の交付直前の帳簿価額
12 資本又は出資を有しなくなった法人の，その直前の資本金等の額
13 連結法人が有する他の連結法人の株式又は出資について譲渡等修正事由が生ずる場合の帳簿価額修正額
14 完全支配関係がある法人の株式等に寄附修正事由が生じた場合の修正額

－（マイナス）

法人税法施行令第9条第1項第1号（上記1号の加算額を除く），9号～第14号の「利益積立金額」

減算額

15 各事業年度の欠損金額
16 納付することとなる法人税額並びに当該法人税に係る道府県民税及び市町村民税
17 中間申告での繰戻還付による火災損失欠損金額の益金算入額
18 非適格合併で譲渡損益調整資産が移転した場合の取得価額に算入しない金額から算入する金額を控除した金額
19 剰余金の配当等として株主等に交付する金銭等の額
20 非適格分割型分割によって分割法人株主に交付した金銭等の額から，減少する資本金等の額を控除した金額
21 適格分割型分割により分割承継法人に引き継ぐ利益積立金額
22 非適格株式分配により現物分配法人株主に交付した観世子法人株式その他の資産の額から，減少する資本金等の額を控除した金額
23 資本の払戻し等により交付した金銭等の額が減資資本金額を超える場合の，その超過部分の金額
24 出資等減少分配により交付した金銭等の額が分配資本金額を超える場合における，その超過部分の金額
25 自己株式の取得等の対価として交付した金銭等の我が，取得資本金額を超える場合における，その超過部分の金額

「利益積立金額」の変動（増減）取引の区分整理

　(1) 配当事由　　　　　2，3，19

(2) 欠損金額　　　　　5，15，17
　(3) 減資，清算　　　　12，23，24
　(4) 自己株式の取得　　25
　(5) 組織変更　　　　　8
　(6) 組織再編　　　　　9，10，11，20，21，22
　(7) グループ法人税制　4，13，14
　(8) その他　　　　　　1，5，7，16

上記「資本金等の額」と同様に「利益積立金額」が間違いなく法人の各事業年度の税引後の留保金額といえるかについては注意を要するであろう。
　以下においていくつかの論点をあげておく。

1　完全支配関係での完全親法人から完全子法人への寄附（上記14）

　完全支配関係での完全親法人から完全子法人へ寄附をした場合には，完全親法人においての寄附金は損金不算入となり（法法37②），完全子法人においての受贈益は益金不算入となる（法法25の2）。

　完全子法人が贈与を受けて，その贈与の額を益金不算入にしても，その贈与の額に見合う純資産額が増加していることに変わりはない。それを完全親法人からみると，それに見合う完全子法人株式の価値が上がっていることになろう。それゆえ寄附修正事由が生じたものとして，完全親法人は完全子法人株式等の帳簿価額と「利益積立金額」を増加させることになる（法令9①(7)，119の3⑥）。その増加額が1,000万円としたならば，次のようになる。

［完全親法人］

（借）完全子法人株　　1,000万円　（貸）利益積立金額　　1,000万円

平成22年度の税制改正解説書では次のように述べられている（平成22年版『改正税法のすべて』208頁）。

「グループ法人間の寄附について課税関係を生じさせないこととなるため，これを利用した株式の価値の移転が容易となり，これにより子法人株式の譲渡損を作出する租税回避が考えられることから，これを防止するために，子法人株式の帳簿価額を調整するものである。」

ただ，寄附修正事由の処理で貸方に「利益積立金額」が計上されることについては，「利益積立金額」が「法人（省略）の所得の金額（省略）で留保している金額」と定義されていることから（法法2⒅），その計上が適切といえるであろうか。評価益相当額の1,000万円を，課税済みでないのに，その全額を「利益積立金額」として計上しているのである。

完全支配関係での内部取引であるならば，資本修正とみなして「資本金等の額」とする方が妥当と思われる。すなわち完全子法人に対して追加出資をしたものとみなせば，貸方は「利益積立金額」ではなく「資本金等の額」とした方がよいのではないか。その方が実質を表しているように思われる。

逆に完全子法人が完全親法人に1,000万円寄附した場合には次のようになる。

［完全親法人］

（借）利益積立金額　　1,000万円　（貸）完全子法人株　　1,000万円

ここでも完全子法人に対して資本の払い戻しをしたものとみなせば，借方はマイナスの「利益積立金額」ではなく「マイナスの資本金等の額」とした方がよいように思われる。

2 現物分配に係る「利益積立金額」(上記11)

適格現物分配に際しての完全子法人たる現物分配法人と完全親法人たる被現物分配法人の税務処理を示すと次のようになる。

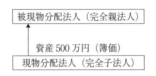

［現物分配法人］
(借) 資本金等の額 300万円(注) (貸) 資産 500万円(簿価)
　　 利益積立金額 200万円
(注) プロラタ方式によって資本金等の額と利益積立金額が計算されているとする。

［被現物分配法人］
(借) 資産(簿価) 500万円 (貸) 現物分配法人株 500万円
　　 資本金等の額 200万円 　　 利益積立金額 200万円

現物分配法人の借方の「利益積立金額」が200万円減少しているのはプロラタ方式の計算によるもので、特にここで検討されることはないが、被現物分配法人の貸方の「利益積立金額」の同額200万円の増加については、もともと「利益積立金額」とされるものであろうか。その実質は現物分配法人からの配当であるので、被現物分配法人でもって受取配当として配当課税されるものである。よって被現物分配法人の貸方に生じる「利益積立金額」の増額は認めずに受取配当として課税すべきである。

3 適格合併，適格分割型分割における利益積立金額の取り扱い(上記9.10)

平成22年度の税制改正以前において、適格合併，適格分割型分割に伴い被合併法人，分割法人の「利益積立金額」は合併法人，分割承継法人に引き継がれていた。しかし、平成22年度の税制改正で，「利益積立金額」

の代わりに「資本金等の額」が引き継がれることになり（法令9①），合併法人，分割承継法人の「利益積立金額」は，独自に純資産価額から「資本金等の額」を控除しての差額で計上されることになった（法令9①⑵⑶）。そのため被合併法人，分割法人の「利益積立金額」は独自に消滅することとなった（法令9①⑽）。

平成13年度の税制改正で組織再編税制が創設されたが，その税制改正解説書による適格合併の例（平成13年版『改正税法のすべて』151頁）を簡略化して，その内容を検討することとする。

平成22年度改正前

合併法人	被合併法人 B／S	被合併法人株主 B／S
	資産800万円　負債　　　500万円 　　　　　　資本金等の額200万円 　　　　　　利益積立金額100万円	被合併法人株(旧株) 　200万円 　　⇓
取得B／S	簿価引継ぎの処理（適格合併）	合併法人株(新株)
資産800万円　負債　　　500万円 　　　　　　資本金等の額200万円 　　　　　　利益積立金額100万円	(借)負債　　　500万円　　(貸)資産800万円 　利益積立金額100万円 　新株　　　200万円	200万円
	被合併法人の解散・清算と新株の 被合併法人株主への移行 (借)旧株200万円　　　　(貸)新株200万円 (借)資本金等の額200万円　(貸)旧株200万円	(借)新株200万円 　　(貸)旧株200万円

資本金等の額200万円は次の差額計算で求められる。

　　資本金等の額200万円＝

　　　　　資産800万円－（負債500万円＋利益積立金額100万円）

平成22年度の税制改正で「利益積立金額」の引き継ぎを廃止して「資本金等の額」の引き継ぎとなったことから，上記の適格合併の例をその改正に合わせて見直しすると，次のようになる。

平成22年度改正後

合併法人	被合併法人 B／S		被合併法人株主 貸借対照表
	資産　800万円	負債　　　　500万円	被合併法人株(旧株)
		資本金等の額200万円	200万円
		利益積立金額100万円	⇓
取得B／S			合併法人株(新株)
資産800万円　負債　　　500万円	簿価引継ぎの処理（適格合併）		200万円
資本金等の額200万円	(借)負債　　　500万円　(貸)資産　　　800万円		
利益積立金額100万円	資本金等の額200万円		
	新株　　　100万円		(借)新株200万円(注)
	利益積立金の消滅		(貸)旧株200万円
	(借)利益積立金額100万円　(貸)新株　100万円		

(注)　新株たる合併法人株は旧株の帳簿価額を引き継ぐ税務調整がなされる。

　合併法人は被合併法人の「資本金等の額」200万円を引き継ぎ，「利益積立金額」は合併法人で独自に発生したものとして計算される。ただし，結局は次のように差額計算で求められることになる。

　　利益積立金額100万円＝

　　　　　　資産800万円－（負債500万円＋資本金等の額200万円）

　被合併法人の「利益積立金額」は独自に消滅し，被合併法人に被合併法人株を払い戻す処理は行われないが，被合併法人株主による被合併法人株の払い戻しを受けた処理は行われる。被合併法人株主においては新株を受け取る処理は行われるが，被合併法人の「利益積立金額」の消滅に伴う受取配当の処理は行われない。

　ここで問題とされることは，先に述べたように被合併法人の「利益積立金額」は被合併法人で独自に消滅するので，被合併法人株主への帰属によっての配当課税が免れられるのではないかということである。ただ，上述したように，合併法人で独自に「利益積立金額」が発生するといっても，適格合併で受け入れた資産，負債とも帳簿価額で引き継ぎ，「資本金等の

額」も同様に帳簿価額で引き継ぐ以上，結果として「利益積立金額」も差額の帳簿価額で引き継ぐのと同じであることから，被合併法人株主に帰属するものではなくて合併法人が引き継ぐのと変わらないものと思われる。

Ⅳ　「マイナスの資本金等の額」

1　「マイナスの資本金等の額」が生じる事例

　平成18年度の税制改正で，改正前の資本積立金と資本金を合わせて「資本金等の額」という概念が創設された。昭和40年度の法人税法では資本積立金の内容として，次に掲げる金額のうち法人が留保している金額の合計額をいうとして，①額面超過金，②払込剰余金，③協同組合の過入金，④減資差損，⑤再評価積立金等，⑥合併減資差益金，⑦特定の医療法人の設立時の払込金があげられており，要するにマイナスの資本積立金額は含められていなかった。「資本金等の額」は，「資本金」と「資本金以外の資本金等の額」と分解でき，ここでは「資本金以外の資本金等の額」がマイナスとなるのであるが，結果的に合計して「資本金等の額」がマイナスとなる場面も考えられるのである。

　まず最初に，この「資本金以外の資本金等の額」がマイナスとなる例として，利益積立金の資本組入れがある。

　そこで，次に事例を時系列的に表してみることとする。

　まず資本金1,000万円，資産1,000万円の会社を設立したとする。

B／S

資産	1,000万円	資本金	1,000万円

　そして設立事業年度に業績が好調で，2,000万円の「利益積立金額」を計上したとする。

	B／S		
資産	3,000万円	資本金	1,000万円
		利益積立金額	2,000万円
	3,000万円		3,000万円

そして事業年度末に「利益積立金額」2,000万円を資本に組み入れたとする。この場合に税務上ではいったん資本金に2,000万円を組入れて，直ちにその資本金2,000万円を減額する意味で「マイナス資本金等の額」2,000万円を計上し，さらに「利益積立金額」2,000万円の組入れはなかりしものとして戻し入れを行うことになる。

税務調整

（借）資本金等の額　2,000万円　（貸）利益積立金額　2,000万円

	B／S		
資産	3,000万円	資本金	3,000万円
		資本金等の額	△2,000万円
		利益積立金額	2,000万円
	3,000万円		3,000万円

以上の事例は資本金以外の「資本金等の額」でマイナスのものを表しているが，資本金を含めたところの「資本金等の額」でマイナスとなる自己株式の有償譲渡の事例を次に示すこととする。

完全子法人は時価800万円，簿価500万円の自己株式を取得するが，それに対応する完全子法人のプロラタ方式による計算の利益積立金額は500万円とする。

完全親法人	完全子法人株（時価800万円，簿価500万円）	完全子法人

完全子法人の税務処理

 （借）資本金等の額 300万円 （貸）現   金 800万円

   利益積立金額 500万円

（注）プロラタ方式の計算によって資本金等の額300万円と利益積立

  金額500万円が決まったとする。

完全親法人の税務処理

 （借）現   金 800万円 （貸）完全子法人株 500万円

   資本金等の額 200万円   受取配当 500万円

 平成22年度の税制改正によって，上記の処理で実質的には譲渡損200万円が「資本金等の額」200万円に変わっている。このことは完全支配関係での完全子法人に対する完全子法人の自己株式の譲渡によって譲渡損は生ぜず，その代わりに同額の「資本金等の額」が減少されることになる。何故にこのように譲渡損を認識しないかについては，上例のように受取配当500万円を益金不算入とし同時に譲渡損を損金算入にする，いわば「いいとこ取り」を防ぐための措置といえる。そこで，譲渡損においては，その代わりに資本金等の額に直入し，損金不算入とされた。このような措置について税制改正解説書には次のように書かれている（平成22年版『改正税法のすべて』338頁）。

 「株式の発行法人にみなし配当が生ずる基因となる事由が生じた場合に，株主等におけるその発行法人の株式の帳簿価額によっては，みなし配当の額について受取配当等の益金不算入制度が適用されるとともに株式の譲渡損失が計上されることがあります。この構造自体は，法人の設立から清算までを通じて考えると理論として整合的ではあるものの，特定の場面においてはこういった処理を行うことが必ずしも適切でない取引がありました。」

 この解説のなかで「特定の場面」というのは完全支配関係での自己株式の有償譲渡であろう。また，「必ずしも適切でない取引」とは，国際的租税回避として争われたIBM事件（東京高裁 控訴審判決 平成27年3月25日

注）が該当しよう。

（注　日本 IBM 社の持株会社となる IBM AP 社は，日本 IBM 社の親会社の米国 IBM 社から日本 IBM 社の全株式を購入し，その一部を発行会社たる日本 IBM 社に譲渡して，約 4,000 億円という譲渡損失を創出した。一方，自己株式を取得した場合に 1 株当たりの資本金額に譲渡株数を乗じた額を超えた部分はみなし配当とされるので，益金不算入となり，結局のところ IBM AP 社はこの巨額の譲渡損を連結納税制度によって日本 IBM 社の黒字と相殺し，法人グループ全体の法人税負担を大幅に圧縮した。）

　以上の事例で完全親法人の自己株式を取得する前の「資本金等の額」が 100 万円とすると，完全子法人株式を完全子法人に譲渡することによる「マイナスの資本金等の額」200 万円と相殺すると，「マイナスの資本金等の額」100 万円ということになる。

　ただ，全ての有償譲渡が租税回避行為であると決めつけてよいのであろうか。完全親法人の資金繰りのために，どうしても完全子法人株を手放さざるを得ないような場合においても租税回避行為とするのは酷なように思える。それと，グループ法人単位課税制度での譲渡損益調整資産ではグループ内での 1 回限りではあるが譲渡損益の繰り延べを認めているのであるから，譲渡損益調整資産の扱いとの整合性が取れていないとの批判もある（小池正明分担執筆「第 12 章　グループ法人税制における損金不算入措置」成道秀雄編『法人税の損金不算入規定』251 頁〜256 頁　中央経済社　2012 年 4 月）。

　また，先にも述べたが，このような完全支配関係での内部取引によっては譲渡損益は実現せず，資本修正とみるのが妥当とする視点で資本金等の額とすることを正当とする見解もある（武田昌輔　前掲論文 76〜78 頁　Vol. 43 No. 1）。完全子法人の業績が上がって多額の利益が計上されれば，それに相応して完全親法人の保有する完全子法人株の価格が上昇し，その完全子法人を譲渡して譲渡益が生ずれば，完全子法人の利益と完全親法人の保有する完全子法人株の譲渡益に課税すれば二重課税となることから，完全子法人株の譲渡益には課税せずに資本金等の額に直入すること，すなわち

第2章　資本金等の額と利益積立金額　53

資本修正で対処すべきとしている。同様に完全子法人の業績が悪化して損失が計上され，それを反映して完全親法人の保有する完全子法人株の価額が低下することで，その譲渡によって譲渡損を計上すれば，二重控除となることから，完全子法人株の譲渡損は計上せずに資本金等の額に直入，すなわち資本修正とすべきことになる。ただ，この論理は完全支配関係がなくとも，ある程度あり得ることなので，これを二重課税，二重控除として調整する必要はないという考え方もあろう。

　次に適格合併に伴い合併法人の抱合株式を処理する際に多額の「資本金等の額」の減額が生じ（法令8①(5)イ），その額が合併法人の合併直前の「資本金等の額」を上回れば，合併法人において「マイナスの資本金等の額」となることがあり得る。

　簡単な事例を示すと次のようになる。適格合併で，合併直前の被合併法人たる完全子法人の資産等を次のように引き継ぐとする。また，合併法人たる完全親法人が所有している抱合株式の帳簿価額6億円について「資本金等の額」を減少する。

　　　（借）資　　　　産　　5億円　（貸）資本金等の額　　4億円
　　　　　（含み益3億円）　　　　　　　　利益積立金額　　1億円
　　　（借）資本金等の額　　6億円　（貸）完全子法人株　　6億円

結局のところ，完全親法人が完全子法人と合併して，トータルでマイナス2億円の「資本金等の額」を引き継ぐこととなり，完全親法人の合併直前の「資本金等の額」が2億円より少なければ，例えば1億円とすると，1億円と2億円の差額の1億円が完全親法人の合併後の「マイナスの資本金等の額」となる。

　さらに他の事例として，適格三角合併で，被合併法人から受け入れる純資産価額800万円（資産1,000万円，負債200万円）より被合併法人株主に交付する合併親法人株の帳簿価額1,000万円（合併直前の簿価500万円，時価1,000万円とすると，合併法人にその差額の500万円を譲渡益に計上し，その時価1,000万円が合併対価の帳簿価額1,000万円とされる）が大きい場合には

「マイナスの資本金等の額」200万円（完全親法人株の移転ということで譲渡損が計上されることはない）が計上される。

　　［合併法人］
　　○適格三角合併
　　（借）資産　　　　　1,000万円　（貸）負債　　　　　　200万円
　　　　　資本金等の額　　200万円　　　　完全親法人株　1,000万円

その「マイナスの資本金等の額」より合併直前の合併法人の有する「資本金等の額」、例えば150万円と小さければ、その差額50万円が「マイナスの資本金等の額」となる。

2　「マイナスの資本金等の額」の問題点

　会社法での分配可能額は、その他の資本剰余金にその他の利益剰余金を加え、自己株式の帳簿価額を控除して計算される。そして実際に剰余金を配当する場合においては、減少する剰余金の額に10分の1を乗じて得た額を、資本準備金又は利益準備金として計上しなければならない（会法445④）。それゆえ、「資本金等の額」がマイナスになるとは通常では考えられないことであり、上例の自己株式の有償譲渡や合併に伴う抱合株式の処理によって「マイナスの資本金等の額」が生じるとすれば、それは極めて希なケースといえる。

　そこで、「資本金等の額」を算定基準として使用するものには、寄附金の損金算入限度額の計算、プロラタ方式により資本金等の額と利益積立金

額を区分することによるみなし配当の額，自己株式の有償取得，分割型分割での分割法人から分割承継法人への引継額の計算が行われる。それらの計算のスタートで「マイナスの資本金等の額」を用いると，例えばみなし配当の額を計算する場合において，次の事例のように，実際の現金流入以上のみなし配当額が計算されて課税されるような事態が生じる可能性がある。

発行株式総数 100 株
自己株式取得直前の「マイナスの資本金等の額」200 万円
取得された自己株式の株数 50 株
交付を受けた金銭等の額 500 万円

被合併法人 B／S（合併直前）

	負債 1,500 万円
資産 1,300 万円	
△資本金等の額 200 万円	

みなし配当の額＝交付を受けた金銭等の額－取得された自己株式に対応する資本金等の額

= 500 万円 - （- 200 万円 × 50/100）

= 500 万円 - （- 100 万円）= 600 万円

　以上の例によると実際に配当として交付を受けた金銭が 500 万円であるのに対して 600 万円のみなし配当課税がなされることになり，非現実的な課税関係が生じてしまうことになる。

　そこで平成 19 年度の税制改正では，このような不合理を解消するために，みなし配当の額は，実際に交付された金額の範囲内までとする措置が講じられた。すなわち，その他の資本剰余金を原資として「剰余金の配当」を行う直前の法人の「資本金等の額」や自己株式を有償取得する直前の法人の「資本金等の額」，分割型分割で分割承継法人に分割移転割合でもって「資本金等の額」を移転する際に「資本金等の額」がゼロ以下の場合には，それらの値はゼロであるとみなして計算することとされた。

56

「資本金等の額」がマイナスとなることは極めて希なケースであること，そして「マイナスの資本金等の額」であっても必ずしも業績が悪いとは限らないことから，かつてそのような「資本金等の額」をマイナスとするような処理が行われていたならば，そのような処理が行われなかったとして「資本金等の額」を求め，その額を，以上の算定のスタートとすることも検討の余地があるように思われる。例えば自己株式の有償取得で実質は譲渡損であるものを租税回避の防止という観点からマイナスの「資本金等の額」としているものは，そのようなマイナスの「資本金等の額」がなかったものとして，「資本金等の額」を計算するのである。

V 「マイナスの利益積立金額」

1 「マイナスの利益積立金額」が生じる事例

法人税法上の「利益積立金額」は，課税済みの所得の金額が留保されたものと解されている（法法2⑱）。しかし，現在存在している「利益積立金額」以上の配当をしてしまったり，みなし配当を先払いしたような場合には理屈として「マイナスの利益積立金額」が生じることとなる。すなわち前者では，利益剰余金の額が少額，ゼロであるのに，あえて利益剰余金を原資として配当をしてしまい，「マイナスの利益積立金額」となってしまう場合である。後者では自己株式の有償取得をしてみなし配当が生じ，そのみなし配当の額が現在の「利益積立金額」を超えてしまうような場合である。

もっとも，前者の現在存在している「利益積立金額」以上の配当をすることは通常ではあり得ないことであり，そのような配当は違法配当とされよう。税法ではそのような違法配当がなされようとも配当課税が行われることになる。

また，会社法上，その他の資本剰余金を取り崩して配当に回しても，法人税法上ではプロラタ方式で「資本金等の額」と「利益積立金額」を減じ

第2章　資本金等の額と利益積立金額　57

るので，結果として「利益積立金額」がマイナスとなったり，マイナス幅
が拡大することもあり得る。

　次の例でその他の資本剰余金から100万円，その他の利益剰余金から
50万円の剰余金の配当をしたとする。

その他の資本剰余金の配当

会社法　B／S			B／S		
	資本金	200万円		資本金	200万円
	その他の資本剰余金	100万円		その他の利益剰余金	50万円
	その他の利益剰余金	100万円			

税務　B／S			B／S		
	資本金	200万円		資本金	200万円
	資本金以外の資本金等の額	100万円		資本金以外の資本金等の額	25万円
	利益積立金額	100万円		利益積立金額	25万円

　税務上のプロラタ方式では，資本金以外の資本金等の額：利益積立金額
は1：1であることから，資本金以外の資本金等の額と利益積立金額は，
それぞれ75万円ずつ配当として分配される。

その他の利益剰余金の配当150万円→

税務　B／S			B／S		
	資本金	200万円		資本金	200万円
	資本金以外の資本金等の額	200万円		資本金以外の資本金等の額	200万円
	利益積立金額	100万円		利益積立金額	△50万円

　ここでの剰余金の配当が「その他の資本剰余金の額の減少に伴うもの」
に全く該当しないことから，その全額が「その他の利益剰余金の減少」を
もたらすものとなり（法法23①(1)），税務上もその全額を「利益積立金額」
から控除している。その控除額が現在高の100万円を50万円も超えてい
ることから，マイナス50万円の「利益積立金額」となっている。なお，付
言するが，剰余金の配当がその他の資本剰余金額の減少のみでなくその他
の利益剰余金額の減少ももたらすのであれば，「資本剰余金の減少に伴う

もの」として（法法24①(3)），いわゆるプロラタ方式で「資本金等の額」と
「利益積立金額」に分けて計算されることになる。

　会社法では剰余金の配当の原資に，順序として「その他の利益剰余金」
と「その他の資本剰余金」で順番を決めているわけではない（会規45①
(2)・②(2)）。分配可能額として，配当の後で300万円以上あれば，その他
の利益剰余金を原資として配当を行うことは可能である。そうであれば税
法上の「利益積立金額」がゼロ，あるいはマイナスの金額が拡大すること
もあり得よう。ここで例をあげておく。

会計　　その他の資本剰余金1億円の配当→　　その他の利益剰余金1億円の配当→

B/S		B/S		B/S	
資本金　2億円		資本金　2億円		資本金　2億円	
その他の資本剰余金1億円		その他の利益剰余金1億円			
その他の利益剰余金1億円					

税務　　資本金以外の資本金等の額1億円の配当→　　利益積立金1億円の配当→

B/S		B/S		B/S	
資本金　2億円		資本金　2億円		資本金　2億円	
資本金以外の資本金等の額 1億円		資本金以外の資本金等の額 5,000万円（注）		資本金以外の資本金等の額 5,000万円	
利益積立金　1億円		利益積立金　5,000万円		利益積立金　△5,000万円	

(注) プロラタ方式によって資本金以外の資本金等の額と利益積立金額の減額は1：1で行われ
　　ている。

2　「マイナスの利益積立金額」の問題点

　ところでその他の利益剰余金から配当をして「マイナスの利益積立金
額」が生じた場合には，その「マイナスの利益積立金額」は法人所得課税
をせずに課税されたということになる。法人税は法人に対して所得課税を
し，次に配当に回して配当課税をすることで課税関係が終了することにな
っている。

　もっとも，「マイナスの利益積立金額」のあるところに課税済所得を留
保することで「マイナスの利益積立金額」が減少した場合に，その減少部

分については所得課税がなされていることになる。その減少部分から配当がなされて「マイナスの利益積立金額」が拡大した場合には，その部分の「マイナスの利益積立金額」については，法人所得課税と配当課税が終了していることになる。それゆえ，必ずしも「マイナスの利益積立金額」部分について法人所得課税がなされていないといえない場合もあろう。

　ここで，法人所得課税がなされずに配当課税のみがなされるのは課税関係が完結していないとの不備が指摘されるのであれば，「マイナスの利益積立金額」のなかで法人所得課税がなされていない部分については，配当課税をしない方法も検討すべきである（太田洋『西村利郎先生追悼論文集—グローバリゼーションの中の日本法』129頁　商事法務　2008年10月）。すなわち「マイナスの利益積立金額」のなかで法人所得課税がなされた部分に対してのみ配当課税を認めるのである。

VI　資本金基準と資本金等の額

1　中小法人優遇税制と資本金基準

　資本金が1億円以内の法人においては，次のような特別な優遇措置が講じられている。いわゆる中小法人の優遇税制である。

　①軽減税率制度（措法42の3の2），②欠損金の繰越控除制度（法法57），③貸倒引当金制度（法法52），④留保金課税制度（法法67），⑤交際費課税制度（措法61の4），⑥投資減税等の租税特別措置（研究開発税制（措法42の4），所得拡大促進税制（措法42の12の5），中小企業投資促進税制（措法42の6），中小企業経営強化税制（措法42の12の4），商業，サービス業，農林水産業活性化税制（措法42の12の3），少額減価償却資産の取得価額の損金算入（法令133）），⑦外形標準課税制度（地方税法72の12）

　しかし，これらの優遇税制の適用が資本金1億円以下であるか否かで一律に決まってしまうことには，次のような疑問点が指摘されている（日本税理士会連合会税制審議会　平成27年度諮問に対する答申「中小法人の範囲と

税制のあり方について」2頁　2016年3月17日）。

① 資本金1億円以下であっても，大法人並みの多額の所得を得ており，必ずしも担税力が弱いとは認められていない中小法人に対しても適用されている。

② 会社法制の見直しが進められており，資本金の額が必ずしも会社の規模や活動実態を適確に反映しておらず，現行の資本金基準は，中小法人の範囲を定める指標として適切ではない。

③ 法人税では資本金基準でもって大法人と中小法人を区別していることから，大法人が減資によって中小法人となる事例があり，中小法人の優遇税制の適用を受けて恣意的な税負担の軽減が可能となっている。

2　減資の事例

シャープ株式会社は平成27年6月30日に資本金1,218億円を結局のところ5億円まで減資をした。減資案では1億円まで減資をする予定であったが，断念した。政府は，1億円までの減資を，「企業再生としては違和感がある」と指摘し，中小企業を想定した税制上の優遇措置を大企業が意図的に活用する点に批判が生じてきたために，資本金5億円までの減資とし，累積欠損を一掃した。（日本経済新聞朝刊「シャープ「1億円減資」断念，批判考慮・5億円に」2015年5月13日）

株式会社吉本興業はシャープが減資したと同年の平成27年9月1日に資本金125億円から1億円に減資をした。資本金124億円を取り崩して資本準備金に回し，財務体質を改善するためであって，税制優遇が目的ではないとしている（日本経済新聞朝刊「吉本興業，「中小企業」に，資本金1億円に減資，財務体質を改善」2015年7月29日）。

ちなみに一部上場で大法人とされている，アイリスオーヤマ株式会社とスシローグローバルホールディングスはそれぞれ資本金が1億円であり，ジャパネットホールディングスは資本金が1,000万円である。

3　資本金基準と資本金等の額

　先にも述べたように，資本金基準は資本金の額のみの形式基準であることから，恣意的に，いわゆる「中小法人成り」をして，軽減税率等の中小法人の優遇税制の適用を受けることが比較的容易であろう。そこで，法人税では資本金と資本金以外の「資本金等の額」をセットにして「資本金等の額基準」というのを設けるというのはどうであろうか。減資をして資本金を減らしても，それを「資本金以外の資本金等の額」とすれば，総額では変わらないからである（法令8①⑿）。

　ここで，欠損補塡のため資本金以外の「資本金等の額」を「利益積立金額」に振り替えた場合，「資本金等の額」及び「利益積立金額」の増減規定に欠損補塡に関する定めがないことからすれば，欠損補塡の場合でも，「資本金等の額」を「利益積立金額」に振り替えることは認められず，「資本金等の額」及び「利益積立金額」の変動が生じることはない（法令8，9）。要するに欠損補塡のために「資本金等の額」を用いても，「資本金等の額」は減少することはない。以上のことから，資本金基準よりも「資本金等の額」の基準を用いれば，恣意的に「資本金等の額」を減少させる余地は少なくなるであろう。

　逆に，中堅法人で，資本金の額はそのままで，「資本金以外の資本金等の額」が増加する取引を繰り返してきて，資本金の額よりも「資本金の額以外の資本金等の額」が巨額になってもそのまま放置しているような場合，従業員数や売上等は大法人といわれるような法人に匹敵すれば，いわば「居座り法人」の場合にも，資本金の額に，「資本金の額以外の資本金等の額」を加えた「資本金等の額」を資本金基準の代わりに用いることで，そのように中小法人の優遇税制を享受する機会は減るであろう。

　なお，法人住民税均等割での標準税率は資本金等の額や従業者数によって決定されていることから，資本金等の額に従業者数や売上等を加味して検討することもあり得よう。

結　　語

　平成17年の会社法の制定で，剰余金の原資が資本剰余金，利益剰余金のいずれであっても関係なく配当に回すことが可能となった。旧商法では配当といえば利益の配当を意味していたが，資本金の減少や自己株式の処分によっても利益の配当と同様に株主に配当することができるようになった。

　バブル崩壊の後，たとえ業績が悪くとも株主に配当ができることで株主離れを防ぎ，株価の安定を狙ったものであった。バブルが収束し，低成長ながら長期的には景気が上向いている現状で，はたして利益剰余金がありながら資本剰余金を取り崩して配当するということがあれば，株主にとって奇異なことではないか。上場会社においては，その他利益剰余金がマイナスであるにもかかわらず配当を行っていると株主からの疑義を招きかねないという理由から，その他利益剰余金がマイナスである場合は，その他資本剰余金からの振り替えによって，それをゼロにした後に，その他資本剰余金から配当が行われている例が多いようである（太田洋　前掲書　125頁）。会社法では，マイナスのその他利益剰余金額の分については，その他資本剰余金による補塡ができることになっている（会計規27③，29③）。

　マイナスの利益剰余金でありながら，たとえ分配可能額が300万円以上あるからといって，さらにその他の利益剰余金を配当する企業があるとしたら，株主からすれば理解に苦しむであろう。アメリカの州会社法では，まずは利益剰余金からの配当を認め，利益剰余金がなくなってから資本剰余金の配当を認めているものもある。会社法は健全な法人体質を望むべく定められていなければならないのではないか。いくら会社の裁量に任すといえども，資本の充実を妨げかねない内容であってはならないはずである。異常な事態であったバブル崩壊を克服した今，会社法も資本充実を図り，配当は利益処分によるものと，以前の仕組みに会社法を改正すべきといえ

る。

　そこで，現実問題として，筆者としては会社法が現行規定を維持していくのであれば，法人税法では別段の定めでもって，現行のみなし配当の計算のためのプロラタ方式はやめて，まずは利益積立金を取り崩して配当に回すものとし，利益積立金がなくなったあとに資本金等の額の取り崩しを行うものとみなして課税関係を律するべきであり，そのことは簡易化にも叶うであろう。また，先述した様に，マイナスの利益積立金による配当であれば，その実質から配当課税を行わないようにすべきである。

　最後に，中小法人の資本金基準であるが，先述のシャープ株式会社が資本金を１億円まで減資をしなかったのは，中小法人の優遇税制を不当に適用しようとしているという世間の批判をかわすために自主的に行われたものであった。「自主的に」ということが大事であって，それでも１億円まで減資をすることは可能であったというわけである。このことは現行の資本金基準が余りにも形式的であることを意味しており，実質に配慮した基準とするための改正が必要であろう。

純資産の部の総合的検討

第3章 法人税法における「増資」の検討

東洋大学教授 　金子　友裕

Ⅰ　はじめに

　法人税法における課税所得は，益金の額から損金の額を控除して計算されるものとなるが，この益金の額及び損金の額は資本等取引[1]によるものを除いている。このように，法人税法における課税所得を考えるに際し，資本金等の額や資本等取引は非常に重要な概念である。

　それにもかかわらず，資本金等の額の定義は法人税法2条16号に，また，資本等取引については法人税法22条5項に，それぞれ規定されていると

---

(1)　資本等取引の用語に関して，「会計学上は資本取引というのに対し，税法上は資本等取引といい，『等』の文字が加えられているのは，会計学上，利益処分や利益剰余金の変動取引が資本取引であるか損益取引であるかについて2説が存在し，通説的に一義的な規定がなされていない不確定概念であるため，税法としては増減資による資本自体の変動，資本積立金の増減取引（例えば，繰越欠損金を資本積立金額を取り崩して補塡するような取引）以外に，『利益又は剰余金の分配』に係る取引を含むものとして，『等』という表現が用いられた。」（武田隆二『税務会計』（放送大学教育振興会，1998年）236頁）とされる。
　　ちなみに，企業会計において利益処分や利益剰余金の変動取引が資本取引に含まれるという見解として，中村忠『新訂現代会計学』（白桃書房，1990年）201頁等があり，資本取引に含まれない見解として，飯野利夫『財務会計論』（同文舘出版，1978年）43頁等がある。

はいえ，具体的には，法人税法2条16号の委任として法人税法施行令8条において規定されており，このような重要な規定が法人税法に直接規定されていないという問題がある。

　本稿では，このような資本金等の額や資本等取引に関し，課税の有無の根拠を含め，検討を行うことが目的である。なお，本稿では，この資本等取引のうち「増資」を取り上げ，関連する会社法等を含めその取扱いを整理するとともに，法人税法の課税の対象から除かれる論理を検討する。ただし，DESや組織再編等には「増資」に関連する論点があるが，他に原稿が執筆されるとのことであるから，これらについては必要な範囲の検討に留めることにする。

　また，後述するように本稿で検討の中心に据える法人税法上の「増資」は，法人税法の資本金等の額の増加とする。これは，会社法上の資本金の増加としての増資と若干範囲が異なると考えられるため，括弧付きの「増資」として表記することにする。また，資本等取引は株式等の発行企業に関する議論となるが，課税関係としては，出資者に対する課税も考慮する必要があるものと思われるので，必要な範囲で出資者に対する課税も議論に含ませることとする。

II　法人税法における資本等取引と検討対象とする法人税法の「増資」の範囲

　法人税法では，各事業年度の所得の金額は，当該事業年度の益金の額から当該事業年度の損金の額を控除した金額としている。そして，当該事業年度の益金の額に算入すべき金額は，資本等取引以外のものに係る当該事業年度の収益の額とし，また，当該事業年度の損金の額に算入すべき金額のうち，当該事業年度の損失の額は，資本等取引以外の取引に係るものと規定されている（法人税法22条1項，2項，3項3号）。

　このように，法人税法では，資本等取引にかかる収益及び損失を益金の

額及び損金の額から除いている。資本等取引は，「法人の資本金等の額の増加又は減少を生ずる取引並びに法人が行う利益又は剰余金の分配（資産の流動化に関する法律第115条第1項（中間配当）に規定する金銭の分配を含む。）及び残余財産の分配又は引渡しをいう。」（法人税法22条5項）とされ，「①法人の資本金等の額（2条16号・17号の2，法税令8条・8条の2）の増加または減少を生ずる取引と，②法人が行う利益または剰余金の分配（資産流動化法115条1項の中間配当を含む）および残余財産の分配または引渡の2つを含む観念」[2]と説明される。

　ここで，①は「狭義の資本等取引」[3]と表記されることもあり，「企業会計原則は，資本維持の要請から，資本取引と損益取引を厳格に区別し，企業の利益と損失は損益取引のみから生じ，資本取引からは生じないという考え方をとっており，しかも，資本剰余金の増減を生ずる取引をも資本取引の範囲に含めている（企業会計原則第1一般原則3，同注解（注2））」[4]とされる。また，「会社法も，①『株式会社の会計は，公正妥当と認められる企業会計の慣行に従うものとする』と定めており（431条。持分会社については614条），また，②株主となる者が会社に払込みまたは給付した額のうち資本金に計上しないこととした額は資本取引によって生じたものであるという考え方のもとに，これを資本準備金として計上することを要求し（445条2項・3項。商法の旧288条の2に対応する規定。なお，445条4項参照），さらに準備金の額の減少については，株主総会の決議を要求している（448条・449条。旧商法289条参照）」[5]とされる。このような企業会計原則及び会社法の考え方を前提として，法人税法の取扱いが定められている。

　本稿で検討対象とする「増資」については，会社法における資本金の増加という捉え方も可能であるが，上記のような法人税法の規定を考慮し，

---

(2)　金子宏『租税法第23版』（弘文堂，2019年）344頁。
(3)　前掲注2，金子宏，344頁。
(4)　前掲注2，金子宏，344頁。
(5)　前掲注2，金子宏，344-345頁。

68

狭義の資本等取引において資本金等の額を増加させるものとする。

Ⅲ　資本等取引に対する課税の考え方

1　資本等取引を課税の対象から除く考え方

　前述のように，法人税法では資本等取引にかかる収益及び損失を益金の額及び損金の額から除き，課税の対象から除外している。このように資本等取引を課税しない理由については，「出資により株式を発行する法人には，株主に対して配当，残余財産の分配さらには議決権を行使させる義務等を負っていることになる。つまり，無償で出資金を受け取っているのではなく，義務と引き換えに株式を発行しているのだから，そもそも課税される取引ではないと考えることが一応は可能である。これは借入によって金銭を取得する場合と同じように，受け入れた金銭と同額の債務が生じるため課税されないという発想である。」[6]と説明される[7]。

　また，資本等取引を課税しない理由は，法人税の課税ベースから，「法人税の課税対象が株主の目から見たリターンであれば，出資を上回る利益がそこでいうリターンであり，もし出資部分に法人税を課してしまえば，原資に対する課税となる。これを避けるために，出資を非課税としている」[8]とする説明もある。この説明については，「会社法では，設立後の会社が利益を獲得することなく，出資部分からの配当等を行うことはできない（会461条）。株主からの出資額を超えた部分が分配可能利益となるのである。また，企業会計でも，出資は法人の資本であって収益（あるいは負債）として扱われない。」[9]とし，会社法や企業会計でも同様の説明が可能

---

(6)　渡辺徹也『スタンダード法人税法第2版』（弘文堂，2019年）181頁。
(7)　前掲注6，渡辺，171頁では，この説明では法人税法22条5項を確認規定として捉えることになり，法人にとって支払配当が損金に算入できないことを説明することが困難になるとしている。
(8)　前掲注6，渡辺，172頁。
(9)　前掲注6，渡辺，172頁。

第3章 法人税法における「増資」の検討 69

であるとされる[10]。

なお，原資に対する課税を回避する理由は，「納税者が取得した経済的価値のうち，原資の維持に必要な部分は，所得を構成しない。…（中略）…これらは資本主義的拡大再生産を保障するために必要な制度である」[11]とされる。

このように，「増資」については義務等と引換えであることや原資に対する課税を避けることを考慮すると，現行の「増資」が法人税法において課税の対象とならないことと整合した説明となる。

2　混合取引に関する検討

ここで，さらに検討しなければならないこととして，「混合取引」[12]の概念がある。これは，「資本等取引の中には，現物配当，デット・エクイティ・スワップ，自己の株式の取得等のように，損益取引の要素を含んだ取

---

(10) 「資本不課税の原則」として法人税務の基本原則と位置付ける見解もある。ここでは，「企業会計原則の一般原則のなかに資本取引，損益取引区分の原則がある。特に資本剰余金と利益剰余金を混同してはならないとしている。法人税法ではそれと類似したものに資本不課税の原則がある（法法22②，③(3)，⑤）。すなわち資本に課税してはならないという原則である。純財産増加説での純増分に対してのみ課税すべきとすることと同義である」（成道秀雄『税務会計』（第一法規，2015年）19頁）とし，純財産の増加の観点から説明されている。

他にも，資本取引と損益取引の区別を強調したものとして，「企業の所有者たる資本主との取引はいわば自己取引であり，そもそも今日の期間損益計算の下においては損益は生じない。資本等取引から生ずる収益及び損失は，本質的に課税対象となる性質のものではなく，損益取引として課税対象に取り込んではならないのである。」（中村忠・成松洋一『企業会計と法人税』（税務経理協会，1992年）206頁）のような説明がある。

(11) 前掲注2，金子宏，197頁。

(12) この「混合取引」については，「著者のかねての持論」（前掲注2，金子宏，345頁）とされる概念であり，金子宏「法人税における資本等取引と損益取引―『混合取引の法理』の提案（その1．『現物配当』）―」金子宏編『租税法の発展』（有斐閣，2010年）337-353頁，金子宏「法人税における資本等取引と損益取引―『混合取引の法理』の提案」『租税研究』723号，2010年，7-24頁で述べられている。

引も存在する」[13]というものであり，資本等取引と損益取引を峻別するのではなく，資本等取引に損益取引の要素が含まれることを容認する考え方である。ここでは，「損益取引の要素からは損益が生ずると考えて課税を行うべきである」[14]ということになり，資本等取引であるから課税の対象から除かれるという理解ではなく，資本等取引に該当するものでも損益取引の要素が含まれているかどうかにより課税の有無が定まるということになる。

このような「混合取引」について，現物配当に関する説明として，現物配当が利益又は剰余金の分配として資本等取引に該当すると同時に会社から株主への資産の移転という要素を有し，この資産の移転に関するキャピタルゲインを課税しないと「この増価益は，永久に課税の対象からもれることになる」[15]という問題が指摘されている[16]。この指摘によれば，「混合取引」の概念の必要性は，資本等取引と損益取引を峻別した場合に，何らかの理由で課税すべきと考えられる増加益が永久に課税の対象からもれてしまうことに対処するということであろう。

「混合取引」について，理念的な検討では，この増加益が損益取引の要素を有するかどうかが重要視され，資本等取引に該当するかどうかは実質

---

(13) 前掲注 2，金子宏，345 頁。
(14) 前掲注 2，金子宏，346 頁。
(15) 前掲注 12，金子宏『租税法の発展』，339 頁。
(16) 前掲注 12，金子宏『租税法の発展』，337-353 頁を参照。
　　ここでは，アメリカのジェネラル・ユーティリティ会社事件を紹介し，ジェネラル・ユーティリティ・ドクトリンの定着とその後の立法措置による廃棄までの一連を検討している。また，我が国における現物配当について，行政解釈が現物配当からは譲渡損益が生じると解していることについてその適否の検討が行われている。現物配当が資産の譲渡に当たると解してよいとした上で，現物配当から課税の対象となる譲渡益が生じるか否かについて，企業会計基準適用指針第 2 号の規定を「公正妥当な会計処理の基準」に当たるかの検討（当たるとすれば解釈は正しいことになるが，法人税の課税要件に関する基本的な事項を企業会計の一適用基準に従って決定することは妥当ではない），無償取引における適正所得算出説からの検討（現物配当は対価を伴わない取引であること等から，現物配当から収益や損失が生じると解することは困難）が行われている。

第3章 法人税法における「増資」の検討 71

的に不要にすらなりうると思われる。この場合，どのような要素が損益取
引の要素であるかを明確にする必要があり，資本等取引であり義務等や原
資であるとも考えられる部分に課税する必要性が明確にされるべきである
ものと思われる。

　このような理念的な問題とは別に，実際の法人税法の規定を考えると，
冒頭で述べたように資本金等の額について法人税法施行令8条で定められ
ており，法人税法での規定ですらない。また，資本金等の額は，会社法の
資本金を借用概念とし，この会社法の資本金を基礎とした規定になってい
る。しかし，会社法では資本に対する考え方が以前とは変化したとされる
こと[17]や企業会計では新株予約権等を純資産として株主資本と純資産と
いう二重の概念を用いていること（会社計算規則76条でも純資産と株主資本
を定めている）もあり，法人税法の資本金等の額をこれらと異なる概念で
あるとすればこの概念を明らかにする必要があり，法人税法施行令8
条[18]では詳細な規定が設けられている。しかし，法人税法施行令8条では
ピースミール的に資本金等の額が定められている感が否めず，法人税法の
資本金等の額の概念がすべて規定で網羅されているとは限らない。

　こうした実際の法人税法の規定上の問題（立法論的問題）に対し，解釈
論的な解決が必要であるとすれば「混合取引」の概念は有用なものである
と思われる。しかし，そもそもは，法人税法の資本金等の額の概念又は規
定の不明確さに依存する問題であると思われ，法人税法における資本等取
引及び法人税法の資本金等の額を明確にし，この部分について課税の対象
から除くことを原則とし，永久に課税の対象からもれることで生じる問題
は個別に立法的な措置を講ずることが望ましいと思われる。

---

(17)　例えば，資本確定の原則について，会社法27条では定款の記載事項ではない等
　　から会社法では放棄したと考えられる。
(18)　濱田康宏他『法人税の純資産』（中央経済社，2012年）では，法人税法施行令8
　　条及び9条について詳細に記述している。

Ⅳ　増資の取扱い

1　金銭出資及び現物出資

　ここまで，法人税法における資本等取引の取扱いや課税に関する考え方を整理・検討してきた。ここでは，より具体的な「増資」の取扱いを吟味するため，代表的な「増資」の形態である金銭出資及び現物出資[19]を取り上げて検討する。

　会社法では，増資のために募集株式の発行を行う場合は，払込金額や現物出資の内容及び価額等を株主総会の決議により決定する必要がある（会社法199条1項2項）。なお，現物出資については，募集事項の決定後遅滞なく，現物出資財産の価額を調査させるために，裁判所に対して検査役の選任を申し立てなければならない（会社法207条1項）。ただし，①募集株式の引受人に割り当てる株式の総数が発行済株式の総数の10分の1を超えない場合，②現物出資財産について総額が500万円を超えない場合，③現物出資財産が市場価格のある有価証券の場合，④現物出資財産の価額が相当であることについて弁護士，弁護士法人，公認会計士，監査法人，税理士又は税理士法人の証明（現物出資財産が不動産である場合にあっては，当該証明及び不動産鑑定士の鑑定評価）を受けた場合，⑤現物出資財産が株式会社に対する金銭債権（弁済期が到来しているものに限る）価額が当該金銭債権に係る負債の帳簿価額を超えない場合，には，検査役選任の申立てが不要となる。

　そして，株式会社の資本金の額は，別段の定めがある場合を除き，設立又は株式の発行に際して株主となる者が当該株式会社に対して払込み又は給付をした財産の額（会社法445条1項）であり，その払込み又は給付に係る額の2分の1を超えない額は，資本金として計上しないことができ，こ

---

(19)　現物出資については，木村一夫『現物出資と現物分配の税務』（中央経済社，2013年）等を参照。

第3章　法人税法における「増資」の検討　73

の資本金として計上しないこととした額は，資本準備金として計上しなければならない（会社法445条2項3項）。このため，払込金額又は現物出資財産の価額は，資本金又は資本準備金として処理することになる。

　法人税法では，金銭出資は，その払込金額が資本金等の額となる。現物出資については，適格現物出資であれば現物出資財産の現物出資直前の帳簿価額で出資されたものとなり（法人税法62条の4），非適格現物出資であれば現物出資財産の現物出資時の時価で出資されたものとなり，それぞれの金額が資本金等の額となる。

　なお，法人税法では，資本金等の額を，法人税法施行令8条柱書で「法人の資本金の額又は出資金の額」に法人税法施行令8条1項1号から12号までに掲げる金額の合計額を加算し，法人税法施行令8条1項13号から22号までに掲げる金額の合計額を減算すると規定している。そして，法人税法施行令8条1項1号は「株式（出資を含む。以下第10号までにおいて同じ。）の発行又は自己の株式の譲渡をした場合（次に掲げる場合を除く。）に払い込まれた金銭の額及び給付を受けた金銭以外の資産の価額その他の対価の額に相当する金額からその発行により増加した資本金の額又は出資金の額（法人の設立による株式の発行にあっては，その設立の時における資本金の額又は出資金の額）を減算した金額」とされており，払込金額等から資本金を控除したものであり，「通常，株式発行時に計上される会計上の資本準備金ないしその他資本剰余金」[20]のことになる。このように，資本金等の額は，会社法上の資本金に資本準備金とその他資本剰余金を加算することになっており，資本金として組み入れた金額にかかわらず払込金額が資本金等の額となる。

2　無償増資の取扱い

　一般的に，増資は有償増資と無償増資の2種類に区分されることがある。

---

(20)　前掲注18，濱田他，27頁。

有償増資とは，金銭出資及び現物出資のように株式等の発行会社に金銭等の払込みが行われるものである。これに対し，無償増資とは，金銭等の払込みは行われず，準備金や剰余金を資本金に振替えることで会社法上の資本金が増加するものである。無償増資は払込みがないため単なる形式上の計数の変動であるが，会社法では資本金が増加するため増資として扱われる。

　無償増資は，株主総会の普通決議によることとされており，減少する剰余金の額は，資本金の額の増加がその効力を生ずる日の剰余金の額を超えてはならない等の制限が設けられている（会社法450条，448条，451条）。なお，準備金の額が減少する場合には債権者保護手続が求められるが，減少する準備金全額が資本金に振替えられる場合には，債権者保護手続は不要とされている（会社法449条）。

　法人税法における無償増資の取扱いは，法人税法施行令8条1項13号で「準備金（会社法第445条第4項（資本金の額及び準備金の額）に規定する準備金その他これに類するものをいう。）の額若しくは剰余金の額を減少して資本金の額若しくは出資金の額を増加した場合のその増加した金額又は再評価積立金を資本（株式会社以外の法人の再評価積立金の資本組入に関する法律（昭和29年法律第110号）第2条（資本組入の決議）に規定する資本をいう。）に組み入れた場合のその組み入れた金額に相当する金額」とされ，この法人税法施行令8条1項13号は，前述のように法人税法施行令8条柱書により資本金等の額の算定において「法人の資本金の額又は出資金の額」から減算されるものである。

　法人税法施行令8条1項13号では，準備金及び剰余金を減少させ，会社法上の資本金を増加させた場合を規定しているが，準備金及び剰余金には，資本準備金及びその他資本剰余金と利益準備金及びその他利益剰余金の2つに区分できる。

　まず，無償増資のうち，資本準備金又はその他資本剰余金を減少して資本金を増加させた場合には，法人税法では，資本準備金又はその他資本剰

余金を減少させた金額だけ資本金が増加するが，これと同じ金額が法人税法施行令8条1項13号により減算されることになり，資本金等の額は増減しないことになる。これは法人税法施行令8条柱書と法人税法施行令8条1項1号の関係のように資本金等の額の内部的な金額の入れ替えであり，資本準備金又はその他資本剰余金を減少して資本金を増加させた場合の無償増資は，法人税法では「増資」に該当しない。

　次に，利益準備金又はその他利益剰余金を減少して資本金を増加させた場合も，会社法上の資本金は増加するが，資本金が増加した金額と同じ金額が法人税法施行令8条1項13号により減算されることになる。このため，利益準備金又はその他利益剰余金を減少して資本金を増加させた場合も，法人税法上では資本金等の額は変化しないことになる。このため，この場合も法人税法上の「増資」に該当しないことになる。

　なお，利益準備金又はその他利益剰余金を減少して資本金を増加させた場合でも，利益積立金額も変化しない[21]こととされており，会社法では資本と利益の区分（資本金・資本準備金・その他資本剰余金と利益準備金・その他利益剰余金の区分）が緩められているが，法人税法では，源泉での区分を強く維持していることがみてとれる規定となっており，法人税法では「公正な課税所得計算や課税済所得への再課税防止のために資本等取引と損益取引および資本金等と利益積立金の区別を厳格に規定している」[22]ことになる。

---

[21]　鈴木一水「資本等取引」『税研』198号，2018年，80頁では，「留保している所得金額は利益積立金となるからである（法人税法2条18号）」としている。
　　　また，資本金等の額は，「法人税法施行令8条1項13号の規定によって，1,000の減額を行うことが必要となり，また，利益積立金額に関しては，法令の規定上は何の増減もないこととなっていますが，別表五（一）Ⅰにおいて繰越損益金の欄（26欄）においてマイナス1,000が計上されるということになれば，別表五（一）Ⅰにおいてプラス1,000を計上してマイナス1,000を相殺し，総額において変動がない状態とする必要があります。」（http://www.amidaspartners.com/column/41.html（執筆者朝長英樹）2019年2月26日アクセス）との説明がある。
[22]　前掲注21，鈴木，79頁。

このため,「増資」を法人税法における資本金等の額の増加とした場合には,無償増資が行われた場合に,資本準備金又はその他資本剰余金を減少して資本金を増加させた場合でも,利益剰余金又はその他利益剰余金を減少して資本金を増加させた場合でも,資本金等の額及び利益積立金額は変化せず,法人税法上の「増資」は認識されないこととなる。

ちなみに,法人税法上の「増資」に該当しないとしても,法人税額には影響を及ぼすことになる。これは,法人税法の規定には,資本金等の額により取扱いが変わる項目だけでなく,資本金により取扱いが変わる項目があるためである。参考までに,地方税の取扱い等も含めた主な資本金又は資本金等の額により取扱いが変わる主な項目を図示したものが,図表1である。

図表1　資本金又は資本準備金を基準として取扱いの変わる主な項目

資本金を基準として取扱いが変わる項目

①	法人税の軽減税率（法法66②，措法42の3の2）
②	特定同族会社の特別税率の不適用（法法67）
③	欠損金の繰越控除及び繰戻し還付制度（法法57，80，措法66の13）
④	特別償却・特別税額控除等の中小企業者等の判定（措法42の4等）[23]
⑤	一括評価貸倒引当金の法定繰入率（措法57の9）
⑥	交際費等の損金算入限度額の定額控除限度額の基準（措法61の4）
⑦	30万円未満減価償却資産の特例（措法67の5）
⑧	法人事業税の外形標準課税の判定（地法72の2①）
⑨	法人住民税や法人事業税の超過課税（地法51，72の24の7）

資本金等の額により取扱いが変わる項目

①	寄附金の損金算入限度額の計算基礎の項目（法法37①，法令73①）
②	法人住民税の均等割（地法52，312）
③	法人事業税外形標準課税の資本割額（地法72，72の12，72の21①）

（②③は地方税法上の資本金等の額）

（出典）大沼長清他編『資本戦略』（ぎょうせい，2017年）29頁等を参照して筆者作成

第3章　法人税法における「増資」の検討　77

V　株式プレミアム

　Ⅳでは，現在の規定に従い増資における会社法の取扱い及び法人税法上の取扱いを整理・検討した。現在の法人税法上では，払込金額が資本金等の額の基礎となっている。

　しかし，過去の法人税法を振り返ってみると，戦前においては「企業会計上資本取引とされていたものについても，損益取引として取り扱われて」[24]おり，額面超過額（株式プレミアムともいわれる。以下は「株式プレミアム」で表記する）や減資差益も課税所得に含められていた。その後，「昭和18年においては，額面超過金については，一定の制限（特定の設備等の取得）の下で，その額面超過金（発行費用を控除した金額）の2分の1を益金不算入とされた。そして，昭和25年の法人税法の改正において，額面超過金は益金不算入とされた。すなわち，額面超過金から発行費用を控除した金額を法定準備金その他の積立金に繰り入れたときは，当該繰入金の全額について，これを益金に算入しないこととされたのである。もっとも，その後，発行費用を控除しないこととされた。このように一般的に資本取引による剰余金について課税しないこととされたのは，昭和25年以降である。」[25]とされる。

　このように株式プレミアムについて課税上の取扱いが定めるまでは，株

---

(23)　中小企業者（中小企業者等）の判定において，次の「適用除外事業者」の取扱いが設けられ，平成31年4月1日以後に開始する事業年度分の法人税について適用されることとなっている。なお，「適用除外事業者」は，その事業年度開始の日前3年以内に終了した各事業年度の所得の金額の合計額をその各事業年度の月数の合計数で除し，これに12を乗じて計算した金額（判定法人が設立後3年を経過していないことや特定合併等に係る合併法人等に該当するものであること等の一定の事由がある場合には，その計算した金額に一定の調整を加えた金額）が15億円を超える法人とされる（租税特別措置法42条の4第8項6号の2）。

(24)　武田昌輔「研究にあたって（総説）」『日税研論集』29号，1994年，3頁。

(25)　前掲注24，武田，3頁。

式プレミアムを利益であるとする考え（利益説）と資本とする考え（資本
説）があった。所得税法は，株式プレミアムは利益準備金であり，商法上
の資本ではないため純資産の増加を生じるものであるとして，利益説を採
用して課税することとした[26]。これに対し，多くの会計学者は，株主の出
資であり，営業上生じたものではないとして資本説を採用した[27]。

　この議論は，昭和25年商法改正において商法に資本準備金の概念が導
入[28]され，株式プレミアムを資本とする処理が認められる[29]まで続くこ
ととなる。そして，法人税法でも，昭和25年改正により株式プレミアム
は株式発行費を控除した金額を益金不算入とされた。また，昭和26年の
法人税法改正により株式プレミアムから株式発行費用を控除しないでその
全額を益金不算入とする取扱いになり，また，無額面株式の発行価額のう
ち資本準備金とされた金額は法人税法では資本積立金とする取扱いとされ
た。これらの商法及び法人税法の改正により，株式プレミアムは資本とし

---

(26)　株式プレミアムに対して課税することは，明治44年2月に大蔵省主税局長から
　　　全国の税務監督局長への通牒により明らかにされている。
(27)　新井益太郎「企業会計の資本取引と法人税法の資本等取引―その沿革を中心とし
　　　て―」『日税研論集』29号，1994年，22-23頁。なお，ここでは，上田貞次郎，国
　　　松豊，太田哲三，原島茂，村瀬玄，高瀬荘太郎，長谷川安兵衛の株式プレミアム
　　　に対する見解を紹介している（これらの見解の紹介は，23-36頁）。
(28)　昭和25年改正前については「プレミアムは，利益の留保である利益準備金と併
　　　せて資本の額の4分の1に達するまでは法定準備金として積み立て，資本による
　　　資産維持を補強するが，これを超える部分については当然に配当が可能とされて
　　　いた（昭和25年改正前商288条・289条）」（片木晴彦「資本金，資本準備金，利
　　　益準備金の定め方」『ジュリスト増刊会社法の争点』（有斐閣，2009年）180頁）
　　　とされる。
(29)　昭和25年改正については，「昭和25年商法改正で無額面制度が導入されたこと
　　　に伴い，資本の定義規定をおく必要が生じ，商法284条ノ2で会社の資本は原則
　　　として，発行済額面株式の株金総額および無額面株式の発行価額の総額とされた。
　　　…（中略）…昭和25年改正により，額面超過額と払込剰余金は，全額が資本準備
　　　金に組み入れられ（昭和25年改正商288条ノ2），資本準備金は利益準備金とと
　　　もに法定準備金を構成し，欠損のてん補のほか，準備金の資本組入れのためのみ
　　　に使用することができるとされた（昭和25年改正商289条1項）。」（前掲注28，
　　　片木，180頁）とされる。

て取扱うことが明確になり決着することになる。

　この株式プレミアムに関する議論を現在において改めて見直すと，会社法では額面株式の取扱いがないため同様の問題は生じないであろうし，法人税法上の取扱いも明確にされており，株式プレミアムに関する課税そのものを再度検討する必要はないものと思われる。しかし，この株式プレミアムに関する議論が示唆するものについては，法人税法において所得として課税する対象を定めるに当たり，資本概念をどのように捉えるか，商法（会社法）と法人税法の関係をどのように考えるか，等の点において重要であるものと思われる。

　株式プレミアムの論争が行われた当時は，商法において資本準備金の概念がなく，利益準備金としていたことが利益説の根拠となっていたものと思われる。一方，商法上の資本金に該当しないとしても払込資本としての性質を有する株式プレミアムを法人税法において所得として課税すべきであるかということが資本説の根拠となっていたものと思われる。

　このような議論については，現在でも組織再編や DES の場合のように，資本と利益（所得）に関する複数の見解が生じうるものは存在している。会社法と矛盾なく法人税法における資本と利益（所得）の説明ができる部分については問題ないとしても，目的の相違等から差異が生じた場合，法人税法における資本概念を明確にし，義務等や原資として課税すべきではない部分に課税が及ばないようにする必要がある。現状では，法人税法施行令 8 条に列挙されている項目に該当すれば資本金等の額であるという状況であり，この該当性を狭く捉えることで課税ベースを広く解釈しているようにすらみえる[30]。

---

(30)　例えば，DES に関する東京地裁平成 21 年 4 月 28 日判決（訟月 56 巻 6 号 1848 頁）では，「DES は，①会社債権者の債務者会社に対する債権の現物出資，②混同による債権債務の消滅，③債務者会社の新株発行及び会社債権者の新株の引受けという各段階の過程を経る必要があり，それぞれの段階において，各制度を規律する関係法令の規制を受けることとなる。」とし，「上記①の現物出資及び同③の新株発行の過程においては，資本等の金額の増減があるので，これらは資本等取引

VI　有利発行における課税

1　有利発行に関する取扱い

　後述のように，会社法では，有利な金額で新株を発行することができるとされており（会社法199条3項），時価よりも低い価額での発行（以下，「有利発行」とする）が可能である。有利発行は，オウブンシャホールディング事件（最高裁平成18年1月24日判決裁判所時報1404号24頁）等でも利用されたスキームである。

　ここでは，時価と異なる価額で株式等が発行された場合の取扱いを確認し，ここに含まれる問題を検討する。なお，冒頭で示したように，この論点は，発行法人だけでなく，払込みをする新株主及びその影響を受けると考えられる旧株主の課税も含めて検討を行うこととする。

　会社法では，株主総会（公開会社では取締役会）の決議によって，募集事項（①募集株式の数（種類株式発行会社にあっては，募集株式の種類及び数），②募集株式の払込金額（募集株式1株と引換えに払い込む金銭又は給付する金銭以外の財産の額）又はその算定方法，③金銭以外の財産を出資の目的とするときはその旨並びに当該財産の内容及び価額，④募集株式と引換えにする金銭の払込み又は財産の給付の期日又はその期間，⑤株式を発行するときは増加する資本金及び資本準備金に関する事項）を決定することとされている（会社法

　に当たると認められるものの，上記②の混同の過程においては，資本等の金額の増減は発生しないので，資本等取引に該当するとは認められないから，①ないし③の異なる過程を併せて全体を資本等取引に該当するものということはできず」としており，②混同による債権債務の消滅は，資本等の金額（現行規定であれば資本金等の額）を増減させないため資本等取引に該当しないとし，この部分から損益が生じうるものとして債務消滅益を認定している。

　なお，東京高裁平成22年9月15日判決（税資260号―155）でも，争点（2）（本件DESについて債務消滅益が生ずるか否か）については同旨の判決となっている。本判決については，金子友裕「法人税法におけるDESによる債務免除益」『月刊税務事例』42巻12号，2010年，42-48頁参照。

199 条 1 項 2 項，201 条 1 項）。

　ここで，払込金額が，募集株式を引き受ける者に特に有利な金額である場合は，株主総会の特別決議が必要となり，取締役は株主総会において必要な理由を説明しなければならないとされている（会社法 199 条 3 項）。なお，既存株主に差止めの機会を与えるため，払込期日又は払込期間の 2 週間前までに，株主に対し，当該募集事項を通知しなければならない（会社法 201 条 3 項）。また，有利発行に該当するにもかかわらず，株主総会の特別決議を経ていない場合は，法令違反として株式発行又は自己株式の処分の差止めができる（会社法 210 条 1 項）。

　会社法上，このような手続きにより有利発行が行われることになるが，法人税法では有利発行について，発行法人では「新株を発行し資本金等の額（法法 2 条 16 号）を増加させる取引である。したがって，『資本等取引』（法法 22 条 5 項）に該当し，原則として発行法人に課税関係は生じない」[31]とされる[32]。このように有利発行において，発行法人には基本的に課税所得は生じない[33]。これは，払込金額により資本金等の額を求める取扱いと

---

(31)　岡村忠生他「有利発行課税の構造と問題」岡村忠生編『新しい法人税法』（有斐閣，2007 年）255 頁。

(32)　ただし，「非株主等有利発行を行った法人に対して，実務では，有利部分を損益取引として切り分け，これを役員給与や寄附金とする課税が行われてきたと思われる。」（前掲注 31，岡村他，264 頁）とされるが，この取扱いは，「2006 年度の税制改正により自己株式の資産性が否定されたことから，現在では，このような損益取引としての切り分けはできない」（265 頁）と指摘している。

(33)　時価よりも高い発行価額の場合について，名古屋高裁平成 14 年 5 月 15 日判決（税資 252 号順号 9121）では，「債務超過の状態にある法人の新株発行に係る増資払込みにより株式を取得した場合であっても，商法，法人税法施行令及び企業会計原則上，その取得価額は払い込んだ金額とされているから，払込金額をもって取得価額とすべきであるとの控訴人会社の主張が，増資の払込みによる現実の出捐があったとしても，法人税法 37 条（寄附金の損金不算入）の解釈上，増資払込金の中に寄附金に当たる部分がある場合には，当該部分は法人税法上の評価としては『払い込んだ金額』（法人税法施行令 38 条 1 項 1 号）に当たらないと解される，本件増資払込金は本件株式を取得するための増資払込金としての外形を有するものであるが，それが実質上寄附金と判断される以上，控訴人会社の行った取引の外形に法人税法上の法的評価が拘束される理由はないから，法人税法上これ

整合したものとなっている。

　しかし，有利発行においては，株主（新株主及び旧株主）に関する課税の検討が必要となる。なお，所得税法及び法人税法では，新株主が「株主等として」[34]取得する場合（所得税法施行令84条2項，法人税法施行令119条1項4号）とそれ以外では取扱いが異なるため，ここでは便宜的に，株主等として取得する場合を「株主等有利発行」とし，それ以外を「非株主等有利発行」と表記することとする[35]。また，本稿では議論の簡便化のため，株主が法人である場合に限定する。

　株主等有利発行では，新株主（既存株主でもある）は，「時価を取得価額とする規定の適用は明示的に排除され，払込金額が取得価額となっている」[36]ため，課税は生じない。この理由は，「株主個々に着目すると，新株を取得したことによる時価と払込金額の差額による利益と既保有株式の希薄化による損失…（中略）…が等しいために，利益と損失が相互に打ち消しあい新株主に所得が発生しない」[37]ことや「他の株主からの持分の流入がない，株主間での持分の変化がない」[38]と説明される。

　非株主等有利発行では，新株主は，「低額譲受として，株式の時価と払込金額の差額が『無償による資産の譲受け』（法法22条2項）とされ，益金

　を『払い込んだ金額』として，本件株式の取得価額に当たると解されなければならないものではなく，また，同法37条は同法22条3項にいう『別段の定め』に当たるから，商法や企業会計原則上の取扱いにかかわらず適用される」とし，時価よりも高い発行価額であり実質上寄附金と判断される場合には寄附金として課税されると判示されている。

(34)　「株主等として」は，「当該法人の他の株主等に損害を及ぼすおそれがないと認められる場合」（法令119条1項4号）とされ，「権利が株主等の有する株式の内容及び数に応じて平等に与えられ，かつ，その株主等とその内容の異なる株式を有する株主等との間においても経済的な衡平が維持される場合のことを指す」（前掲注31，岡村他，258頁）ものとされる。

(35)　この表記は，前掲注31，岡村他の表記に合わせている。

(36)　前掲注31，岡村他，260頁。

(37)　前掲注31，岡村他，260頁。

(38)　前掲注31，岡村他，261頁。

に算入されると考えられる。このことは，株式の取得価額が『その取得の時におけるその有価証券の取得のために通常要する価額』（法令119条1項4号）とされていることから，間接的に確認される」[39]と説明される。

これに対し，既存株主は，「取引当事者として形式的に有利発行に関与する主体ではなく，課税関係は生じないとの理解が一般的である」[40]と説明される。

ここで，「株主等有利発行には課税がなく，非株主等有利発行には課税がある理由は，持分（経済的価値）の移転に求められる」[41]とする。しかし，「有利発行を一部の既存株主に行う場合（非株主等有利発行）を考えると，持分の移転だけを把握して課税しているのではないことが分かる。有利発行を受ける株主は，時価と発行価額の差額による利益を得るが，同時に既保有株式の希薄化損失（希薄化による経済的価値の減少）を被っているからである。この損失部分は，課税上考慮されていない。このことは，株主等有利発行に対する非課税を導くために，この損失の部分が有利発行による利益を相殺するために用いられたのとは異なる。」[42]とされる。

そして，「新株の取得自体は経済的利益を発生させる要素であるが，株主等有利発行の場合には，この経済的利益が既保有株式の希薄化損失により相殺され，結果として収入金額または益金が生じないと考えるべきである。」[43]とする。この考えでは，「株主等有利発行と非株主等有利発行は，いずれも有利発行を受けた株主が経済的利益を得ているが，既保有株式の希薄化損失が，前者ではこれを相殺し，後者では考慮されない差異が認められる。」[44]と指摘され，希薄化損失の考慮に差異が生じている。

---

(39) 前掲注31，岡村他，257頁。
(40) 前掲注31，岡村他，257頁。
(41) 前掲注31，岡村他，268頁。なお，オウブンシャホールディング事件最高裁判決では，「資産価値の移転」の用語が用いられている（263頁，注22）。
(42) 前掲注31，岡村他，268頁。
(43) 前掲注31，岡村他，269頁。
(44) 前掲注31，岡村他，270頁。

84

2 有利発行における構造からの検討

(1) 有利発行における経済的利益の移転の構造

前述のように株主等有利発行と非株主等有利発行との課税の差異は，希薄化損失の考慮による差異とも考えられる。このような有利発行における希薄化の有無については，東京高裁平成22年12月15日判決（税資260号―215）[45]でも争われている[46]。これらの判決を参照しつつ，検討を続ける

---

(45) 東京高裁平成22年12月15日判決（税資260号―215）では，「控訴人は，有利な発行価額であるかどうかは，既存株主の経済的利益との関係で実質的に判断されるべきものであり，本件2社株の発行に係る一連の増減資手続を俯瞰して，実質的にD社及びC社の既存株主から控訴人に利益が移転したかどうか，換言すれば，既存株主に損失が生じているかどうかが検討されるべきところ，本件では，既存株主から控訴人への利益の移転はなく，既存株主には損失が生じていないから，当時の商法上も税法上も有利発行に当たらない旨主張する。しかし，本件2社株の発行自体から控訴人が受ける利益と，控訴人の有する既存株式が本件2社株の発行により受ける損失を分けずに一体として考えることは，法人税法が実現原則を採用し，未実現の利益を課税対象から除外することにより，含み益の増減は課税上考慮されないとし（法人税法25条1項），資産の評価換えに伴う減額部分も損金の額に算入しないとすること（同法33条1項）との整合性に問題があると考えられること，また，法人格の異なるグループ法人の間で増減資取引が行われたとしても，法人税法上は，各取引ごとに所得の発生や帰属が判断されるものであるから，本件について控訴人及びそのグループ会社により行われた増減資手続を一連一体のものととらえた上で，控訴人や控訴人以外の既存株主の利益の有無を検討しなければならないとする根拠はなく，控訴人の主張は立法政策としてはともかくとして，現行法令の解釈としては，採用することができない。そうすると，本件2社株の発行が有利発行に当たるとしても，益金の額の対象となるのは，控訴人及び控訴人の子会社を除いた第三者であるBやWの株式に係る損失部分に限られるとする控訴人の主張も理由がないことになる。」として，既存株主の希薄化損失を考慮することにつき，「立法政策としてはともかく」としつつ，現行法令の解釈としては採用できないと判示している。

　なお，本判決については，金子友裕「有利発行における課税の検討」『税法学』571号，2014年，216頁参照。

(46) 他にも，有利発行に関する事件として東京高裁平成28年3月24日判決（税資266号―54）があり，「本件株式については，『払い込むべき金銭の額又は給付すべき金銭以外の資産の額を定める時』における取得のために通常要する価額と『取得の時』における取得のために通常要する価額とが相違する特段の事情があるともうかがわれないから，後者の額を法人税基本通達2-3-7の注2にいう『払込金額等を決定するための基礎として相当と認められる額』として，法人税基本

こととする。

　有利発行であっても「増資」について，株式の発行法人では資本等取引に該当することになるが，新株主については株式という資産の譲受けに該当し，法人税法における資本等取引には該当しない。そして，「株式の取得価額（時価）と発行価額に差額が生じた場合には，法法22条2項における『無償による資産の譲受け』に当たりその差額が受贈益に該当する」[47]とされる。

　ちなみに，有価証券の取得価額につき，金銭の払込み又は金銭以外の資産の給付により取得をした有価証券については，その払込みをした金銭の額及び給付をした金銭以外の資産の価額の合計額に取得のために要した費

　　通達2-3-9の(3)により，法人税基本通達4-1-5及び同4-1-6に準じて算定するのが合理的である。
　　この点，控訴人は，法人税基本通達の解説書において，『上場株式の場合であっても』，新株の発行価額を決定する日の価額のみによるのではなく，平均株価等によることも認める旨記載されていることを根拠に，B社株式のような非上場株式の場合であれ，当然に，『判定の時価』の算定方法は弾力的なものでなければならないと主張するが，控訴人は，控訴人の指摘する売買実例を勘案して弾力的に算定する方法を具体的に明示しないのであるから，それが処分行政庁の採る算定方法よりも合理的であるということはできない。したがって，本件株式の取得のために通常要する価額につき，処分行政庁の算定に誤りがあるとは認められない。
　　法人税法施行令119条1項4号が『他の株主等に損害を及ぼすおそれ』がない場合に有利発行有価証券とならないとしたのは，時価と異なる有利な払込金額による新株発行であっても，株主が平等に新株を引き受ける場合には，持株比率が変わらないことから，新株発行による利益と旧株について生じる株価，利益配当率，議決権の比率等に係る損失とが実質的に相殺されるためであると解される。そして，本件増資によって控訴人のみが有利な発行価額で本件株式を取得すれば，控訴人が主張する過去の事情を勘案したとしても，控訴人は旧株に係る損失を被ることなく新株による利益のみを得て，反面，他の株主に株価の下落や会社支配力の低下が生じることに変わりはなく，本件増資が『株主等に損害を及ぼすおそれがないと認められる場合』に該当するとは認められない。」と判示している。
　　なお，本判決については，金子友裕「有利発行における受贈益の有無」『租税訴訟』10号，2017年，109-125頁参照。
(47)　辻富久「外国関連会社の額面発行株式の引き受けに伴う受贈益」『ジュリスト』1431号，2011年，169頁。

用がある場合にはその費用の額を加算した金額とされている（法人税法施行令119条1項2号）。ただし，有価証券と引換えに払込みをした金銭の額及び給付をした金銭以外の資産の価額の合計額が払い込むべき金銭の額又は給付すべき金銭以外の資産の価額を定める時におけるその有価証券の取得のために通常要する価額に比して有利な金額である場合には，その取得の時におけるその有価証券の取得のために通常要する価額（以下，便宜的に「時価」と表記する[48]）によることになる（法人税法施行令119条1項4号）。

　つまり，有利発行に該当しない場合には，払込金額が有価証券の取得価額となり，新株主についても法人税法の課税は生じない。しかし，有利発行に該当する場合には，時価が有価証券の取得価額となり，払込金額と時価の差額は法人税法22条2項により益金の額に算入されることになる。

　なお，有利発行に該当するか否かの判定について，法人税基本通達2-3-7において，払込金額等を決定する日の現況における当該発行法人の株式の価額に比して社会通念上相当と認められる価額を下回る価額としており，法人税基本通達2-3-7注1において，「社会通念上相当と認められる価額を下回るかどうかは，当該株式の価額と払込金額等の差額が当該株

---

(48)　便宜的に「時価」と表記はするが，有利発行の場合のその取得の時におけるその有価証券の取得のために通常要する価額は，法人税基本通達2-3-9において，(1)上場有価証券等である場合には，払込期日における当該新株の法人税基本通達4-1-4本文前段（上場有価証券等の価額）に定める価額，(2)旧株は上場有価証券等であるが新株は上場有価証券等でない場合には，新株の払込期日における旧株の法人税基本通達4-1-4本文前段に定める価額を基準として当該新株につき合理的に計算される価額，(3)(1)及び(2)以外の場合には，その新株又は出資の払込期日において当該新株につき法人税基本通達4-1-5及び4-1-6（上場有価証券等以外の株式の価額）に準じて合理的に計算される当該払込期日の価額，とされている。
　なお，本判決では控訴人は法人税法施行令119条1項4号において「判定の時価」と「計算の時価」があると主張している。この点については，品川芳宣「外国会社の新株発行の全額引受けと有利発行（受贈益）の該当性」『税研』191号，2017年，96-99頁や朝長英樹「検証・有利発行課税事件(2)」『T&A master』686号，2017年，4-12頁を参照。

式の価額のおおむね 10%相当額以上であるかどうかにより判定する。」と
している。

　ここで，有利発行の場合の新株主に対する課税の根拠が受贈益であると
すると，誰からの受贈益であるかという問題が生じる。この点については，
既存株主説と発行法人説の 2 つの見解がある。これは，経済的な実態とい
う観点からは，既存株主の有していた株式の経済的な価値が希薄化し，有
利発行で株式を取得した新株主にその分の経済的な価値が移転し，これが
経済的利益になると考えられるが，これがどのようなプロセスで行われる
かという問題である。

　既存株主説では，有利発行により新株主が得た経済的利益は既存株主か
ら得たものと考え，発行法人説では，有利発行により新株主が得た経済的
利益は発行法人から得たものと考える[49]。

　ここで，既存株主説では，有利発行により既存株主が有していた経済的
な価値が直接に新株主へと移転することになり，既存株主から新株主に対
する贈与と位置付けられる。新株主が個人株主であれば相続税法 9 条によ
るみなし贈与という取扱いが考えられるが，法人株主については法人税法
22 条 2 項において「取引に係る収益」[50]であることが重視されていること
になる。このため，既存株主と新株主の間にどのような「取引」があり経
済的な価値が移転したかが問題となる。

　また，発行法人説では，有利発行により発行法人から新株主に経済的利
益が移転するものであり，発行法人と新株主との間で「取引」を認識する
ことができるが，この経済的利益は既存株主から発行会社に移転している
はずであるが，これを「取引」と認識することは困難である。例えば，既
存株主が有利発行に関する株主総会の議決に参加したことをもって「取

---

(49)　東京高裁平成 22 年 12 月 15 日判決では，法人税法 22 条 2 項の「取引」を発行会
　　　社から有利発行を受けた取引としている。
(50)　谷口勢津夫『税法基本講義第 6 版』(弘文堂，2018 年) では，「この規定の基本は，
　　　益金を『取引に係る収益』として捉えている点にある」(377 頁) としている。

引」とするとした場合，この議案に反対した株主も「取引」をしたことになるかという問題が生じる。

このように，どちらの説において「取引」の存在をどのように位置付けるかについて，十分な説明ができない部分がある。おそらく，「例えば①資産の価値の移転が既存株主（A社）の支配の及ばない外的要因によって生じたものでないこと，②当該価値の移転が既存株主（A社）において意図し，引受人（C社）において了解したものである場合に限り，有利発行は22条2項にいう『取引』に該当するといった縛りが考えられる。つまり，①，②を満たした場合だけ，私法上の取引でなくても，2項の解釈上はA社—C社間の『取引』となる結果，A社に益金が生じることになるのである」[51]との考えのように，一定の条件を付けて「取引」を認識し，既存株主説により考えることが妥当であろうと思われる。

しかし，ここでは，思考実験として，仮に「取引」を認識できるとした場合を前提とし，さらに検討を継続することとする。既存株主説では法人税法22条2項により益金の額に算入されることになるが，発行法人説では新株主による払込みを「取引」としているため，資本等取引に該当し，益金の額には算入されないことになる[52]。

さらに，本稿の検討対象である「増資」という観点から発行法人説を考察すると，時価を額面と置き換えた場合の株式プレミアムの反対（以下，便宜的に「マイナスの株式プレミアム」とする）ともいうべきものの取扱いということができる。このマイナスの株式プレミアムについて発行会社は株

---

(51) 前掲注6，渡辺，89頁では，オウブンシャホールディング事件の射程の制約に関しての指摘である。

(52) 各説において「取引」が認識できる前提の議論となると，有利な金額での株式の払込みをした部分の「取引」と時価と払込金額との差額部分の「取引」を分けて考え，前者は資本等取引であるが，後者は損益取引であり，後者からは益金の額が生じるという考えも生じうると考えられる。ただし，後者は，何と引換えに何を引き渡した「取引」であるかが明らかにならず，例えば，「取引」として株式の払込みを擬制する場合には，出資の払戻しが生じているにすぎず，いずれも資本等取引となると考えられる。

式プレミアムが益金の額と考えられるのであれば，マイナスの株式プレミアムは損金の額とも考えられそうであるが，現行制度の資本等取引であれば払込金額を基礎に資本金等の額が定まることを維持するため，発行法人における課税は排除されている。しかし，この課税を新株主に求めているとも考えられる。そもそも，有利発行の場合でも，有価証券の取得価額は払込金額（有利発行により時価より低い金額）とすることも可能である。この場合，この有価証券を売却する時の譲渡原価が時価より低い金額となるため，全体損益計算の観点からは同じ所得が生じることになり，課税のタイミングの問題[53]となる[54]。

(2) 有利発行による希薄化損失の検討

　有利発行における経済的利益については，建物等の資産の低額譲受けとは異なる。株式の時価は，その株式会社の将来の収益力等を考慮した価値を按分したものを基礎に価格決定されるものである。時価による増資が行われた場合，払込みにより経済的価値が増加する側面（全株式レベルでの価値の増加）と株式数の増加により個々の株式の経済的価値が減少するという側面（個々の株式レベルでの価値の減少）が同時に発生するが，これが相殺されることで既存株主の保有する株式の単価に変化は生じない。これに対し，有利発行による増資では，払込みにより経済的価値が増加する側面（全株式レベルでの価値の増加）より株式数の増加により個々の株式の経済的価値が減少するという側面（個々の株式レベルでの価値の減少）が大きくなるため，既存株主が保有している株式の単価が減少する希薄化が生じることになる。

---

(53) ただし，法人税法では，欠損金等の問題があるため，課税のタイミングにより全体損益計算が一致しても，全ての課税期間の課税所得の合計が一致しないことがありうる。

(54) 「有利発行課税制度が存在する独自の意義とは，まず株主等有利発行に対して課税を行わないという点にあり，非株主等有利発行については，課税時期を繰り延べている点には意味はあるが，取得価額と時価との差額に課税を行うことは特に政令の規定を必要とするものではないと考えられる」（前掲注31，岡村他，271頁）としている。

90

　現在の法人税法の規定では，有価証券の評価は売買目的有価証券を除けば時価評価されないが，有価証券を時価評価した場合を考えれば，希薄化損失と有利発行直後の時価により算定した受贈益は対応したものとなるはずである。

　この既存株式の希薄化損失を，既存株主説と発行法人説に分けて考察してみる。既存株主説では，既存株主の希薄化損失に相当する金額が新株主の有利発行による受贈益として移転することになる。実際の証券市場では，市場参加者の期待や市場は完全完備ではないこと等から，ファイナンスの理論通りの価格付けがされる訳ではない。しかし，有利発行による希薄化損失の理論値は，発行済株式数と有利発行により発行される株式数が定まっており，株式の時価が合理的に算定可能であれば，機械的に算定することができる。おそらく，現在の法人税法が，いわゆる未実現にもかかわらず法人税法22条2項により有利発行により取得した有価証券に課税する背景には，有利発行による希薄化の影響が相当程度確実であるという現実があるものと思われる。このように考えると，発行法人の益金の額のみ認識し，既存株主の希薄化損失を認識しない[55]ということは，この考えの下では平仄が合わないということになる[56]。

　また，発行法人説においては，既存株主の希薄化損失に相当する金額は

---

[55]　東京高裁平成22年12月15日判決では，実現原則を根拠に希薄化損失の考慮を排除している。この点につき，既保有株式の希薄化の損失は，「未実現の損失（評価損）ではありません。そうではなく，有利発行によって得られる経済的利益が，最初から希薄化の分だけ生じていない（当該株主に流入していない）のです。」（岡村忠生「有利発行による経済的利益と希薄化損失」『税研』187号，2016年，95頁）として，既存株主から新株主へ経済的利益が移動するのではなく，「判決のように発行法人との間での取引を観察する場合であっても，有利発行により発行法人の1株当たり純資産価値が減少（希薄化）してゆくので，最初の1株の価値を与え続けることはできないことから，妥当する」（96頁）としている。

[56]　どのような考えに立つとしても，有利発行による受贈益を課税するのであれば，少なくとも，既存株式を保有する者が有利発行を引き受けた場合には，自己の既存保有株式に対応する部分の希薄化損失については受贈益から相殺が可能とすべきであろう。

発行会社に移転し，その金額だけ新株主は発行会社から受贈益を受けることになる。この場合には，既存株主が有する持分のうち希薄化損失部分の金額が新株主に持分の払戻し等として分配されたことと同様になる[57]。このように考えると，新株主及び既存株主とも受贈益や希薄化損失による課税は生じないが，持分に含まれる利益積立金からの配当に対する課税が生じることになる。

Ⅶ　おわりに

　本稿では，法人税法における「増資」を検討した。まず，法人税法では，資本金等の額及び資本等取引を定めており，ここでは会社法の資本金を借用概念として用いつつ，法人税法独自の概念として位置付けている。しかし，その内容は必ずしも明確ではなく，資本金等の額の具体的な内容は法人税法施行令8条で列挙しているが，この列挙されたものから資本金等の額が何を表しているかを明らかにすることは困難であろう。

　法人税法における「増資」を資本金等の額の増加とすると，会社法における資本金が増加する場合でも，無償増資のような場合には資本金等の額が増加しない（本稿でいう「増資」に該当しない）という差異が生じることになる。これは，払込資本を資本金であるか資本準備金やその他資本剰余金であるかを問わずに資本金等の額とし，損益取引から生じた利益積立金額との区別を堅持する法人税法の姿勢の表れである。このため，無償増資の場合には，会社法上の資本準備金又はその他資本剰余金の資本金への組入れが資本金等の額の増加をもたらさないだけでなく，会社法上の利益剰余金又はその他利益剰余金の資本組入れがあった場合も，資本金等の額及び利益積立金額の増減を生じさせないこととしている。

　このような資本等取引に関して，法人税法では課税の対象から除外して

---

(57)　この考えでは，会社法上の手続きの問題として，有利発行の手続きを経ているとはいえ，払戻しに関する手続きを経ていないことになる。

いるが，これは義務等と引換えに株式を発行していることや原資への課税を回避すること等が考慮されているものと考えられる。しかし，「混合取引」のような資本等取引でも損益取引の要素に課税を行うとする概念もあり，永久に課税の対象からもれてしまうことに対処を行うとする見解もある。これは，資本金等の額や資本等取引が不明確となっている現在の法人税法の規定からは有用な方法かもしれない。しかし，資本金等の額や資本等取引の概念を明確化し，この範囲には所得に対する課税は行うべきではなく，何らかの課税の対処が必要であれば別途立法的な措置により対応すべきであると考える。

　さらに，本稿では，過去の取扱いにあった株式プレミアムについても検討を行った。株式プレミアムの論争が行われた当時は，商法において資本準備金の概念がなく，利益準備金としていたことが利益説の根拠となっていたものと思われるが，商法に依存して払込資本の性質を有していると考えられるものでも法人税法で課税すべきであったかという問題は，現在の資本金等の額や資本等取引のあり方や会社法と法人税法（又は企業会計と法人税法）の関係を考える上でも示唆のあるものと思われる。

　最後に，有利発行における課税の検討を行った。ここでは，有利発行における課税の整理を行った後，有利発行における経済的利益の移転の構造から検討を行った。有利発行における課税としては，現行の法人税法では，有利発行を行った発行法人では資本等取引として課税は行われない。有利発行として，時価より低い金額の払込みであったとして，法人税法における「増資」として，その払込金額の資本金等の額が増加することになる。ここでは，発行法人と合わせて株主の課税も含めて整理したところ，既存株主は何ら「取引」を行っていないため課税の対象とならないが，新株主は有利発行により時価より低い金額の払込みにより取得した有価証券の取得価額が時価となるため，時価と払込金額の差額が益金の額として課税されることになる。

　このような有利発行の課税に関し，現行制度を離れ，経済的利益の移転

の構造から検討したところ，新株主が得た経済的利益はどこから移転したかで，既存株主説と発行法人説に分けられる。ここでは，既存株主説であれば既存株主と新株主の間の「取引」をどのように考えるかという問題等があり，発行法人説にしても，発行法人から新株主に移転した経済的利益は経済的実態からは既存株主から発行法人に移転していると考えられるが，既存株主と発行法人の「取引」をどのように考えるかという問題等がある。このため，一概に良否を判定することが難しいが，発行法人と既存株主の間では有利発行の手続きに関する議決による関与はあるにせよ，経済的な価値の移転を認識しにくいこと等を考慮すると，新株主と既存株主の間において一定の条件を付けて「取引」を認識し，既存株主説により考えることが妥当であろうと思われる。

　なお，非株主等有利発行では，既存株主の保有する株式の希薄化という問題もある。現在の規定では，既存株主には「取引」が認識されず，売買目的有価証券以外については時価評価もされないことから，希薄化損失は考慮されていない。しかし，有価証券の取得価額を時価とし，払込金額との差額を益金の額として課税するのであれば，この益金の額をもたらした経済的利益の源泉となる希薄化損失も考慮しなければ平仄が合わないものと考える。

純資産の部の総合的検討

第4章　減資に関わる課税関係の検討

日本大学教授　藤井　誠

I　はじめに

　減資とは資本の減少を意味するが，商法・会社法における数次の改正を経て，減資の範囲にも変化が生じた。そして，法人税法もまたその影響を受け，やはり複数回の変更が実施されている。

　払込資本の減少は資本等取引に含められ（法人税法第22条第5項），法人の所得計算に直接的な影響を及ぼすものではない（法人税法第22条第2項および第3項）。しかしながら，株主における課税をもって課税関係が終了するという法人税と所得税の全体を俯瞰した場合，これをどのように規律するかは重要な問題となる。

　法人税法において，課税所得算定過程における会計と税務の不一致は別段の定めにより規律されるのに対し，課税所得算定後における会計と税務の不一致は資本金等の額および利益積立金額に係る規定を軸として規律されているといってよい。平成13年度税制改正により組織再編税制が整備されて以降，資本金等の額の増加又は減少という資本等取引については，会社法と法人税法との間での乖離が進んでいる。

　本稿では，まず会社法における減資の意義および範囲とその背後にある

思考を歴史的な経緯に触れながら整理し，これを受けて法人税法がどのような規律を設けているのかを近年の改正にも言及しつつ確認し，問題点の検討を行うこととする。

Ⅱ　減資に関する会社法の規定と会計処理の変遷

　現行の会社法における減資とは，原則として株主総会の特別決議を経て（会社法第309条第2項）[1]，債権者保護手続（会社法第449条）をとったうえで行う資本金の減少であり，簡潔にいえば，資本金という計数の減少取引（会社法第447条）である。会社法における資本金の減少とは，資本金を資本準備金又は資本剰余金に振り替えることである（会社法第446条第3号）。株主総会の特別決議と債権者保護手続が求められるのは，財産を社外へ流出させないという意味での拘束性の強い資本金が拘束性の弱い資本剰余金に振り替えられるため，株主および債権者双方にとって極めて重要な事項であるからに他ならない。

　平成18年5月施行の会社法創設前の商法における減資あるいは資本の減少についての基本的な考え方は，株主からの出資を返還することによる会社規模の縮小であるというものであり，財産の払戻しが行われる減資は実質的な資本減少として多用されてきた。

　当時，減資に際して株主に払戻しを行う有償減資の規定があったが（改正前商法第375条第1項），会社法では前述のように計数変動と整理された。したがって，現在の会社法における減資とは無償減資のみを意味し，有償減資は配当としての払戻しの範疇に含まれるものとして位置づけられている。すなわち，現在の減資とは以前の無償減資に相当する概念となり，株

---

(1)　定時株主総会での決議であり，かつ，欠損の額を超えない範囲で資本金の額を減少させる場合には，普通決議でよいとされている（会社法第309条第2項第9号）。ここで，欠損の額とは，剰余金の分配可能額がマイナスであるときの，その金額をいう（会社計算規則第151条）。

主に対して資本金の払戻しを行ういわゆる有償減資は，資本金を資本剰余金に振り替えたうえで（会社法第447条），増加した資本剰余金を剰余金の配当として行う（会社法第453条，第454条）行為として整理された。

平成13年改正前の商法において，資本金を準備金へ組み入れることは認められていなかった。しかし，会社法における最低資本金制度の撤廃により，会社設立後に減少させる資本金の額に制限はないため，極端な形態としては資本金の額を0とすることも可能となっている（会社法第447条，第451条）。

なお，100％減資を行う場合，以前の商法には強制消却の取扱いが定められていたが（改正前商法第375条第1項），会社法では強制消却の制度が廃止された代わりに，全部取得条項付種類株式が導入され，株主総会の特別決議で済むものとし，これらについては全ての株主の同意を不要とした（会社法第108条第1項，第7項，第171条第1項，第309条第2項，第3項）。

会社計算規則においては，資本剰余金と利益剰余金の区別が明確にされているため，資本金の減少によって増加する準備金は資本準備金に限定され（会社計算規則第26条第1項第1号），同様に，資本金の減少によって増加する剰余金はその他資本剰余金に限定されることになる（会社計算規則第27条第1項）。すなわち，会社法は，準備金と剰余金の区分を重視しており，資本剰余金と利益剰余金の区分にはこだわらない姿勢を見せている。

これに対し，企業会計原則は，「資本剰余金は資本取引から生じた取引であり，利益剰余金は損益取引から生じた剰余金，すなわち利益の留保額であるから，両者が混同されると，企業の財政状態及び経営成績が適正に示されないこととなる」（注解【注2】）ため，「資本取引と損益取引とを明瞭に区別[2]し，特に資本剰余金と利益剰余金とを混同してはならない」としている（一般原則三）。同様の内容は，会計基準にも引き継がれている（自己株式及び準備金の額の減少に関する会計基準第19項）。

---

(2) 昭和24年設定当初の企業会計原則では，「区分」と表示されていたが，その後昭和29年の修正で表現が改められている。

98

　以上のように，資本剰余金からの配当が可能となっている状況にあって，減資が行われた場合の法人税法における規定と理論上の問題点について検討を進めることとする。

III　減資の課税関係

1　無償減資（法人税法施行令第8条第1項第12号）

　資本金の額又は出資金の額を減少した場合（後述の第14号に規定する場合を除く。）のその減少した金額に相当する金額は，資本金等の額に含められる（法人税法施行令第8条第1項第12号）。すなわち，資本金の額を減少させると，それと同額の資本金等の額を増加させることが求められているのである。

　この規定は，いわゆる無償減資に関する取扱いを定めたものであり，資本金を減少させた場合には，減少させた額と同額の資本金等の額を増加させ，減資の前後で税務上の資本金等の額に変化を来さないことにより，利益積立金額との境界線にも変化が生じないようにしている。なお，資本金等の額を完全に減少させて資本制度を廃止する場合には，後述のごとく異なる取扱いを定めている。

　法人税法および法人税関連の租税特別措置法には，資本金の額を基準として適用されるいくつかの規定[3]があるが，前述のように，資本金の額を増減させた場合に法人税法は資本金等の額全体でその増減を吸収する対応

---

(3)　資本金を基準として適用される規定は以下のようなものがある。
- 貸倒引当金（法人税法第52条第1項）
- 欠損金の繰越控除制限（法人税法第57条第1項）
- 法人税軽減税率（法人税法第66条第2項）
- 留保金課税の適用法人判定（法人税法第67条第5項）
- 中小企業者等の法人税率の特例（租税特別措置法第42条の3の2）
- 中小企業者等の貸倒引当金の特例（租税特別措置法第57条の9）
- 交際費の損金不算入（租税特別措置法第61条の4）
- 中小企業者の定義（租税特別措置法施行令第27条の4第12項）

第 4 章　減資に関わる課税関係の検討　99

をとっているため，資本金基準の規定の適用についての恣意的な税負担の調整を行う余地があることになる。それゆえ，資本金の額を基準とするのではなく，資本金等の額を基準とする方が実態に即していることが指摘されている（成宮［2017］11 頁，日本税理士会連合会［2016］2 頁）。

　この点について，住民税の均等割の適用基準もやはり資本金等の額とされている（地方税法第 312 条）。しかし，法人住民税均等割の税率区分の基準である資本金等の額は，法人税法第 2 条第 16 号に規定する資本金等の額であるとされていた（改正前地方税法第 23 条第 1 項第 4 号の 5）ところであるが，平成 27 年度税制改正により，法人税法第 2 条第 16 号に規定する資本金等の額に，つぎの額を加算又は減算することとなった（地方税法第 23 条第 1 項第 4 号の 5 イ）。

①　加算項目
平成 22 年 4 月 1 日[4]以後に行われた無償増資の額

②　減算項目
イ　平成 13 年 4 月 1 日から平成 18 年 4 月 30 日までの間（会社法適用前）に行われた無償増資による欠損塡補額

ロ　平成 18 年 5 月 1 日以後（会社法適用期間）に行われた資本金または資本積立金の減少により発生したその他の資本剰余金による欠損塡補額（その他資本剰余金として計上されてから 1 年以内に欠損塡補に充てた額に限って減算が認められる（地方税法施行規則第 1 条の 9 の 4 第 3 項）。

　また，平成 27 年度税制改正では，法人住民税均等割の税率区分の基準となる資本金等の額が，資本金と資本準備金の合計額を下回る場合に，資本金と資本準備金の合計額を基準とすることとされた（地方税法第 52 条第 4 項）。そして，外形標準課税における資本金等の額についても，同様の内容が規定されている（地方税法第 72 条の 21 第 2 項）。

---

(4)　平成 27 年度税制改正において，平成 22 年 4 月 1 日以後の無償増資について加算を要求するのは，外形標準課税の資本割の規定と平仄をとるためである。

2 資本制度廃止（法人税法施行令第 8 条第 1 項第 14 号）

資本又は出資を有する法人が資本又は出資を有しないこととなった場合，その有しないこととなった時の直前における資本金等の額（資本金の額又は出資金の額を除く）に相当する額は，資本金等の額から減算[5]される（法人税法施行令第 8 条第 1 項第 14 号）。

この規定は，普通法人が会社法において許容されている資本金を 0 とする場合を対象としたものではなく，資本金制度を消滅させる場合を対象としたものであるため，事実上，医療法人や協同組合における出資組合と非出資組合という二種の組織形態間の移行の場合に適用されることになる。

公益法人関係税制改革によって非出資法人に関する規定が整備されたことに伴い，平成 20 年度税制改正により設けられたのがこの規定であり，法人が平成 20 年 4 月 30 日以後に資本制度を廃止する場合に適用され，その場合，同日において法人が有する資本金等の額の全額が利益積立金額に振り替えられる（平成 20 年改正令附則第 5 条第 2 項）。

また，現行医療法では，持分のない医療法人のみ設立が可能であるが，平成 19 年 4 月改正前は持分のある医療法人が主流だったため，持分のある医療法人が持分のない医療法人へ変更する場合にもこの規定が適用される。かつて持分のある医療法人が持分のない医療法人へ移行する場合，資本金の額は資本剰余金に振り替えられることが定められていた（旧医療法施行規則第 30 条の 36 第 2 項）が，現在では持分のない医療法人が原則とされているため，この規定は廃止されている。

法人税法は，持分のない法人について，資本金等の額を 0 とするため，資本剰余金の増加額は債務免除益としての性質を持つことになるが，これを益金不算入とする対応が取られた（改正前法人税法施行令第 136 条の 4 第 2 項）。なお，この金額について，税務上は利益積立金額に含められることになる（法人税法施行令第 9 条第 1 項第 5 号）。

---

(5) 「減算」と「控除」は，法人税法において使い分けがなされており，減算はマイナスをも想定しているが，控除は 0 を下回ることはない。

3 資本の払戻し等（法人税法施行令第8条第1項第18号）（有償減資）

資本の払戻し等があった場合，これに係る減資資本金額を資本金等の額から減算する（法人税法施行令第8条第1項第18号）。資本の払戻し等とは，法人税法第24条第1項第3号に規定する資本の払戻し（資本剰余金の額の減少に伴う剰余金の配当で，分割型分割によるもの以外をいい，法人税法第23条第1項第2号に規定する出資等減少分配を除く）および解散による残余財産の一部分配をいうのであり，これに係る減資資本金額は資本金等の額から減算する。資本の払戻し等に係る減資資本金額は，残余財産の一部分配の場合と剰余金の配当の場合に分けて，以下のように規定されている。なお，残余財産の全部が分配される場合には，法人が解散することになるため，減少する資本金等の額に関する規定はない。

① 残余財産の一部分配の場合

$$
資本金等の額 \times \frac{交付金銭等の額（適格現物分配に係る資産はその帳簿価額）}{資本の払戻し等の前事業年度終了時の資産の帳簿価額 - 負債の帳簿価額}
$$

② 剰余金の配当の場合

$$
資本金等の額 \times \frac{減少等した資本剰余金の額（適格現物分配に係る資産はその帳簿価額）}{資本の払戻し等の前事業年度終了時の資産の帳簿価額 - 負債の帳簿価額}
$$

※ ①および②における分数式の割合について，直前の資本金等の額が0以下である場合には0，当該資本金等の額が0を超え，かつ，分母が0以下であるときは1とし，小数点以下3位未満の端数が生じたときは切り上げる。

この法人税法施行令第8条第1項第18号の規定は，法人税法施行令第9条第1項第12号と連動する関係になっており，法人税法施行令第9条第1項第12号における合計額が法人税法施行令第8条第1項第18号にお

ける減資資本金額を超える場合の当該超過額は利益積立金額から減算される。この利益積立金の減少額は，株主側においてみなし配当となる。

会社法では，株主への会社財産の払戻しについて，株式の消却を伴わない資本の減少は資本金を資本剰余金へ振り替えたうえ，資本剰余金を原資とする剰余金の配当であるという形式とされた。

企業会計においては，その他資本剰余金を原資とする配当を収受した株主は，その配当に係る株式の区分によって以下のように処理することが定められている（企業会計基準適用指針3号「その他資本剰余金の処分による配当を受けた株主の会計処理」第3項，第4項）。

① 売買目的有価証券 　　　　受取配当金として収益に計上
② 売買目的有価証券以外 　　有価証券の帳簿価額から減額

株主における課税関係はつぎのように整理される。まず，個人株主においては，資本剰余金を原資とする剰余金の配当が行われた場合，当該配当金は配当とみなす金額（所得税法第25条第1項）およびみなし譲渡収入金額（租税特別措置法第37条の10第3項第3号）に該当することになる。つぎに，法人株主においては，資本剰余金を原資とする剰余金の配当金については，有価証券を譲渡したものと考えて一定割合帳簿価額を減額し（法人税法第61条の2第17項，法人税法施行令第119条第1項），交付金銭等の額との差額はみなし配当となる（法人税法第24条第1項第3号）。

この資本の払戻部分は，つぎの算式により計算される（法人税法第24条第1項第4号，同第61条の2第18項，法人税法施行令第23条第1項第4号，同第119条の9）。

資本の払戻部分の額＝

払戻等対応資本金額等* × $\dfrac{株主が直前に有していた払戻法人の払戻し等に係る株式の数}{払戻法人の払戻し等に係る株式の総数}$

※ 分数式の割合について，直前資本金額等が0以下である場合には0とし，当該資本金額等が0を超え，かつ，分母が0以下である場合又

は直前資本金額等が 0 を超え，かつ，残余財産の全部の分配を行う場合には 1 とし，小数点以下 3 位未満の端数が生じたときは切り上げる。

＊払戻等対応資本金額等＝

$$払戻直前資本金額等 \times \frac{払戻しにより減少した資本剰余金の額等}{資本の払戻し等の前事業年度終了時の純資産帳簿価額}$$

4　出資等分配（法人税法施行令第 8 条第 1 項第 19 号）

投資法人における出資等減少分配に係る分配資本金額は，資本等の金額から減算される（法人税法施行令第 8 条第 1 項第 19 号）。ここで，出資等減少分配とは，法人税法第 23 条第 1 項第 2 号に規定する出資等減少分配をいう。出資等減少分配に係る分配資本金額は，以下の計算式により算出する。

$$資本金等の額 \times \frac{当該出資等減少分配による出資総額等の減少額}{出資等減少分配の前事業年度終了時の資産の帳簿価額－負債の帳簿価額}$$

※　分数式の割合について，直前資本金等の額が 0 以下である場合には 0 とし，当該直前資本金等の額が 0 を超え，かつ，分母が 0 以下であるときは 1 とし，小数点以下 3 位未満の端数が生じたときは切り上げる。

減少割合を示す分数式の分子は，以下の各金額の合計となる。
①　当該資本の払戻しにより減少した資本剰余金の額
②　当該解散による残余財産の一部の分配により交付した金銭の額又は金銭以外の資産の価額
③　適格現物分配に係る資産にあっては，その交付の直前の帳簿価額
なお，投資法人については，いわゆるペイスルー課税が適用される（租税特別措置法第 67 条の 15）ため，循環計算となることを避ける趣旨から（武田［1979］775 頁），分母を前々事業年度終了時の純資産帳簿価額とする

〔図表3-1〕 減資の内容と資本金等の額ならびに利益積立金額の動き

減資の内容	資本金等の額	利益積立金額	計算方法
無償減資	加算および減算 (令8①十二)	変動なし	全額
資本制度廃止	減算 (令8①十四)	加算 (令9①五) 直前の資本金等の額	全額
有償減資	減算 (令8①十八)	減算 (令9①十二) 交付金銭等の額－減資資本金額	按分
出資等分配	減算 (令8①十九)	減算 (令9①十三)	按分

措置が講じられている（措置法施行令第39条の32の3第13項）。

　出資等減少分配による出資総額等の減少額とは，出資等減少分配により増加する出資総額控除額（貸借対照表の純資産の部において出資総額控除額に区分される金額）と出資剰余金控除額（同部において出資剰余金控除額に区分される金額）の合計額から，その出資等減少分配により増加する一時差異等調整引当額を控除した金額である。一時差異等調整引当額とは，利益を超えて投資主に分配された金額のうち，所得超過税会不一致と純資産控除項目の合計額の範囲内において利益処分に充当するもの（投資法人計算規則第2条第2項第30号）で，投資法人の計算に関する規則に従って，投資法人の貸借対照表の純資産の部において一時差異等調整引当金として区分表示されるものをいう。

　法人税法施行令第8条第1項第19号の規定は，法人税法施行令第9条第1項第13号と連動しているもので，同号において減算される利益積立金額は法人税法施行令第8条第1項第19号に規定する交付金銭等の額が同規定における分配資本金額を超える場合における当該超過額となる。

Ⅳ 規定の変遷

1 平成13年および平成14年改正

商法改正により，資本剰余金からの配当が可能となったことを受け，税法上は利益剰余金や資本剰余金からの配当は，これを一括して受取配当等として扱うこととした。

平成13年改正は，純資産の部における商法と税法の乖離を拡大させた。また，平成14年度の商法改正により，法定準備金のうち資本準備金の減少によって生じる剰余金は，その他資本剰余金とすることとされ，これを配当する場合には，利益処分計算と切り離した資本剰余金の処分計算を行うことが定められた。

また，従来，減資については，有償又は無償により株式消却するか，無償により株式併合することにより株式数を減少させていたが，平成13年6月の商法改正において額面株式制度が廃止されたことにより，減資による株式数の減少は不要となった。

さらに，従来，無償減資の場合における資本金の減少額ならびに有償減資の場合における株式の払戻金と資本金の減少額との差額は，減資差益として資本準備金に表示されていた。しかし，これらは，その他資本剰余金において資本金及び資本準備金減少差益として表示されることとされた。なお，平成14年の商法改正により，平成15年4月1日以降は減資差損を生じる減資は認められないこととなった（改正前商法第375条第1項）。

2 平成18年改正

平成18年5月1日施行の会社法において，株主に対する利益の配当と資本の払戻しが剰余金の配当としてまとめられたことに伴い，配当の原資によって課税関係が変わることとなった。すなわち，利益剰余金からの配当は受取配当等とされることに変更はないものの資本剰余金からの配当があった場合の資本金等の額から減算することとなる金額についてはつぎの

算式によることとなった。

$$資本金等の額 \times \frac{減少等した資本剰余金の額（適格現物分配に係る資産はその帳簿価額）}{資本の払戻し等の前事業年度終了時の資産の帳簿価額 - 負債の帳簿価額}$$

3　平成22年改正

　現物分配と適格現物分配に関する規定の創設に伴い，法人税法施行令第8条第1項第18号ロに「（適格現物分配に係る資産にあっては，その交付の直前の帳簿価額）」という括弧書きが追加された。

　現物分配とは，法人が株主等に対して剰余金の配当等により金銭以外の資産の交付を行うものであり（法人税法第2条第12の6号），適格現物分配とは，内国法人を現物分配法人とする現物分配のうち，その現物分配により資産の移転を受ける者がその現物分配の直前においてその内国法人との間に完全支配関係がある内国法人（普通法人又は協同組合等に限る）のみであるものである（法人税法第2条第12の15号）。

4　平成27年改正

　投資法人の金銭の分配が，資本の払戻しに該当するのか，受取配当等の益金不算入制度における配当等の額に該当するのか，そしてその場合のみなし配当の額の計算等については，従前解釈に委ねられてきたところであるが，この改正において，受取配当等の益金不算入制度の対象となる配当等の額の見直しが行われたことを契機として，取扱いを明確化するとともに，投資法人に関する法令の整備に併せて，配当等の額およびみなし配当の額の区分の見直しが行われた（財務省［2015］357頁）。

　このとき，投資法人等に係る資本金等の額および利益積立金額に関する規定が，法人税法施行令第8条第1項第17号および法人税法施行令第9条第1項第12号において整備された。その後，平成29年度税制改正において，株式分配に関する規定が追加されたことに伴い，法人税法施行令第8条第1項第17号は同第19号に，法人税法施行令第9条第1項第12号は同第13号に繰り下がった。

V　有償減資に関する課税関係の検討

1　平成13年度改正と平成18年度改正の比較

　減資により株主へ金銭等が交付された場合の課税上の取扱いについては，いわゆるプロラタ（pro rata，比例）計算が適用される。ところが，法人税法における資本の払戻し等に係る減少することとされる資本金等の額の計算方法を簡潔に示すとつぎのごとく変化してきていることがわかる。

　①　平成13年度税制改正による計算式

$$\text{資本金等の額} \times \frac{\text{交付金銭等の額}}{\text{税務純資産簿価}}$$

　②　平成18年度税制改正による計算式

$$\text{資本金等の額} \times \frac{\text{減少資本剰余金の額}}{\text{税務純資産簿価}}$$

　平成18年度税制改正において，資本金等の減少割合である分数式の分子が，交付金銭等の額から減少資本剰余金の額に変更された。①式において，資本金等の額と税務純資産簿価のいずれも税務上の額であり，分子の交付金銭等の額は実際の支出額である。一方，②式において，資本金等の額と税務純資産簿価のいずれも税務上の額であるが，分子の減少資本剰余金の額は会計上の値であるという違いがある。変更前後の相違点を比較するために，つぎの設例により確認する。

〔設例1〕
- A社の貸借対照表の純資産の部の構成は以下に示すとおりである。
- A社の発行済株式総数：600,000株

- 資本金と資本剰余金の合計額は税務上の資本金等の額に一致し，利益剰余金の額も利益積立金額に一致するものとする。
- A社は20％の減資を実施し，金銭14,400,000円を交付するとともに，資本剰余金12,000,000円を減少させた。

〔図表5-1〕設例における制度改正前後の図解

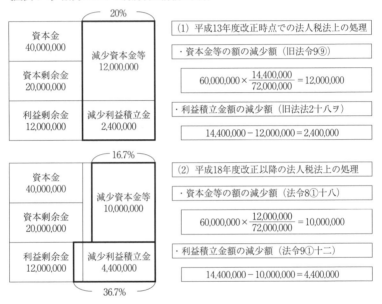

　分子を交付金銭等の額とする場合，資本金等の額の減少額は12,000,000円，利益積立金の減少額は2,400,000円となり，ともに減少割合は20％となる。一方，分子を法人が減少させた資本剰余金の額とする場合，資本金等の額の減少額は10,000,000円，利益積立金額の減少額は4,4000,000円となり，資本金等の額の減少割合は16.7％，利益積立金額の減少割合は36.7％となる。分子が交付金銭等の額から減少資本剰余金の額に変更されたことにより，この設例においては，資本金等の額と利益積立金の減少額につき，制度改正の前後でそれぞれ2,000,000円の差異が生じることにな

る。

　平成13年度改正時の規定では，分子は交付金銭等とされており，法人の経理処理にかかわらず，資本金等の額と利益積立金額の全体について，完全な形でのプロラタ計算が適用されていた。平成18年改正以後の規定では，分子は減少した資本剰余金の額とされることから，変形プロラタ計算が適用されることになり，そこには同額の金銭支出であったとしてもそのうちにどれだけの資本剰余金を充当するかという法人の経理処理の違いが反映される。ただし，交付金銭等の額と減少資本剰余金の額が一致する場合，すなわち，交付金銭等の全額が資本剰余金の減少による場合には，前述の差異は生じないこととなり，税務貸借対照表の純資産の部全体におけるプロラタ計算が貫徹されることになる。

　この方法では，交付金銭等の全額を資本剰余金によった場合でも，必ず利益積立金額の減少が生じることになり，換言するならば，利益剰余金すなわち未配当の利益が存在する場合には，税務上は資本金等の額のみを払い戻すことを認めないに等しい。これは，法人の資本剰余金の減少という経理処理が反映されるものの，必ずしもそれを尊重したことにはならないと思われるが，このような取扱いを定めた根拠はいかなるものであろうか。

　同様の問題は現行制度内部においても存在しており，残余財産の一部分配の場合と，剰余金の配当の場合とで計算式が異なるのである。

2　プロラタ計算の検討

　平成13年度税制改正前は，減資を行う場合，資本積立金額と利益積立金額のいずれを減少させるかは，法人の任意であった。当時，減資の場合のみなし配当の計算について，「法人が法人税法第24条第1項第1号又は第2号（減資等の場合の配当等の額とみなす金額）に掲げる資産の交付を受けたことにより同項の規定によるみなし配当の額を計算する場合において，同項に規定する合計額が当該合計額のうち当該資産を交付する法人の資本の金額（出資金額を含む。）から成る部分の金額を超えるときは，その超える部分の金額が資本積立金額又は利益積立金額のいずれから成るかは，当

該交付する法人の計算による。」とされていたのである（改正前法人税法基本通達 3-1-8）。

　株主は平等に資本金等の額及び利益積立金額を有しており，特定の株主を対象とする減資に対して，その全部に資本金等の額又は利益積立金額を充てることとすると，他の株主はその部分に関する持分を喪失することになり，将来の譲渡所得が増加又は減少することになるため，株主間のバランスを欠くことになるが，全株主に等しく減資されるのであればこのような問題は生じないことが指摘されている（武田 [1999] 18-19 頁）。すなわち，前述の取扱いは，全株主に均等に減資が行われることを前提としているというのである。

　その後，平成 13 年度税制改正において，組織再編税制の整備に伴い，プロラタの思考が導入され，減資により減少する資本等の部分を計算することとなった。プロラタ計算の導入根拠は，法人が減資を実施する場合に資本剰余金のみを減少させることにより，利益積立金額の減少によるみなし配当課税を遅延させることによる租税回避を防止するというものである（成道 [2003] 145 頁）。

　この点について，株主の拠出部分の金額と法人が稼得した部分の金額を峻別して，両者を混同しないようにするという考え方に基づいているものであると説明される（朝長 [2001] 32 頁）。しかし，この説明では，純資産プロラタが採用されなければならない根拠を説明していることにはならないと思われる。

　現行規定において，特定の株主のみを対象とした有償減資は，みなし配当事由に係る自己株式の取得として取り扱われ，その場合の資本金等の減少額はつぎの算式により求められる（法人税法施行令第 8 条第 1 項第 20 号）。

$$資本金等の額の減少額＝直前の資本金等の額 \times \frac{取得した自己株式数}{直前の発行済株式総数}$$

　＊　直前の資本金等の額が 0 以下である場合には，0 とする。

第4章　減資に関わる課税関係の検討　111

〔設例2〕

- A社の貸借対照表の純資産の部の構成は，〔設例1〕と同様であり，以下に示すとおりである。
- A社の発行済株式総数は，600,000株である。
- 資本金と資本剰余金の合計額は税務上の資本金等の額に一致し，利益剰余金の額も利益積立金額に一致するものとする。
- A社は120,000株（発行済株式総数の20％）の自己株式を14,400,000円にて取得した。

〔図表5-2〕設例の図解

	20%	
資本金 40,000,000	減少資本金等 12,000,000	・資本金等の額の減少額
		$60,000,000 \times \dfrac{120,000株}{600,000株} = 12,000,000$
資本剰余金 20,000,000		
		・利益積立金額の減少額
利益剰余金 12,000,000	減少利益積立金 2,400,000	$14,400,000 - 12,000,000 = 2,400,000$

　600,000株のうちの120,000株，すなわち20％の自己株式を取得した場合，プロラタ計算が行われることになり，現行制度における減資の場合とは異なる計算構造になっていることがわかる。

　ここで，そもそもみなし配当について課税理論に立ち返って考えてみる必要があるだろう。本来，みなし配当は，法人株主において受取配当等の益金不算入（法人税法第23条）とされるべきもの，個人株主において配当控除（所得税法第92条）とされるべきものであり，個人株主において課税清算がなされる性質のものである。

　増資の形態には，新株発行による実質的増資と，準備金や剰余金を資本金に振り替える形式的増資の2種類に大別され，後者はさらに，つぎのように分類される。

① 資本準備金 → 資本金
② 資本剰余金 → 資本金
③ 利益剰余金 → 資本金

①および②については資本金等の額内部での移動であるから，税務上の問題は生じないが，③については法人税課税済ではあるものの株主における課税清算が済んでいないために，その取扱いが問題となる。

これについては，かつてみなし配当課税がなされ，その是非が議論されてきた（渋谷［1997］14-29頁，大島［2007］68頁）ところであるが，平成13年度税制改正により，資産の交付を伴わないみなし配当課税は廃止され，資本金等の額から資本金額を控除した差額としての概念であり，現在は廃止されている資本積立金額を減少させる取扱いに変更された。この改正により，資本積立金額がマイナスになるという事態が起きうることになった。

〔設例3〕
• B社の貸借対照表の純資産の部の構成は以下に示すとおりである。
• 資本金と資本剰余金の合計額は税務上の資本金等の額に一致し，利益剰余金の額も利益積立金額に一致するものとする。
• B社の発行済株式総数は10株，発行価格は1株あたり160円である。
• B社が90円の減資あるいは配当を実施するとき，つぎの①から③のケースについて課税関係を検討する。
① 利益剰余金90円を減少させる
② 資本剰余金90円を減少させる
③ 資本剰余金45円，利益剰余金45円を減少させる

この3つのケースについて，払戻し原資が資本金，資本剰余金（便宜的に資本積立金と表示），利益剰余金（利益積立金）のどの部分から構成されるのかを示したものがつぎの図である。

第4章　減資に関わる課税関係の検討　113

〔図表5-3〕設例における3つのケースの図解

		ケース①	ケース②	ケース③
		資本剰余金 0 利益剰余金90	資本剰余金90 利益剰余金 0	資本剰余金45 利益剰余金45
B/S				
資産 1,800	資本金 800			
	資本積立金 800		資本金等80	資本金等40
	利益積立金 200	利益積立金90	利益積立金10	利益積立金50
10株@160（時価@180）		・減少資本金等の額（資本金等の額× $\frac{減少資本剰余金}{純資産簿価}$ ）		
		按分計算 なし	$1,600 \times \frac{90}{1,800} = 80$	$1,600 \times \frac{45}{1,800} = 40$

現行の按分計算式を簡潔に示せば，つぎのとおりである。

$$資本金等の額 \times \frac{減少資本剰余金の額}{税務純資産簿価}$$

　現行の減少資本剰余金を基礎とする按分方式は，ケース①から③における支払原資としての資本剰余金と利益剰余金の割合の違いを反映させることができる。ケース②とケース③の資本金等の額の減少額と利益積立金額の減少額はつぎのとおりとなる。

114

〔図表 5-4〕 設例におけるケース②とケース③のより詳細な図解

		・ケース②
資本金 800	5% 減少 資本金等 80	・資本金等の額の減少額
資本剰余金 800		$1,600 \times \dfrac{90}{1,800} = 80$
利益剰余金 200	減少 利益積立金 10	・利益積立金額の減少額
		$90 - 80 = 10$

		・ケース③
資本金 800	2.5% 減少 資本金等 40	・資本金等の額の減少額
資本剰余金 800		$1,600 \times \dfrac{45}{1,800} = 40$
利益剰余金 200	減少 利益積立金 50	・利益積立金額の減少額
	25%	$90 - 40 = 50$

　ケース①では全額が利益積立金額の減少となり，ケース②では資本金等の額と利益積立金額の減少は5％のプロラタ按分となるが，ケース③では資本金等の額の減少割合は2.5％であるのに対し，利益積立金額のそれは25％となり，プロラタが崩れることになる。このような三者三様の取扱いを定めることには必ずしも合理性あるいは必要性があるようには思われない。むしろ，それは原資としての資本剰余金と利益剰余金の割合を操作する誘因を引き起こすことにさえなる。

　〔設例3〕において，株主XがB社の発行済株式総数10株のうちの2株を当初の株主から1株180円で取得した場合の株主Xにおける課税関係に目を向けてみると，B社が90の原資をどのように決定するかによって，株主Xにおける課税関係に変化が生じることがわかる。源泉徴収を無視して単純化し，さらに，受取配当等の益金不算入割合を100％とした場合の課税所得金額はつぎのように整理される。

第4章　減資に関わる課税関係の検討　115

〔図表 5-5〕株主 X における課税関係

項　目	ケース①	ケース②	ケース③
収受する金銭等の額	$90 \times \dfrac{2株}{10株} = 18$	$90 \times \dfrac{2株}{10株} = 18$	$90 \times \dfrac{2株}{10株} = 18$
資本金等の額の減少額	0	$80 \times \dfrac{2株}{10株} = 16$	$40 \times \dfrac{2株}{10株} = 8$
利益積立金の減少額	18	$18 - 16 = 2$	$18 - 8 = 10$
有価証券の譲渡原価	0	$360 \times \dfrac{80}{1,800} = 16$	$360 \times \dfrac{40}{1,800} = 8$
受取配当金額・みなし配当金額	18	2	10

　有価証券の譲渡損益はいずれのケースでも 0 となり，この点についての相違はない。しかし，受取配当金については，みなし配当額に違いが現れる。そのため，受取配当金の益金不算入割合が 100％でない場合には，株主における所得金額に相違が生じることになるため，みなし配当額が少なくなるように，すなわち，利益積立金額の減少を少なくするというバイアスがかかることになる。

　法人擬制説によれば，受取配当金の益金不算入割合は 100％であって然るべきであるが，二重課税調整が完全には実施されない現状において金銭等の支払原資の配分に対する中立性を満たすという観点からは，ケース①から③のすべてを統合する方法を考えなければならない。すなわち，つぎの算式のごとく，通常の配当も含めてすべて交付金銭プロラタにするのである。

$$資本金等の額 \times \frac{交付金銭等又は配当の額}{税務純資産簿価}$$

$$= 1,600 \times \frac{90}{1,800} = 80$$

　なお，利益剰余金を原資とする通常の配当については，配当後に株主からの出資があったと考えればよい。このように，減資のみならず，自己株

式の取得，そして配当までを広く資本の払戻しと捉えて，すべてにプロラタ計算を徹底することにより，いずれの経済行為についても中立的な課税関係を構築することが可能となる。

Ⅵ　利益積立金額がマイナスの場合の特殊性

1　新たな問題

利益積立金額がマイナスになるという事態は，組織再編税制の適用があった場合や，利益積立金額を上回る配当が行われた場合に生ずる。税務貸借対照表における資本金等の額，利益積立金額，純資産帳簿価額の各々の値の正負により，減少することとなる資本金等の額がどのように計算されるかを示すとつぎのとおりとなる。

〔図表6-1〕減少資本剰余金割合の類型

	資本金等の額	利益積立金額	純資産簿価	資本金等額の減少額
①	＋	＋	＋	資本金等の額 × $\dfrac{減少資本剰余金}{簿価純資産}$
②	＋	△	＋	資本金等の額 × $\dfrac{減少資本剰余金}{簿価純資産}$
③	＋	△	△	資本金等の額 × 1
④	△	＋	＋／△	0
⑤	△	△	△	0

＊　＋は正の金額，△は負の金額を示す。

ここで問題となるのが，利益積立金額がマイナスとなりながら純資産簿価は正の値となる②の組合せである。プロラタ計算については，資本剰余金と利益剰余金を区別する観点から合理的であるとされるが，これにより生じうるマイナスの利益積立金額の存在については，法人税課税が未完了である配当所得を認識することが問題であるとの指摘がある（大島［2007］78頁）。

第4章　減資に関わる課税関係の検討　117

〔設例4〕

- C社の貸借対照表の純資産の部の構成は以下に示すとおりである。
- C社は，マイナスの利益積立金額が存在する状況において，資本剰余金180と利益剰余金100を原資とする減資を実施し，交付金銭280を支出した。

〔図表6-2〕設例における会計上と税務上の各数値の図解

会計上のB/S	
資本金 1,000	
資本剰余金 200	減少資本剰余金 180
利益剰余金 600	減少利益剰余金 100

税務上のB/S	
資本金等の額 2,000	減少払戻等対応資本金等 200
利益積立金 △200	減少利益積立金 80

　分子を減少資本剰余金とする計算式によれば，資本金等の額の減少額はつぎのように計算される。

$$2,000 \times \frac{180}{1,800} = 200$$

　このとき，利益積立金の減少額は，つぎの算式により求められる。

$$280 - 200 = 80$$

　みなし配当額については，株式の発行法人から交付された金銭等の額の合計額が，当該法人の資本金等の額のうち交付の起因となった株式等に対応する部分の金額を超えるときは，その超える部分の金額であると規定され（法人税法施行令第24条第1項），計算式はつぎのとおりとなる。

みなし配当の額＝

交付金銭等の額－資本金等の額 × $\dfrac{\text{資本の払戻しにより減少した資本剰余金の額}}{\text{前期末税務純資産簿価}}$

　したがって，この場合におけるみなし配当額は，つぎのように計算される。

$$280 - 2{,}000 \times \frac{180}{1{,}800} = 80$$

　このように，減少資本剰余金 180 を超える払戻等対応資本金額等 200 が計算されることになる。この差額 20 は本来みなし配当となるべき部分からの減少となるものであり，減少払戻等対応資本金等の額が利益積立金額部分に食い込むという問題を惹起する。

　一方，分子を交付金銭等とする計算式によれば，減少資本金等の額はつぎのように計算される。

$$2{,}000 \times \frac{280}{1{,}800} = 311.11$$

　311.11 という金額は，減少払戻等対応資本金等の利益積立金額部分への侵食をより拡大することを示しており，さらに，交付金銭の額を超過している。払戻等対応資本金額等の計算において，分数式の分子を交付金銭等の額から減少資本剰余金の額に変更した改正は，マイナスの利益積立金額が存在する状況でのこの侵食問題を軽減する効果を有する。しかし，その軽減効果は相対的なものであり，本質的な解決に繋がるものではないため，この問題に対する根本的な対応が必要となることを示唆している。

　一つの方法として，つぎの式に示すように，分数式の分子は減少資本剰余金の額としたうえで，資本金等の額からマイナスの利益積立金額を控除することが考えられる。

$$(2,000-200) \times \frac{180}{1,800} = 180$$

このとき，払戻等対応資本金額等の計算における分数式の分子を交付金銭等としてしまうと，交付金銭等の全額が資本金等の額から構成されることとなるため，前述の侵食問題を解決できないばかりか，状況を悪化させてしまう。この事実は，交付金銭等によるプロラタとマイナスの利益積立金額の控除という対応が相容れないものであることを示している。

この問題についてさらに検討を行うべく，注目に値する裁判例を取り上げて検討を行うこととする。

2 事案の概要（2017年（平成29年）12月6日東京地裁判決，平成27年（行ウ）第514号）

連結親法人である内国法人が，完全支配する外国子会社（米国デラウェア州法に基づいて設立されたLLC）から，資本剰余金約1億ドル（約79億5,100万円）および利益剰余金約5億4,400万ドル（約432億5,344万円）を原資とする合計約6億4,400万ドル（約512億444万円）の剰余金の配当を収受し，資本剰余金からの配当について1円の備忘価格を付したうえで関係株式の帳簿価額約208億6,980万円との差額約129億1,880万円を関係会社株式評価損として損金とするとともに，利益剰余金からの配当約432億5,344万円の益金不算入割合95％に相当する約410億円を益金不算入として申告した。なお，原告の会計処理における関係株式評価損は法人税法における取扱いとしては有価証券譲渡損となる。

これに対し，所轄京橋税務署長は，資本剰余金からの配当と利益剰余金からの配当の決議は別々に行われているものの，これらの配当の効力が同日に発生していることから，全額を資本の払戻し（法人税法第24条第1項第4号）に該当するとして，資本剰余金配当に係る関係株式譲渡損を約41億円，利益剰余金配当に係る益金不算入額を約327億円と算定し，法人の平成25年度の連結所得金額を約80億円増額する課税処分を行ったところ，原告法人が課税処分の取り消しを求めて出訴したものである。

3 判 旨

東京地方裁判所は,「剰余金の配当（資本剰余金の額の減少に伴うものに限る）」（法人税法第24条第1項第4号）とは,資本剰余金のみを原資とする剰余金の配当および資本剰余金と利益剰余金双方を原資とする剰余金の配当の両方を意味すると判示し,この点は被告である課税庁側の主張に沿ったものである。

しかし,同地裁は,利益剰余金を原資とする部分の剰余金の配当が「株式又は出資に対応する部分の金額」（法人税法第24条第1項）に含まれて「有価証券の譲渡に係る対価の額」（法人税法第61条の2第1項第2号）として認識され,法人税の課税を受けることになる事態は,受取配当等を原則として益金不算入とする法人税法において予定されていないと解されるとの判断を下している。

そして,このような理解に基づき,法人税法施行令第23条第1項第4号（株式又は出資に対応する部分の金額の計算方法の規定）により計算すると剰余金の配当直前の利益積立金額がマイナスである場合には,減少した資本剰余金の額を超える「払戻し等の直前の払戻等対応資本金額等」が算出されることになるため,剰余金の配当が資本剰余金と利益剰余金の双方を原資とするものである場合には,利益剰余金を原資とする部分の剰余金の配当の額が「払戻し等の直前の払戻等対応資本金額等」に混入することとなり,ひいては「株式又は出資に対応する部分の金額」に混入することを同地裁は指摘し,減少した資本剰余金の額を超える「払戻し等の直前の払戻等対応資本金額等」が算出される結果となる状況の限りにおいて,法人税法施行令第23条第1項第4号は法人税法の委任の範囲を逸脱した違法なものとして無効であるというべきであり,この場合の「払戻し等の直前の払戻等対応資本金額等」は剰余金の配当により減少した資本剰余金の額と同額の約1億ドルとなるものと解するのが相当であるとの判断を下した。

その結果,本件について,「払戻し等の直前の払戻等対応資本金額等」約2億1,000万ドルが資本剰余金配当と利益剰余金配当により減少した資

本剰余金1億ドルを超えていることなどから，被告京橋税務署長が約4億3,300万ドルを主張していたみなし配当額は約5億4,400万ドルに修正され，本件の利益配当の額と同額になるとして，課税処分の全部を取り消した[6]。

　なお，株式又は出資に対応する部分の金額は，前述のとおり，つぎの算式により計算される。

　　資本の払戻部分の額＝

　　払戻等対応資本金額等×$\dfrac{\text{株主が直前に有していた払戻法人の払戻し等に係る株式の数}}{\text{払戻法人の払戻し等に係る株式の総数}}$

　　＊払戻等対応資本金額等＝

　　払戻直前資本金額等×$\dfrac{\text{払戻しにより減少した資本剰余金の額等}}{\text{資本の払戻し等の前事業年度終了時の純資産帳簿価額}}$

この事例における数値は，つぎのように計算される（分数式は1を上限）。

　　資本の払戻部分＝約2.1億ドル＊×100％＝約2.1億ドル

　　＊　払戻等対応資本金額等＝約2.1億ドル×$\dfrac{\text{約1億ドル}}{\text{約9,700万ドル}}$

　　　　　　　　　　　　　　　＝約2.1億ドル

4　考　　察

　本判決は法規定の基本的な解釈としては，課税当局側の主張を認めているものの，本件における結論として原告法人実質勝訴との判断を下している。ここで注目すべきは，利益積立金額がマイナスの状態で行った配当について，法令は無効であるとしている点である。そして，このような法令無効の場合，払戻等対応資本金等の額は，減少した資本剰余金と同額になるものとすべきであるとの判断を下している。

　この事例において，資本金を0ドルとし，分子を交付金銭等とするプロ

───────────────
[6]　　本件判決後，被告は上告している。

ラタ計算を適用すると，以下の計算式となる。

$$払戻等対応資本金額等 = 2.1 億ドル \times \frac{6 億 4,000 千万ドル}{約 9,700 万ドル}$$

$$= 2.1 億ドル$$

つまり，分子が交付金銭等の額であっても減少資本剰余金の額であって
も，分数式の上限が1とされる以上，計算される減少資本金等の額は同じ
になる。したがって，問題はプロラタかどうか，すなわち，減少させる資
本金等の額に乗ずる分数式の分子を交付金銭等とするか減少資本剰余金の
額とするかという問題とは別に，マイナスの利益積立金額を前提とした減
資の課税関係をどのように規律するかにある。

〔設例6-1〕において，この判決に倣って減少資本金等の額を減少資本剰
余金額180とするのであれば，減少払戻等対応資本金等の利益積立金額部
分への侵食を拡大させる問題は回避されることになる。

Ⅶ　おわりに

平成18年度税制改正により，それまで商法との資本金に係る不一致を
調整する機能を果たしていた[7]資本積立金を廃止して資本金と合わせた資
本金等の額を定めた。法人税法の立場からは，資本金と資本積立金の各々
に関心があるのではなく，株主からの払込金という意味での資本金等の額
が把握できていればよいということである。

現行制度における減資に係る課税規定において，減少資本金等の額の計
算式の根拠が不明瞭であり，資本剰余金のみを減資とする配当を行った場
合でも，必ず利益積立金額の減少が認識されることの合理性が明らかでは

---

(7)　資本積立金のマイナスという取扱いは，商法会計と税務会計との調整手段として
利用した嚆矢は，配当可能利益および利益準備金の資本組入（改正前商法第293
条の2，293条の3）であったが，この時点は，資本金等の額そのものがマイナ
スになることはなかったとされる（大島［2007］70頁）。

ないばかりか，減資に際して交付金銭等の原資のうちに占める資本剰余金の割合をできるだけ少なくするというバイアス，配当よりも減資を選好するバイアスが存在することに加えて，マイナスの利益積立金額が存在する場合における問題があることが明らかとなった。

規定のありようとしては，つぎの3つの方策が選択肢となりうるものと考えられる。

① 会社法の取扱いを税法も容認し，資本剰余金のみの配当について，資本金等の額のみを減少させる（大島［2004］94頁）。しかし，この方法は前述のバイアスが避けられない。

② 利益積立金額から優先的に配当があったものとする。ただし，資本取引と損益取引の自由が失われる。税務上混同されなければよいのであり，税法が順番を指定する必要性はないと思われる。

③ 利益剰余金を原資とする配当についても，資本金等の額の減少を認識する。

このような考え方を敷衍し，資本金等の額の払戻しと利益積立金額の払戻しの中立性を満たすという観点から，配当も資本の払戻しもすべてプロラタ計算という方法を採用するべきであるという考えも，実践上の困難さはあるとしても，理論的には十分な合理性をもって成り立つ。このようにすれば，株式1株に属する利益と資本が常に発行会社の資本構成と連動し，株主間の公平にも資することになる。

ただし，これまでの検討により，利益積立金がマイナスとなっている場合には，プロラタ計算では対応できないことが明らかとなっている。そのため，減少資本金等の額を減少資本剰余金額とすることにより，浸食問題を解消する適切な方法ではあるが，利益積立金額がマイナスである状況でみなし配当が生じるという前提については，将来の所得を先食いすることになり（鈴木［2005］114頁），その妥当性について別途検討が必要になる点であろう。

【参考文献】

安藤英義［1998］「アメリカで揺らぐ資本概念」『會計』第153巻第1号，1-13頁。

安藤英義［2002］「商法における資本制度の揺らぎと「資本の部」の表示」『會計』第162巻第2号，1-14頁。

安藤英義［2006］「資本概念の変化―資本概念をめぐる商法と会計の離合の歴史」『企業会計』第58巻第9号，18-25頁。

安藤英義［2009］「会社法における資本概念の崩壊と税務会計」『税経通信』第64巻第1号，41-47頁。

大島恒彦［2003］「改正税法における資本積立金・利益積立金ならびにみなし配当問題」『租税研究』第644号，51-64頁。

大島恒彦［2004］「減資その他における積立金処理について」『租税研究』第656号，81-97頁。

大島恒彦［2007］「マイナスの「資本金等の額」とみなし配当問題」『租税研究』第697号，67-82頁。

紙博文［2012］「資本取引とは何か」『會計』第181巻第3号，368-382頁。

金子宏［2010］「法人税における資本等取引と損益取引―『混合取引の法理』の提案―」『租税研究』第723号，7-24頁。

小山真輝［2009］「配当に関する税制の在り方―みなし配当と本来の配当概念との統合の観点から―」『税務大学校論叢』第62号，1-96頁。

黒田宣夫［2009］「会社法上の剰余金の配当と法人税法上のみなし配当について」『千葉経済論叢』第40号，1-19頁。

財務省［2015］『平成27年度税制改正の解説』。

渋谷雅弘［1997］「自己株式の取得とみなし配当課税」『租税法研究』第25号，14-28頁。

鈴木一水［2005］「増減資・自己株式等の資本等取引に係る課税上の諸問題」『租税研究』第669号，106-115頁。

武田昌輔編［1979］『DHC コンメンタール法人税法』第一法規。

武田昌輔［1999］「減資等の場合のみなし配当雑観」『税経通信』第54巻第15号，17-21頁。

朝長英樹［2001］「会社組織再編成に係る税制について（第3回）」『租税研究』第621号，31-50頁。

中村利雄［1998］「株式の利益消却の場合のみなし配当金額の計算」『税理』第41巻第1号，20-26頁。

成道秀雄［2003］「増資・減資と資本積立金額及び利益積立金額」『日税研論集』第53号，99-151頁。

成宮哲也［2017］「中小法人の定義及び範囲」『税務会計研究』第28号，1-15頁。

日本税理士会連合会［2016］『中小法人の範囲と税制のあり方について』（平成27年度税

制審議会答申）（平成 28 年 3 月）。

安田忍［2006］「会社法会計における「資本・利益の区分の原則」」『金沢学院大学紀要
　　（経営・経済・社会学編）』第 4 号，43-53 頁。

吉田昴［1952］「資本減少の法的考察」『税経通信』第 7 巻第 15 号，108-115 頁。

• 本研究は JSPS 科研費 16K04007 の助成を受けたものである。

純資産の部の総合的検討

第5章　欠損塡補，剰余金の配当

立教大学教授　坂本　雅士

I　はじめに

　商法および会社法，それに対応した法人税法の幾たびの改正を経て，会計上の資本金・資本剰余金と税務上の資本金等，および会計上の利益剰余金と税務上の利益積立金が乖離する傾向にある。資本と利益の区別は，会計と税務の双方にとって重要な課題であるが，区別を必要とする根拠が異なることがその背景にある。

　たとえば，企業会計原則および同注解では適正な利益計算および株主からの払込資本と留保利益を明示する観点から資本と利益の区別を要請している。これに対して，会社法はその委任する会社計算規則において資本剰余金と利益剰余金の区分を謳っているものの，利益準備金およびその他利益剰余金（繰越利益剰余金）の資本組入れや，その他資本剰余金によるマイナスのその他利益剰余金残高への補塡を認めている。また，その他資本剰余金からの配当も可能である。

　他方，法人税法では，公正な課税所得計算や課税済所得への再課税防止のために資本等取引と損益取引および資本金等と利益積立金の峻別を厳格に規定している。さらに株主への課税機会確保のためにみなし配当課税も

行っている。

　本稿では，欠損塡補，剰余金の配当について，資本と利益の区別に意識を置きながら会社法の取扱い，会計処理および税務処理を横断的に整理・検討する。

Ⅱ　欠損塡補と資本金等の額

1　欠損塡補に係る法務

　欠損塡補とは，欠損の額[1]を資本金や法定準備金の取崩額により相殺処理することをいう。前者は資本金をその他資本剰余金に組み替えて欠損に充当し[2]，後者は資本準備金をその他資本剰余金に組み替え欠損に充当するか，あるいは，利益準備金をその他利益剰余金に組み替えることにより行う。

　欠損塡補は，欠損の吸収という，資本金制度の趣旨にも沿うものであり[3]，拘束力の弱い剰余金，準備金および資本金という順序により行われる。

(1)　資本金・資本準備金の減少

　資本金の額を減少するには，株主総会の特別決議[4]を経て（会社法309②九，447①），債権者保護手続によって行う（会社法449①）。債権者保護手続とは債権者が減資に対して異議を申し述べる機会を与える手続である。

---

(1)　欠損の額とは，零と，零から分配可能額を減じて得た額のうち，いずれか高い額であり（会社法施行規則68，会社法309②九ロ），その他利益剰余金のマイナスのことである。この場合の分配可能額とは純資産の額から資本金および準備金の額の合計額を差引いた金額に，決算後分配可能額に生じた増減額を調整した金額になる（会社法446，461②）。

(2)　旧商法では，減資を「欠損てん補に充てる場合は，欠損てん補額」が減資の決議事項に含まれていた（旧商法375①三）が，会社法では減資と欠損塡補が切り離されている。減資によって発生したその他資本剰余金により欠損塡補する場合は，減資と剰余金の処分（会社法452）の組み合わせとして整理される。したがって，会社法上は無償減資しかなく，剰余金の配当を伴わない減資ということになる。

(3)　神田秀樹『会社法　第19版』弘文堂（2017年）301頁。

異議を述べることができる旨を官報に公告し，かつ知れている債権者には，各別にこれを催告しなければならない（会社法 449 ②）[5]。債権者が 1 か月を下回らない一定の期間内に異議を述べなかったときは，資本金の額の減少について承認したものとみなす（会社法 449 ④）[6]。債権者保護手続が必要なのは，資本金・準備金は会社の責任財産の基礎となる数字であり，会社債権者の利益に重大な影響が及ぶからである[7]。2006（平成 18）年の会社法施行により最低資本金制度が撤廃されたため，資本金の額を零にするまでの減資が可能となった（会社法 447 ②）。

　なお，資本金減少額の全額を欠損塡補に充てる場合は，定時株主総会の普通決議[8]が要件とされている（会社法 309 ②九括弧書き）。決議要件が緩和されている理由は，新たに分配可能な剰余金を発生させることもなく，株主に不利益をもたらすおそれがないからである。また，定時株主総会の決議に限定しているのは，欠損の額を正確に算定する必要から決算の確定時基準に合わせてその時点の欠損の額をとらえるためである。

　準備金の減少[9]の場合も，減資と同様に，株主総会の普通決議（会社法

---

(4)　特別決議とは，行使できる議決権の過半数（3 分の 1 以上の割合を定款で定めた場合はその割合以上）を有する株主が出席し，出席した株主の議決権の 3 分の 2（これを上回る割合を定款で定めた場合はその割合）以上の賛成によって決議する方法である（会社法 309 ②）。

(5)　次の事項を公告・催告で開示する（会社法 449 ②）。
- 資本金等の額の減少の内容
- 会社の計算書類に関する事項（詳細は会社計算規則 152 参照）
- 債権者が一定の期間内（1 カ月以上）に異議を述べることができる旨

(6)　債権者が異議を述べたときは，株式会社は当該債権者に対し，弁済し，若しくは相当の担保を提供し，又は当該債権者に弁済を受けさせることを目的として信託会社等に相当の財産を信託しなければならない（会社法 449 ⑤）。この弁済などの行為は，その債権者を害するおそれがないときは必要ない（同条但し書き）。資本金の額の減少の効力は異議申立ての手続が終了するまで発しない（会社法 449 ⑥）。

(7)　神田・前掲注(3) 300-301 頁。

(8)　普通決議とは，行使できる議決権の過半数を有する株主が出席し，当該株主の議決権の過半数の賛成によって決議する方法である（会社法 309 ①）。

448①）と債権者保護手続（会社法 449①）が必要である。その際，減少する準備金の額は，効力を生ずる日における剰余金の額を超えることはできない。また，株式の発行による増資を同時に実行する場合，効力発生日後の準備金の額が，効力発生日前の準義金の額を下回らないときは，取締役等によって決定することができる（会社法 448③）。なお，定時株主総会で決議する場合であって，かつ，減少額の全額を欠損填補に充てる場合には，減少により分配可能な剰余金が生じないため，債権者保護手続を省略することができる（会社法 449①但し書き）。この例外は，2005（平成 17）年改正前商法のもとで，債権者保護手続なしで準備金の使用が認められていた規律を引き継いだものである。よって，債権者保護手続が必ず要求される減資よりも先んじて行われるのが通常である。準備金についても，かつては資本金の 4 分の 1 に相当する額を下回る減少はできないとされていたが（旧商法 289②），この規制も撤廃されたため零まで減少することができる（会社法 448）。

　なお，減資については，以上の 2 つの手続のほかに最終的な手続として変更登記があり，減資の効力発生日後 2 週間以内に行う必要がある（会社法 915①）[10]。

(2) その他資本剰余金による欠損填補

　資本金の減少額を欠損填補に充当する場合は，減少した資本金の額をその他資本剰余金に振り替え（会社法 447，会社計算規則 27①一），利益剰余

---

(9)　準備金の減少手続を行うと，準備金の減少の効力発生日において，資本準備金からその他資本剰余金に（会社計算規則 26②，27①二），利益準備金からその他利益剰余金である繰越利益剰余金に振り替わる（会社計算規則 28②，29①一）。資本準備金から利益剰余金に，また，利益準備金から資本剰余金に振り替えることはできない。

(10)　登記にあたり，次の書類が必要となる（商業登記法 46，70）。
- 株主総会議事録などの資本金の額の減少の決議をしたことを証する書面
- 公告がされた官報と催告書の写し等の公告および催告（又は定款の定める方法による公告）をしたことを証する書面
- 異議を述べた債権者があるときは，弁済などを行ったことを証する書面又は資本金の額の減少をしても当該債権者を害するおそれがないことを証する書面

第5章　欠損填補，剰余金の配当　131

金のマイナスと相殺することになる。減資によって発生したその他資本剰余金を欠損填補に充てる場合は，剰余金の処分（会社法452）の手続きによる。資本金の減少の決議と剰余金の処分の決議をあわせて行うことになるが，両者は同時に行うことも，あるいは，期間をあけて行うことも可能である。

2　欠損填補に係る会計

(1)　発行会社の会計処理

　上述のとおり，資本金又は資本準備金，あるいはその両方を一旦，その他資本剰余金に組み替えてそこから利益剰余金のマイナスに充てるという整理になる。なお，資本剰余金の利益剰余金への振替は原則として認められない（企業会計基準第1号「自己株式及び準備金の額の減少等に関する会計基準」19項）[11]が，「負の残高になった利益剰余金を，将来の利益を待たずにその他資本剰余金で補うのは，払込資本に生じている毀損を事実として認識するものであり，払込資本と留保利益の区分の問題にはあたらない」（61項）とされており[12]，資本剰余金と利益剰余金の混同には該当しない。この場合の負の残高とは確定した決算におけるマイナスの額をいう。したがって，臨時株主総会で欠損填補を決議する場合は，直近の定時株主総会で承認された貸借対照表上の利益剰余金のマイナスが上限になり，定時株主総会で欠損てん補を決議する場合は，同じ定時株主総会で承認された貸借対照表上の利益剰余金のマイナスが上限になる。

　仕訳によって説明すると次のようになる。

---

(11)　その理由として，「資本金及び資本準備金の額の減少によって生ずる剰余金を利益性の剰余金へ振り替えることを無制限に認めると，払込資本と払込資本を利用して得られた成果を区分することが困難になり，また，資本金及び資本準備金の額の減少によって生ずる剰余金をその他資本剰余金に区分する意味がなくなる。」（60項）と説明されている。

(12)　もともと払込資本と留保利益の区分が問題になったのは，同じ時点で両者が正の値であるときに，両者の間で残高の一部又は全部を振り替えたり，一方に負担させるべき分を他方に負担させるようなケースであった（61項）。

（設例）

資本金 3,000 百万円の A 社が 1,000 百万円減資して，繰越利益剰余金△800 百万円を相殺する場合の会計処理

（単位：百万円）

資本金	1,000	／	その他資本剰余金	1,000
その他資本剰余金	800	／	繰越利益剰余金	800

〈資本準備金による欠損塡補〉

資本準備金	×××	／	その他資本剰余金	×××
その他資本剰余金	×××	／	繰越利益剰余金	×××

※　会計上は資本剰余金から利益剰余金への振替になる。

〈利益準備金による欠損塡補〉

利益準備金	×××	／	繰越利益剰余金	×××

※　会計上は利益剰余金の中での振替になる。

(2)　株主の会計処理

　株主の持分に変動はなく，純資産の中での振替に過ぎないため，会計処理は必要ない。また，株主の有する株式の帳簿価額に変動は生じない。

3　欠損塡補に係る税務

(1)　発行会社の税務処理

　減資は，資本金という計数の減少であり，税務上，資本金等の額に変動は生じない。資本金を減少させて，その他資本剰余金に振り替えた場合には，減少した資本金と同額だけ資本金等の額が増加する（法令8①十二）。これは資本準備金による欠損塡補の場合も同様である。したがって，欠損塡補により資本金が減少しても資本金等の額や利益積立金には変動はなく，所得にも影響はない[13]。株主に対する払戻しはなく，貸借対照表の純資産

の株主資本の中で振替が行われているに過ぎず，法人税法上は何もなかったものとして取り扱われ，法人税申告書の別表5(1)において調整が行われる。

(2) 株主の税務処理

剰余金の配当を伴わない資本金の計数の変動に過ぎないため，株主側においても課税関係は生じない。株主の有する株式の税務上の帳簿価額も変わらない。

(3) その他留意事項

ⅰ）欠損塡補に伴う無償減資の際の法人住民税減額措置

2015（平成27）年度税制改正により，法人住民税均等割の税率区分の基準となる額の算定上，資本金又は資本準備金の減少によって発生したその他資本剰余金による欠損塡補額を減算することとなった（地方税法23①四の五）。同様の考え方により，利益剰余金を原資に資本金を増額する無償増資については増額される。なお，本規定は，株式会社にのみ適用され，合同会社等の持分会社や協同組合等には適用されない。

本改正が適用されるのは，2015（平成27）年4月1日以降開始の事業年度の法人住民税均等割の計算からであるが，留意すべきは過去に行われた無償の増減資等もその計算上考慮されることである[14]。この加減算措置

---

(13) 税務上，資本金等の額および利益積立金額の増減規定に欠損塡補に関する定めがなく，欠損塡補の場合でも資本金等の額および利益積立金額に変動は生じない。

(14) 資本割の課税標準となる資本金等の額は，法人税法2条16号に規定する資本金等の額に対して，以下の調整を行った額となる（地方税法23①四の五）。

【無償増資】：加算

　平成22年4月1日以後，利益準備金又はその利益剰余金による無償増資の額

【無償減資等による欠損塡補】：減算

- 平成13年4月1日から平成18年4月30日までに行われた無償減資による欠損塡補額
- 平成18年5月1日以後に行われた資本金又は資本準備金の減少により発生したその他資本剰余金による欠損塡補額（その他資本剰余金として計上してから1年以内に損失の塡補に充てた金額に限る）

が適用される法人は，その増減資等の事実・金額を証明するため申告書に株主総会議事録等の添付が求められる[15]。また，会社法が施行された2006（平成18）年5月1日以降の損失の補塡については，資本金又は資本準備金の額を資本剰余金に振り替えてから1年以内に行う必要がある。

　なお，救済型の組織再編成として親法人（合併法人）が欠損を抱える子法人（被合併法人）を吸収合併（適格合併を前提）する際に，被合併法人で欠損塡補手続をした上で合併を行った場合には，上記規定は適用されない。被合併法人が合併前に行った無償減資による欠損塡補額は，合併後の合併法人において法人住民税の均等割の判定の際に，資本金等の額から控除することはできない（東京都主税局「法人事業税・法人都民税Q＆A【4 均等割について Q7】」）。

　ⅱ）外形標準課税の計算への影響

　2004（平成16）年4月1日以降開始する事業年度から法人事業税に外形標準課税が導入された。外形標準課税の対象は，事業年度終了の日現在における資本金の額又は出資金の額が1億円を超える法人である[16]。2010（平成22）年度税制改正により，欠損塡補のために無償減資した場合には，その金額が法人事業税の資本割の課税標準（資本金等の額）から控除される（地方税法72の21①）。よって，減資により欠損塡補を行い，期中に資本金が1億円以下になれば外形標準課税の対象外となる。

---

(15)　下記の書類を申告書に添付し，都道府県事務所及び市町村税務課に提出する。
- 平成13年4月1日から平成18年4月30日：株主総会議事録，債権者に対する異議申立の公告
- 平成18年5月1日から平成22年3月31日：株主総会議事録，債権者に対する異議申立の公告，株主資本等変動計算書
- 平成22年4月1日以後：株主総会議事録，株主資本等変動計算書

(16)　外形標準課税の課税標準は，資本金等の額に以下の税率を乗じて算定する。
- 平成27年3月31日以前に開始する事業年度：税率 0.21%
- 平成27年4月1日から平成28年3月31日までに開始する事業年度：税率 0.315%
- 平成28年4月1日から平成29年3月31日までに開始する事業年度：税率 0.525%

4 欠損塡補に係る会計と税務の調整

マイナスのその他利益剰余金をその他資本剰余金で補塡しても，税務上は資本金等による補塡はないものとされるため，資本金等が減少し利益積立金が増加することはない。よって，会計と税務との差異が生じることになる。

この場合，法人税申告書の別表5(1)において，会計上減少した資本剰余金を資本金等の額に加算し，補塡された欠損金はあるものとして利益積立金額をマイナス表示して調整を行うことになる。具体的には，別表5(1)の「Ⅰ利益積立金額の計算に関する明細書」において繰越損益金のマイナス残高を解消するとともに減少したその他資本剰余金への充当による利益積立金の減少を記載する。また，「Ⅱ資本金等の額の計算に関する明細書」にはその他資本剰余金の減少とともに利益積立金からの充当による資本金等の増加を記載することになる。

なお，このような取扱いは2001（平成13）年度税制改正によるものである。改正前の法人税法では，利益積立金額の規定において各事業年度の欠損金額は利益積立金額のマイナス項目として掲げられ，その括弧書きに「資本等の金額により補塡された金額を除く」とされていた（旧法法2十八ロ）。この場合，各事業年度の欠損金のうち利益積立金額からマイナスする欠損金額は，資本等により補塡された金額を除いた残りであり，企業会計上と等しくなる。

Ⅲ 剰余金の配当

1 剰余金の配当に係る法務

旧商法では，利益配当，中間配当，資本金および準備金の減少に伴う払戻し，自己株式の有償取得はそれぞれ個別に財源規制が課されていた。会社法では，株主に対して金銭等を払い戻す行為としては本質的に共通であることから，利益配当，中間配当，資本金および準備金の減少に伴う払戻

しをまとめて「剰余金の配当」とし，これに自己株式の有償取得をあわせて「剰余金の配当等」とひとまとめにしている。そして，剰余金の配当等を行う際には，剰余金の分配可能額の範囲内で実施するという，統一的財源規制をしている。

資本と利益の区別という観点からは，会社法はその委任する会社計算規則 76 条において純資産の部の「区分」を規定しており，そこでは資本剰余金と利益剰余金が挙げられている。よって，表示区分はあると考えられるが，上述のとおり，剰余金の配当における原資としての資本と利益の区別は無くなったといえる。

(1) 意　義

株式会社は株主に対して剰余金の配当をすることができる（会社法 453）。ただし，自己株式に対して剰余金の配当をすることはできない（同条括弧書き）。ここで剰余金とは会社がその事業活動の成果として得た利益（その他利益剰余金）と，株主の払込資本のうち債権者が流出を承認した部分（その他資本剰余金）によって構成され，その配当はいずれからも可能である（会社法 446 六）。前者は利益の配当であり，後者は資本の払戻しである。旧商法では資本系列の原資が混入することはなかったが，2001（平成 13）年の商法改正で議員立法によりその他資本剰余金が創設され，配当原資として用いることが可能となった。このような規制緩和措置が採られたのは経済界からの要望があったからである。1980 年代のバブル期に大量のエクイティ・ファイナンスが実施され多額の資本準備金が積み立てられたが，バブル崩壊後は配当原資に事欠くようになり，法定準備金を取り崩し配当原資に充てたいという経済界の要望が強まったことが商法改正を促進した[17]。

その他資本剰余金を原資にする場合，資本金の減少と，株主に対する払戻しは区別されているため，株主総会の特別決議を経て（会社法 447 ①），

---

[17]　大島恒彦「剰余金の配当をめぐる会計と税務の乖離問題」『租税研究』690 号（2007 年）23 頁，成道秀雄「剰余金の分配」『税研』134 号（2007 年）51-52 頁。

第5章　欠損填補，剰余金の配当　137

その後，会社法454条の剰余金の配当決議をとることになる。なお，減資の効力発生日よりも前に配当することはできない。これに対して剰余金の分配可能額がもともとあり，その範囲内で配当を行う場合にはこの制約はない。また，剰余金の配当は金銭のみならず，後述(3)の現物配当も認められている。

　剰余金の配当をする場合は，資本準備金と利益準備金の合計額が資本金額の4分の1に達するまで，配当額の10分の1を配当原資ごとにその他資本剰余金から資本準備金に，あるいは，その他利益剰余金から利益準備金に振り替える（会社計算規則22, 23）。なお，純資産額が300万円未満の場合は，剰余金があっても配当することはできない（会社法458）。これは最低資本金規制の撤廃と引き換えに設けられた財源規制であり，300万円とは旧法上の有限会社の最低資本金額である（旧有限会社法9）。剰余金の配当に関して内容の異なる2以上の種類の株式を発行しているときは，株式会社はその種類の株式の内容に応じて，株主に対する割当てに関する事項として，次に掲げる事項を定めることができる（会社法454②）。

 i)　ある種類の株式の株主に対して配当財産の割当てをしないこととするときは，その旨およびその株式の種類

 ii)　 i)に掲げる事項のほか，配当財産の割当てについて株式の種類ごとに異なる取扱いを行うこととするときは，その旨およびその異なる取扱いの内容

剰余金の配当は，従来の利益処分の一項目といった位置づけではなくなり，その配当が実施される都度，株主総会が行う（会社法454①）[18]。また，一定の要件を満たせば，取締役会で剰余金の配当を決議することもできる（会社法459①）。

---

(18)　配当にあたり，次に掲げる事項を定めなければならない（会社法454①）。
- 配当財産の種類および帳簿価額の総額
- 株主に対する配当財産の割当てに関する事項
- 当該剰余金の配当がその効力を生ずる日

(2) 中間配当

取締役会設置会社は，1事業年度の途中において1回に限り取締役会の決議によって剰余金の配当（いわゆる中間配当）ができる旨を定款で定めることができる（会社法454⑤）。これは2005（平成17）年改正前商法の中間配当制度を引き継いだ規制である。中間配当は，取締役会の決議によることとされており，また，配当財産が金銭であるものに限られている点で，その他の剰余金の配当とは異なる。

(3) 現物配当

金銭以外の財産を配当財産として配当することを現物配当という。会社法では，株主総会の特別決議により現物配当を行うことができる（会社法454④，309②十）。金銭の配当と比べ，現物配当は換金化に劣るため，特別決議を決議要件としている。現物配当を行うときは，株主総会の決議によって，次に掲げる事項を定めることができる（会社法454④）。

　ⅰ）　株主に対して金銭分配請求権（当該配当財産に代えて金銭を交付することを株式会社に対して請求する権利）を与えるときは，その旨および金銭分配請求権を行使することができる期間[19]

　ⅱ）　一定の数（基準株式数[20]）未満の数の株式を有する株主に対して配当財産の割当てをしないこととするときは，その旨およびその数

　株主に対して金銭分配請求権を与える場合は普通決議で足りるが，与えない場合は特別決議要件とされる（会社法309②十）。なお，株主に対して金銭分配請求権を与える場合は，金銭分配請求権を行使することができる期間の末日の20日前までに，株主に対して，上記ⅰ）の金銭分配請求権

---

(19)　上記期間の末日は「剰余金の配当がその効力を生ずる日」以前の日でなければならない（会社法454④）。よって，金銭分配請求権は，配当の効力発生日までしか行使することはできない。

(20)　基準株式数を定めた場合には，それに満たない株主に対して，会社法455条2項の規定により配当財産の価額として定めた額に，基準株式数に対する当該株主が保有する株式の割合を乗じた額に相当する金銭を支払わなければならない（会社法456）。

を与える旨およびその権利を行使することができる期間を通知しなければ
ならない（会社法454④一，会社法455①）。株式会社は金銭分配請求権を行
使した株主に対し，その株主が割当てを受けた配当財産に代えて，その配
当財産の価額に相当する金銭を支払わなければならない。この場合，次に
定める額をもってその配当財産の価額とする（会社法455②）。

ⅰ）　配当財産が市場価格のある財産である場合

　その配当財産の市場価格として法務省令で定める方法により算定され
る額

ⅱ）　ⅰ）以外の場合

　株式会社の申立てにより裁判所が定める額

2　剰余金の配当に係る会計

　企業会計では資本と利益を明確に区別しており[21]，また，剰余金の配当
における原資についても，その他資本剰余金からの配当か，その他利益剰
余金からの配当かにより会計処理が異なり，資本と利益とを明確に区別し
ている。

(1)　発行会社の会計処理

　資本金の減少額が払戻額（剰余金の配当の額）を超えることは問題ない。
その場合，資本金の減少額から払戻額を差し引いた残額をその他資本剰余
金に計上する。なお，発行会社は配当原資を速やかに公表することが望ま
しい（企業会計基準適用指針第3号「その他資本剰余金の処分による配当を受
けた株主の会計処理」16項）。これは，配当を受け取った株主側で適切な会
計処理をするためである（下記(2)参照）。

---

[21]　企業会計原則では「資本取引と損益取引とを明瞭に区別し，特に資本剰余金と利
　　　益剰余金とを混同してはならない。」（一般原則三）と定めている。また，同注解
　　　2には「資本剰余金は，資本取引から生じた剰余金であり，利益剰余金は損益取
　　　引から生じた剰余金，すなわち利益の留保額であるから，両者が混同されると，
　　　企業の財政状態及び経営成績が適正に示されないことになる。」とあり，資本と
　　　利益が明確に区別されている。

仕訳によって説明すると次のようになる。

（設例）　資本金 3,000 百万円の A 社が 1,000 百万円減資して，同額の配当
　　　　を行う場合の会計処理

（単位：百万円）

| 資本金 | 1,000 | ／ | その他資本剰余金 | 1,000 |
| その他資本剰余金 | 1,000 | ／ | 現預金 | 1,000 |

(2)　株主の会計処理

　現行の会計実務では，留保利益から配当を受けたときは受取配当金で処理し，払込資本の払戻しを受けたときは投資勘定の減額で処理することが多い。この処理は，投資成果の分配と投資そのものの払戻しを，支払側の配当の原資に従って区別することを意図している（10 項）。

　株主がその他資本剰余金の処分による配当を受けた場合，配当の対象となる有価証券が売買目的有価証券である場合を除き，原則として配当受領額を配当の対象である有価証券の帳簿価額から減額する（3 項）。配当の対象となる有価証券が売買目的有価証券である場合は，配当受領額を受取配当金（売買目的有価証券運用損益）として計上する（4 項）。売買目的有価証券の場合は，配当に伴う価値の低下が期末時価に反映され，評価差額が損益計算書に計上されているため，配当の原資にかかわらず収益計上することが適切と考えられているからである[22]。

　仕訳によって説明すると次のようになる。

————————————

(22)　成道・前掲注(17) 52 頁。

第5章　欠損填補，剰余金の配当　141

〈その他利益剰余金からの配当〉

　　　現預金　　　　　×××　／　受取配当金　　　×××

〈その他資本剰余金からの配当　…　ⅰ）〉

　　～　配当の対象となる有価証券が売買目的有価証券以外　～

　　　現預金　　　　　×××　／　投資有価証券　　×××

〈その他資本剰余金からの配当　…　ⅱ）〉

　　～　配当の対象となる有価証券が売買目的有価証券　～

　　　現預金　　　　　×××　／　受取配当金　　　×××

　前記ⅰ）の売買目的有価証券に係る定め以外の場合でも，以下の例のように配当受領額を収益として計上することが明らかに合理的である場合は受取配当金に計上できる（5項）[23]。

　ⅰ）配当の対象となる時価のある有価証券を時価まで減損処理した期における配当

　ⅱ）投資先企業を結合当事企業とした企業再編が行われた場合において，結合後企業からの配当に相当する留保利益が当該企業再編直前に投資先企業において存在し，当該留保利益を原資とするものと認められる配当（ただし，配当を受領した株主が，当該企業再編に関して投資先企業の株式の交換損益を認識していない場合に限る。）

　ⅲ）配当の対象となる有価証券が優先株式であって，払込額による償還が約定されており，一定の時期に償還されることが確実に見込まれる場合の当該優先株式に係る配当

　なお，配当金を計上する際に，その他利益剰余金の処分によるものか，その他資本剰余金の処分によるものかが不明な場合は，受取配当金に計上できる。その後，その他資本剰余金の処分によるものであることが判明し

---

(23)　配当金の認識は，「金融商品会計に関する実務指針」（日本公認会計士協会　会計制度委員会報告第14号）94項と同様である（6項）。

た場合には、その金額に重要性が乏しい場合を除き、その時点で修正する会計処理を行う（6項なお書き）。

(3) 現物配当

ⅰ）発行会社の会計処理

配当財産が金銭以外の財産である場合、配当の効力発生日（会社法454①三）における配当財産の時価と適正な帳簿価額との差額は、配当の効力発生日の属する期の損益として、配当財産の種類等に応じた表示区分に計上し、配当財産の時価をもって、その他資本剰余金又はその他利益剰余金を減額する（企業会計基準適用指針第2号「自己株式及び準備金の額の減少等に関する会計基準の適用指針」10項）。

仕訳によって説明すると次のようになる。

（設例）

配当原資を繰越利益剰余金として、保有している投資有価証券（帳簿価額5,000千円、時価8,000千円）を株主に現物配当した場合の会計処理

（単位：千円）

〈株主総会の決議日〉

繰越利益剰余金	8,000	／	未払配当金	8,000

〈配当財産の分配時（効力発生日）〉

未払配当金	8,000	／	投資有価証券	5,000
			特別利益	3,000

ただし、次のイ〜ニの場合には、配当の効力発生日における配当財産の適正な帳簿価額をもって、その他資本剰余金又はその他利益剰余金を減額する。この場合には損益を認識しない。なお、減額するその他資本剰余金又はその他利益剰余金については、取締役会等の会社の意思決定機関で定められた結果に従うこととする（10項）。

イ　分割型の会社分割（按分型）

ロ　保有する子会社株式のすべてを株式数に応じて比例的に配当（按分型の配当）する場合

ハ　企業集団内の企業へ配当する場合

ニ　市場価格がないことなどにより公正な評価額を合理的に算定することが困難と認められる場合

ⅱ）株主の会計処理

　株主が現金以外の財産の分配を受けた場合，企業結合に該当しないが，当該株主は，原則として，これまで保有していた株式と実質的に引き換えられたものとみなして，被結合企業の株主に係る会計処理に準じて処理する。なお，これまで保有していた株式のうち実質的に引き換えられたものとみなされる額は，分配を受ける直前の当該株式の適正な帳簿価額を合理的な方法によって按分し算定する（企業会計基準第7号「事業分離等に関する会計基準」52項）。具体的には，現物配当を行った会社別に，次のように処理する（35～37項）。

イ　子会社からの現物配当の取得価額は，株主が保有している株式の適正な帳簿価額とする。

ロ　関連会社およびその他の投資先からの現物配当の取得価額は，受入れ資産の時価とし，株主が保有している株式の帳簿価額との差額は，原則として，交換損益として認識する。

　また，子会社ではない投資先から現物配当を受けた場合は，受入れ資産の時価で評価するため，保有している有価証券との差額は交換損益とする。交換損益は，臨時的に生ずる損益であるため，原則として特別損益に計上する（145項）。

　仕訳によって説明すると次のようになる。

　　　　　　資産　　　　×××　／　投資有価証券　　　×××
　　　　　　　　　　　　　　　　　　交換損益（特別利益）　×××

3 剰余金の配当に係る税務

法人税法22条2項には「内国法人の…益金の額に算入すべき金額は，別段の定めがあるものを除き，資産の販売…その他の取引で資本等取引以外のものに係る当該事業年度の収益の額とする。」と定められており，資本と利益が区別されている。ここで資本等取引とは，法人の資本金等の額の増加又は減少を生ずる取引並びに法人が行う利益又は剰余金の分配（中間配当を含む。）および残余財産の分配又は引渡しのことであり（法法22⑤），それぞれ，「狭義の資本等取引」，「利益の分配等」と理解されている。それ自体は資本取引でない利益又は剰余金の分配を資本等取引に含めたのは，それらは課税済みであって損益取引といえないためである。

なお，利益又は剰余金の「分配」とあるのは，必ずしも利益処分という形式を重視するのではなく，実質的な分配であるか否かで資本等取引の判断を行うからだとされている。また，剰余金の分配には，剰余金の処分により配当又は分配したものだけではなく，株式等に対して出資者たる地位に基づいて供与した一切の経済的利益は資本等取引に含まれる（法基通1-5-4）。

(1) 発行会社の税務処理

Ⅲ1(1)で述べたとおり，2001（平成13）年の商法改正により資本剰余金からの利益配当の道が開かれた。これに対し，税務では従前と変わらない取扱いを継続し，資本準備金を原資とするものであっても利益積立金を取り崩したものとして扱っていた[24]。このことは旧法人税基本通達3-1-7の5において確認することができる。そこには「法人が受ける利益の配当が，商法第289条第2項《法定準備金の取崩し制限》の規定による資本準備金の取崩しにより生じたその他資本剰余金を原資として行われたものであっても，法第23条《受取配当等の益金不算入》の規定の適用があることに留意する。」とあり，商法上の利益の配当として処理する旨が示されていた。

その後，2006（平成18）年度税制改正により，「剰余金の配当（株式等に

係るものに限るものとし，資本剰余金の額の減少に伴うもの並びに分割型分割によるもの及び株式分配を除く。）」（法法23①一），「資本の払戻し（剰余金の配当（資本剰余金の額の減少に伴うものに限る。）のうち分割型分割によるもの及び株式分配以外のもの並びに出資等減少分配をいう。）」（法法24①四）と定められ，剰余金の配当のうち資本剰余金の減少に伴うものは，法人税法上本来の配当とはせずに，資本の払戻しとしてみなし配当の対象にすることが規定された[25]。この場合，資本剰余金の額の減少に伴う剰余金の配当について，払戻額のうち資本金等の額に対応する部分については資本金等の額を減算し，払戻額がそれを超えるときはその超過額について利益積立金額からの払戻しとみなして，みなし配当課税を適用することになる。

　なお，利益剰余金からの配当と資本剰余金からの配当をそれぞれ異なる

---

(24)　もっとも，その他資本剰余金を原資とする配当のすべてを利益剰余金の配当と同一視することには批判も多い。たとえば，垂井英夫「法定準備金制度改正のポイントと実務上の問題点」『税理』45巻13号（2002年）50頁には「借用概念の解釈について統一説に従って『利益の配当』を解釈すれば，配当所得の趣旨に基づく解釈が要請される。解釈論上商法の『利益の配当』の原資の中に資本準備金減少額を含む場合は，そこから，その減少額を除いた部分が所得税法上の配当所得を構成する『利益の配当』であると解すべきである」との記述がある。また，神田秀樹・武井一浩『新しい株式制度』有斐閣（2002年）54頁は「資本準備金を利益配当という形で払い戻した場合には配当課税になるが，有償減準備金で払い戻していればプロラタ課税であり，さらには解散時に払い戻していれば税金はかからない」と取扱いの矛盾を指摘している。成道・前掲注(17)53頁は「平成18年度税制改正前の資本積立金を取り崩しても利益積立金を崩したものとして扱うことは，場合によってはマイナスの利益積立金を生じさせることになり，あまりにも強引で計算上のマジックという感があった」と述べている。

(25)　財務省『平成18年度税制改正の解説』（財務省HP）262頁では，「今回，会社法の制定により，株式会社の株主に対する会社財産の払戻しについては，従前の利益の配当及び中間配当は利益剰余金を原資とする剰余金の配当と，株式の消却を伴わない資本の減少は資本金の資本剰余金への振替え及び資本剰余金を原資とする剰余金の配当と整理されたことを踏まえ，今後は，手続きではなく払戻し原資に着目することとし，払戻し原資が利益剰余金のみである場合には利益部分の払戻し（法法23①の配当等）と，払戻し原資に資本剰余金が含まれている場合にはそれ以外の払戻し（資本部分と利益部分の払戻し（法法24のみなし配当））と規律することとした」と説明されている。

配当決議として株主総会における決議事項を二つに区分し、配当原資となる利益剰余金および資本剰余金を同一の効力発生日に減少して剰余金の配当を行った場合は、利益剰余金の減少額を含めた全体が資本の払戻しに該当する。この点について争われた事例として、東京地判平成29年12月6日（平成27年（行ウ）第514号）、国税不服審判所平成24年8月15日（裁決事例集88集206頁）があるが、いずれも、課税の公平性の観点から恣意的な処理を排除するべきであり、その全額を資本の払戻しとして取り扱うとする判断に合理性を認めている。

　前掲東京地判における納税者の主張は、法人税法では資本と利益が厳格に峻別されているため、私法上別個独立した2つの行為は、租税法上も、別個独立の剰余金の配当という行為として解すべきであり、それぞれ別個の決議に基づき行われた場合は、納税者の選択した私法上の法形式は租税法上も尊重されるべきというものである。この場合、課税庁において課税の公平の観点からの対応が必要であるという理由で、これら2つの剰余金の配当の全額を資本の払戻しに該当すると解釈することは、明文の根拠に基づかずに納税者の選択した私法上の法形式を否認することであり許されない。これに対して、東京地裁は次のように判示し、課税庁による更正処分を適法とした。

　「法人税法24条1項3号の「剰余金の配当（資本剰余金の額の減少に伴うものに限る。）」との規定は、同法23条1項1号の「剰余金の配当（…資本剰余金の額の減少に伴うもの…を除く。）」との規定と対になった規定であり、このうち同法23条1項1号の規定が…利益剰余金のみを原資とする剰余金の配当を意味するものであることからすれば、その文理の論理的帰結として、同法24条1項3号の規定は、利益剰余金のみを原資とする剰余金の配当を除いた剰余金の配当、すなわち、資本剰余金のみを原資とする剰余金の配当及び資本剰余金と利益剰余金の双方を原資とする剰余金の配当を意味するものと解するのが自然である。」

　資本剰余金と利益剰余金を原資として剰余金の配当を行った場合には、

第5章 欠損塡補，剰余金の配当 147

資本金等の額の減少額と利益積立金額の減少額を，プロラタ（Pro Rata；按分）計算により，次のように区分計算する（法令8①十六，9①十一）。なお，事業年度終了の時から払戻直前までの間に，資本金等の額又は利益積立金額が増加又は減少するときは，前期末の簿価純資産額に対して資本金等の額又は利益積立金額（法令9①一又は六に掲げる金額）の変動額を加減算しなければならない（法令8①十六イ後段括弧書き）[26]。

減資資本金額 ＝ 払戻し直前の資本金等の額 ×

資本の払戻しにより減少した資本剰余金の額
―――――――――――――――――――――――
（前事業年度終了時の簿価純資産額）
（小数点3位未満切り上げ）

払戻額 － 減資資本金額 ＝ 利益積立金額の減少額（みなし配当）

（注）払戻し直前の資本金等の額が零以下である場合には算式中の分数の割合を零とし，払戻し直前の資本金等の額が零を超え，かつ，分母の簿価純資産額が零以下である場合は，算式の分数の割合を1とする。

―――――――――――――――――――――――

(26) 前掲東京地判では，プロラタ計算を定めた政令の違法性が指摘されている。東京地裁は，法人税法23条1項は，「利益剰余金を原資とする部分の剰余金の配当の額が，同法24条1項柱書きの『株式又は出資に対応する部分の金額』に含まれて同法61条の2第1項1号にいう有価証券の譲渡に係る対価の額として認識され，法人税の課税を受けることとなる事態を想定していないものと解される。」としたうえで，「同法（23条1項：筆者）の委任を受けて政令で定める上記『株式又は出資に対応する部分の金額』の計算の方法に従って計算した結果，利益剰余金を原資とする部分の剰余金の配当の額が上記『株式又は出資に対応する部分の金額』に含まれることとなる場合には，当該政令の定めは，そのような計算結果となる限りにおいて同法の委任の範囲を逸脱した違法なものとして無効であると解するのが相当である。」と判示した。
【追記】脱稿後，校了間際に東京高判令和元年5月29日（平成29年（行コ）第388号）に接した。東京高裁は，一審と同様に，プロラタ計算を定める政令を違法・無効と判断している。また，全体を「資本の払戻し」に該当すると判断していた一審判決をも覆し，納税者側の当初の主張を全面的に認め，国側の控訴を棄却した。

資本金等の額の減少（減資資本金額）と，交付金銭の額（払戻額）を比較し，後者の額が前者の額を上回る場合はその超過額について利益積立金額の減少として処理することになる。このように税務上において資本金等と利益積立金の区別が厳密に行われるのは，課税済所得の再課税と株主への課税機会喪失を回避するためである[27]。

仕訳によって説明すると次のようになる。

（設例）

当社は，ある会社の100％子会社である。資本金を3,000百万円減少してその他資本剰余金に計上し，親会社である株主に対して，減資により発生したその他資本剰余金を配当原資とする配当により同額の払戻しを行った。なお，減資資本金額は，2,800百万円である。

（単位：百万円）

資本金等の額	2,800	/	現預金	3,000
利益積立金額	200			

⑵　株主の税務処理

その他資本剰余金を原資とした剰余金の配当を受ける法人においては，資本金等の額の減少部分に対応する金額が株式の譲渡対価の額とされ，利益積立金額の減少部分に対応する金額（みなし配当の額）が受取配当金とされる。この金額については受取配当等の益金不算入規定の適用をうける（法法23①）。また，利益剰余金からの配当を受け取った場合は受取配当金として計上し，受取配当等の益金不算入規定が適用される（法法23①）。

法人が受ける剰余金の配当は配当の効力発生日の属する事業年度の収益とする（法基通2-1-27⑴イ）。配当落ち日に未収配当金を計上している場合であっても当該事業年度の益金の額に算入しない（同，注）。なお，発行法人は株主に対し，当該払戻し等に係る払戻割合を通知しなければならない（法令119の9②）。株主側の税務処理は支払通知書に基づき，次の内容に

---

(27)　鈴木一水「会計と税務の接点と乖離―資本等取引―」『税研』198号（2018年）78頁。

第5章 欠損塡補,剰余金の配当 149

従い行う。

- みなし配当 … 支払通知書から把握
- 株式の譲渡対価 … 払戻額から源泉徴収の対象である受取配当金（みなし配当）の額を差し引いて把握
- 株式の譲渡原価 … 払戻直前の所有株式の簿価に払戻割合を乗じた額（法法61の2⑰,法令119の9①）。

株主においては,株式の譲渡損か譲渡益のいずれかが生じることになる。仕訳によって説明すると次のようになる。

i) 譲渡損が生じるケース
現預金　　×××　／有価証券　　×××
株式譲渡損　×××　／受取配当金　×××

ii) 譲渡益が生じるケース
現預金　　×××　／有価証券　　×××
　　　　　　　　／受取配当金　×××
　　　　　　　　／株式譲渡益　×××

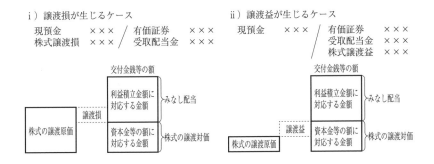

(3) 現物配当

利益剰余金から現物配当する場合には,金銭以外の資産の適正な時価相当額の利益積立金額を減算し,現物資産の帳簿価額と時価相当額との差額について,譲渡損益が認識される（法令9①八）。

資本剰余金から現物配当する場合には,資本金等の額の減算と利益積立金額の減算を認識する（法令8①十六,9①十一）。資本金等の額に対応する金額（減資資本金額）は,金銭以外の資産の価額の合計額を超える場合には,その超える部分の金額を減算した金額とする。一方,利益積立金額の減算額は,金銭以外の資産の価額が減資資本金額を超える場合におけるその超える部分の金額である。

⑷ 現物分配

現物分配とは，法人（公益法人等および人格のない社団等を除く）がその株主に対して，剰余金の配当又はみなし配当事由（法法24①三～六）により，金銭以外の資産を交付することをいう（法法2十二の六）。2010（平成22）年度税制改正により，企業組織再編税制の中に位置づけられた。次の要件（法法2十二の十五）を満たすことにより，適格現物分配として取り扱われ，税務上，帳簿価額により譲渡したものとして譲渡損益を計上しない（法法62の5③）[28]。なお，現物分配を行う場合，剰余金の分配規制が適用されるため，剰余金の分配可能額の範囲で行う点に留意すべきである。

［適格要件］

- 現物分配により資産の移転を受ける者（普通法人又は協同組合等に限る）がその現物分配の直前において現物分配をする内国法人（公益法人等および人格のない社団等を除く）との間に完全支配関係があること
- 現物分配を受ける株主が内国法人のみであること

ⅰ）現物分配法人の会計処理・税務処理

イ　会計処理

企業集団内の企業へ配当する場合には，配当の効力発生日における配当財産の適正な帳簿価額をもって，その他資本剰余金又はその他利益剰余金を減額する（企業会計基準適用指針第2号「自己株式及び準備金の額の減少等に関する会計基準」10項）。仕訳によって説明すると次のようになる。

---

(28) 完全子法人が完全親法人に適格現物分配を行った場合には，現物分配完全子法人はその資産の帳簿価額でもって利益積立金を減額する。その一方で，被現物分配完全親法人においては，適格現物分配の特則によって益金の額に算入しない（法法62の5④，法令123の6）。なお，ここでの現物は金銭以外の資産であればよく，完全親法人の自己株式であってもよい。適格現物分配を活用することにより，100％孫会社を100％子会社化することが容易にできる。非適格現物分配とされれば，現物分配完全子法人は現物の時価と帳簿価額との差額を損益に計上し，利益積立金を減額する。また，被現物分配完全親法人においては，受取配当等の益金不算入の規定を適用することになる（法法23①）。

その他資本剰余金 　　　×××　／　資産 　　　　×××
（又は，その他利益剰余金）

ロ　税務処理

完全支配関係がある法人間の場合は，適格現物分配として扱われるため，帳簿価額により被現物分配法人に譲渡されたものとして処理するので，所得に影響は生じない。

ⅱ）被現物分配法人の会計処理・税務処理

イ　会計処理

必ずしも分配側の原資によって決定されるわけではなく，原則として，交換等の一般的な会計処理に準じて，保有していた株式の実質的な引き換えとして会計処理を行う（企業会計基準第7号「事業分離等に関する会計基準」143項）。保有していた株式の実質的な引き換えとして処理した場合，仕訳は次のようになる。

現物資産 　　　×××　／　（現物分配法人の）株式　×××

ロ　税務処理

〈利益剰余金を原資とした現物配当を受けたケース〉

被現物分配法人が適格現物分配により資産の移転を受けた場合は，分配直前の帳簿価額による。保有していた株式の実質的な引き換えとして処理した場合，仕訳は次のようになる。

資産 　　　　　　×××　／　受取配当金 　　　×××

適格現物分配により資産の移転を受けた法人は，その移転を受けたことにより生ずる収益の額は益金の額に算入されない（法法62の5④，法令123の6）。また，現物分配直前の帳簿価額に相当する金額が被現物分配法人における利益積立金額の増加になる（法令9①四）。したがって，上記の受取配当金は別表4で減算することになる。

〈みなし配当事由により金銭以外の資産の交付を受けたケース〉

みなし配当事由により，金銭以外の資産の交付を受けた法人においては，本来であれば株式の譲渡損益と受取配当金が認識される。しかし，完全支配関係がある法人間で行われる場合，譲渡損益は計上されず（法法61の2⑯），譲渡損益に相当する金額は資本金等の額の加減算処理（法令8①十九）がなされる。

みなし配当は従来通り発生するが，適格現物分配の場合は移転を受けた資産の帳簿価額に基づいてみなし配当を計算する。資産の帳簿価額を交付金銭等の額とし，資本金等の額に対応する金額を上回るときに超過額がみなし配当の額とされる（法法24①，法令9①四）。なお，このみなし配当は全額損金不算入となる（法法62の5④）。

仕訳によって説明すると次のようになる。

資産	×××	/	株式	×××
資本金等の額	×××	/	受取配当金	×××

4　剰余金の配当に係る会計と税務の調整

Ⅲ3(1)で述べたとおり，配当原資にその他資本剰余金が含まれている場合，税務上は払込資本の払戻しと留保利益の配当の両方が行われたものとして処理する。配当のうち払込資本の払戻しとされる部分は資本金等を減少させるが，この減資資本金額は会社法上の配当におけるその他資本剰余金とその他利益剰余金の割合にかかわらず，プロラタ計算により行われ，これを超える部分は利益積立金から減額することになる。よって，みなし配当が生じ，会計と税務に差異が生じることになる。

この場合，法人税申告書の別表5(1)の「Ⅰ利益積立金額の計算に関する明細書」において資本金等の減少に充当された利益積立金の減少を記載する。また，「Ⅱ資本金等の額の計算に関する明細書」にはその他資本剰余金の減少とともに利益積立金からの充当による資本金等の増加を記載することになる。

Ⅳ　むすびに代えて

　本稿では，欠損塡補，剰余金の配当について，会社法の取扱い，会計処理および税務処理を横断的に整理し，会計と税務の相違と調整を明らかにした。

　本稿で意識した資本と利益の区別という観点から付言すると，会社法，会計，法人税法ではそれぞれ資本と利益を区別しているが，剰余金の配当原資としてのそれとは相違がみられる。かつて商法では両者が区別されていたが現行の会社法では区別が無くなっており，対照的に，会計では原資が資本であれば投資有価証券の減額として，利益であれば受取配当金として計上し，両者を明確に区別している。また，法人税法では，配当の原資が資本を伴う場合はみなし配当の規定，伴わなければ受取配当金の益金不算入の規定の適用となっており，原資による区別はあるものの会計とは異なっている。いずれもそれぞれの法の枠組みの中で合理的に考えられたものだが，結果として剰余金の配当の取扱いに相違を生みだしているといえよう。

純資産の部の総合的検討

第6章 債務の資本化にかかる
課税関係の検討

大原大学院大学教授 尾上 選哉

I は じ め に

　債務の資本化（Debt-Equity Swap: DES）とは，債権者と債務者企業の合意に基づき，債権者が債権を債務者企業の株式に換え，債務者企業が債務（Debt）を消滅させて資本（Equity）の金額を増加させる取引をいい，債権者の立場からは債権の株式化とも呼ばれる。債務の資本化は，債務超過状態や倒産リスクの回避等，財務健全化が求められるような債務者企業に対する企業再生策の一環として用いられることが多く，例えば，熊谷組，ダイエーや三菱自動車の経営再建策として活用された。

　債務の資本化は法的構成上，現物出資型と金銭出資型に分類されるが，前者が一般的であり，後者は擬似 DES（後述）とも呼ばれる。日本の会社法制度上，このような債務の資本化を直接実現するための法制度は設けられておらず，債務の資本化を行うためには，一般に「債権（金銭債権）の現物出資」の形式（現物出資型）を採ることとなる。その際，現物出資される債権の評価について，会社法上，「券面額説」と「評価額説」という2つの解釈が存在し，議論されてきたところである。

　債務の資本化を企業会計上の資本取引と捉えるならば，法人税法上も資

本等取引の1つであり，資本等取引から損益は発生せず，課税所得は生じないことになる。しかしながら現行税制においては，債務の資本化を①債権の現物出資と新株の発行と②混同による債権債務の消滅という2段階で捉え，現物出資される債権の評価については時価評価することとし，債務者企業は原則，債務の資本化により債務消滅益として益金を認識し，課税所得を構成すると課税関係を整理しているのである。

　本稿では，債務の資本化において一般的である現物出資型の債務の資本化について，会社法上および企業会計上の取扱いを踏まえた上で，債務の資本化にかかる課税関係，すなわち債務の資本化における債務消滅益課税の根拠およびその妥当性について検討する[1]。債務の資本化の課税関係においては，債務者企業における債務消滅益課税のみならず，債権者における課税関係を検討する必要があるが，紙幅の関係上，本論集のテーマである「純資産の部」に直接関係のある債務者の課税関係を検討の対象とする[2]。

　本稿の構成は次の通りである。まず〔Ⅱ〕において，債務の資本化の意義や法的構成について確認した上で，〔Ⅲ〕から〔Ⅴ〕では各制度における債務の資本化の現行の取扱いを考察するために，会社法，企業会計および法人税法における現行に至る経緯や考え方，議論をまとめる。〔Ⅵ〕では，企業再生局面における債務の資本化の課税上の問題点を考察・検討し，さいごに〔Ⅶ〕において，法人税法上の債務の資本化の取扱いに大きな影響を及ぼしたと考えられている裁判例を検討することとする。

---

(1)　債務の資本化において，実務上，債権者が現金を払い込む金銭出資型も存在するが，一般には現物出資型を採っており，また金銭出資型が改正前商法の検査役の調査を回避するための法的構成であったことから，本稿では本来型であるといえる現物出資型を検討の対象としている。

(2)　債務の資本化による債権者における課税関係には，債権者側で生じる債権の現物出資に係る損失の損金処理（金銭債権に係る評価替え，貸倒れ・債権放棄，および引当金計上上に対する損金算入規制との関係や均衡）等の検討が必要である。

Ⅱ 債務の資本化の意義等

1 債務の資本化の意義

債務の資本化とは,債務者企業の立場からは,債権者に対する債務を資本金に振り替えることであり,債権者の立場からは,債権者が債務者企業に対して有する債権を債務者が発行する株式に振り替えることであり,債権の株式化といえる(事業再生に係るDES研究会〔2010〕10頁)。

債務の資本化は,債権放棄などと同様に,過剰債務を抱える企業の再建に用いられる手法として注目され,日本の企業においても導入されているデット・リストラクチャリング(債務の整理ないしは再構築)の一手法である。例えば,経営不振であるが再建の可能性がある企業に対して,金融機関などが保有する債権(貸付金など)を株式に振り替えることによって,当該企業の貸借対照表(すなわち財政状態)を改善し再建を図る目的で利用される。

例えば,資産100,負債80,純資産20の企業が,債務の資本化の手法を用いて負債40を資本金40に転換すると,当該企業の貸借対照表は負債40,純資産60になり,負債比率は80%から40%になり,財政状態が改善し,企業再建につながるのである(図表1)。

図表1 債務の資本化の数値例(債務者企業側)

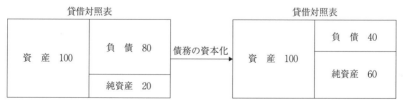

上述のように,債務者企業(過剰債務を抱える企業)は,債務の資本化の手法を用いることにより,貸借対照表の負債(借入金など)を,資本金に振

り替えることにより，負債を圧縮し財務体質を強化（健全化）できるメリットがある。有利子負債が減少することにより，金利支払の負担は軽減され，再建を後押しする効果をもつ。債権者にとっても，債権（貸付金など）の全部または一部を放棄（貸倒処理）することなく，債権を株式に交換することにより，債権者の立場からではなく，株主として当該企業の再建に関与することも可能となる。また企業が再建し，株式の価値が上昇した時には，キャピタル・ゲインを得ることもできるメリットがある[3]。

2　債務の資本化の法的構成

債務の資本化について，会社法上に直接に定めた規定は存在しておらず，実務上は主として次の法的構成が採られている。

① 債権者がその債権を債務者企業に現物出資し，債務者企業が債権者に募集株式を割り当てる。債務者企業の債務と債権者の現物出資した債権は混同[4]（民法第520条）によって消滅する。

② 債権者が現金を払い込み，債務者企業が債権者に募集株式を割り当てる。債務者企業は債権者から払い込まれた現金により，債務を弁済する。

前者①は最も単純な法的構成であり，一般に「現物出資型」と呼ばれており，債務の資本化における一般的な手法である。後者②は「金銭出資型」，「現金払込型」ないしは「擬似DES」と呼ばれている。これは，改正前商法において現物出資の際には検査役等の調査（後述）が必要であり，現物出資の相当性（債権の存在と金額（価値））の評価が要求（改正前商法第280条ノ8第1項）されていたために，検査役の調査に係る時間と費用を回避

---

(3) 債務の資本化による債務者および債権者のメリット・デメリットについては，例えば，藤原〔2017〕3頁を参照されたい。

(4) 混同とは債権の消滅原因の1つであり，債権と債務が同一人に帰属することにより，債権は原則として消滅することをいう（我妻ほか〔2008〕945頁）。債務の資本化の文脈でいえば，債権者より現物出資された債権と債務者企業の債務の両方が債務者企業に帰属し，債権が消滅するということである。

第6章 債務の資本化にかかる課税関係の検討 159

するために考えられた仕組みといえる（神田〔2002〕32頁）。

Ⅲ 会社法における債務の資本化の取扱い

1 改正前商法

(1) 現物出資における検査役制度

現行の会社法は2005（平成17）年6月29日に成立し，翌2006（平成18）年5月1日に施行されているが，抜本的改正以前の改正前商法第280条ノ8第1項は，現物出資の場合には，現物出資の目的財産の価格等[5]について，裁判所が選任した検査役の調査が必要である旨を規定し，現物出資規制を設けていた。この現物出資規制の趣旨は「（現物出資等）が会社の資本充実を損なうおそれがある取引であるため，裁判所の選任した検査役に目的財産の調査を行わせて，資本充実の原則に反する事態を防止しようとすること」にある（針塚〔2001〕4頁）。つまり，現物出資により受け入れる「資産の過大評価による資本充実の阻害，債権者，株主の利益の阻害を予防する」ことにあり，「適正な資産評価においては，資産の一般的，経済社会における評価とともに，当該会社における有用性等の合目的見地からの評価がなされ，これら評価を総合して，現物出資規制の趣旨に照らして現物出資の目的物の評価が，適正であるか否かが判断される」ことになっていたのである（明石・弥永〔2001〕103頁）[6]。

---

(5) 検査役の調査事項は，「現物出資を為す者の氏名，出資の目的たる財産，その価格並びにこれに対して与える株式の種類および数」である（改正前商法第280条ノ2第1項第三号）。

(6) 明石・弥永〔2001〕によれば，資産の一般的評価とは，金銭債権について「法的観点から，その成立，帰属等の争いの可能性，対抗される抗弁事由等」の検討であり（103頁），経済社会における評価とは，「金銭債権はその弁済期，金利，回収可能性（格付），処分可能性（流通性）等」の評価を意味する（104頁）。また，合目的見地からの評価とは，「現物出資を受ける会社の営む事業にとって当該金銭債権を取得することの有用性，価値，また将来収益力に与える影響（損益計算的観点），財務状況（資産，負債および資本の状況）に与える影響（貸借対照表に与える影響という観点）等を検討，評価する」ことである（104頁）。

なお，下記の場合には検査役の調査は不要とされていた。

① 現物出資者に与えられる株式の総数が発行済株式総数の10分の1を超えず，かつ新たに発行する株式の数の5分の1を超えないとき（改正前商法第280条ノ8第1項）[7]。

② 現物出資の財産の価格の総額が500万円を超えないとき（改正前商法第280条ノ8第1項）。

③ 現物出資の財産が取引所の相場がある有価証券であり，定款に定めた価格がその相場を超えないとき（改正前商法第280条ノ8第2項，第173条第2項第二号）。

④ 現物出資に関する事項[8]が相当であることについて，弁護士，弁護士法人，公認会計士，監査法人，税理士または税理士法人の証明（現物出資の財産が不動産である場合にあっては，その証明および不動産鑑定士の鑑定評価）を受けたとき（改正前商法第280条ノ8第2項，第173条第2項第三号）。

④の検査役調査の除外規定は，1990（平成2）年および2002（平成14）年の商法改正において追加されたものである。検査役は裁判所が選任する者に限られていたが，実務上，そのような検査役の調査は「相当の期間と多額の費用を要するだけでなく，調査に必要とされる期間をあらかじめ予測することが困難である」と問題点が指摘されていた（日本税理士会連合会業務対策部〔2006〕2-3頁；前川〔2005〕87頁）。1990（平成2）年の商法改正における検査役の調査の合理化・簡素化によって，「財産の評価をなすに適当な専門家が認められる特定の財産が目的物の場合，費用と時間を節約するため検査役調査の代替制度」（江頭ほか〔1990〕51頁）として，弁護士

---

(7) 設立の際の現物出資の場合，絶対額において500万円以下であるとの要件が付されているが，新株発行における現物出資の際にはそのような要件は付されていない（大谷〔1990b〕23頁）。

(8) 現物出資に関する事項とは，「現物出資を為す者の氏名，出資の目的たる財産，その価格並びにこれに対して与える株式の種類および数」である（改正前商法第168条第5項）。

が証明業務を行うことが可能となり[9]，次いで2002（平成14）年の改正により，公認会計士・監査法人，税理士・税理士法人および不動産鑑定士（現物出資財産が不動産の場合に限る）にも証明業務が拡大されている[10]。

(2) 金銭債権の現物出資における券面額説と評価額説

現物出資において検査役の調査が規定されているのは，上述のように資本の充実が阻害されることを防止することにある。すなわち，現物出資の「目的物の過大評価がなされるときは，会社の資本が充実されず，株主・債権者の利益が害される」（長浜〔1987〕245頁）ので，検査役が現物出資の目的財産を調査し，適正な評価を確認するのである。そこで問題となるのが，現物出資される目的財産の評価である。

現物出資の目的財産が上場会社の有価証券であれば，活発な市場における取引価格（時価）が存在するので，検査役の調査がなかったとしても，その評価の相当性は担保される。また目的財産が不動産であれば，不動産鑑定士などの専門家の調査によって，その評価の相当性は担保される。それゆえに，このような財産が現物出資される場合には，上述したように検査役の調査が省略されるのである。

それでは，現物出資の目的財産が金銭債権の場合，その評価はどのように考えられるのであろう。金銭債権の評価については，2つの考え方が対立している。1つは，現物出資される金銭債権の帳簿価額（券面額）によるべきとする考え方であり，「券面額説」と呼ばれる[11]。もう1つは，現

---

(9) ただし，不動産については不動産鑑定士の鑑定評価に基づくことが要求された。

(10) 設立手続における現物出資等に係る検査役の調査の合理化について，大谷〔1990a〕は次のように述べている（2頁）。「現物出資・財産引受について厳格な規制が行われている趣旨は，目的財産の価額について過大な評価が行われると会社財産の充実を害し，株主，債権者等の利害関係者を害することになるためである。そうだとすると，財産の評価について合理的な運用が担保されていれば，必ずしも裁判所の選任する検査役の調査を強制する必要はないことになる。また，検査役の調査は相当額の費用を伴うから，あまりにも少額なものについてまでこれを強制することは，経済的効率の点からみても，適当ではないということができる。」

物出資される金銭債権の公正価値（時価）によって評価すべきとする考え方であり，「評価額説」と呼ばれる。

「券面額説」によれば，債務者企業の貸借対照表上負債の部に計上されている金額を，債務消滅益（債務免除益）を認識・計上することなく，資本の部にそのまま振り替えることを認めようという考え方である。債務の資本化によって増加する資本金等の金額は，現物出資される金銭債権の額面額（名目額）ということとなる。

資本金等の増加額＝「現物出資の目的財産の価格」＝現物出資される金銭債権の額面額（＝債務者企業の金銭債務の額面額）

他方，「評価額説」によれば，債務者企業の貸借対照表上負債の部に計上されている金額ではなく，債権者によって現物出資される金銭債権の価値（時価）を評価し，この価値に見合う金額を負債の部から資本の部に振り替えるという考えであり，金銭債権の額面額とその時価に差異があれば，債務消滅益（債務免除益）[12]が認識・計上されるという考え方である。債権の価値は，一般に「当該債権から生じる将来キャッシュ・フローの期待値の割引現在価値の総和であり，債務者会社の財務状態，保証や担保の有無，弁済期までの長さといった要素の影響を受けて決まる」と考えられる（笠原〔2006〕31頁）。債務の資本化が一般にデット・リストラクチャリングの一手法として用いられることを考えると，債務者企業の支払能力に懸念が生じているのであるから，金銭債権の価値（時価）は額面額よりも低くなる。

---

(11) 金銭債権一般について，「券面額」という用語を使用することは証券が発行されていないのであるから正確ではなく，「額面」の方が適切であるとの指摘もある（針塚〔2002〕16頁；笠原〔2006〕31頁）。
(12) 現物出資を行う債権者にあっては，債権譲渡損失（額面額と時価の差額）が認識・計上される。

資本金等の増加額＝「現物出資の目的財産の価格」＝現物出資される金銭債権の価値（＝時価）

　新株の発行に係る現物出資の検査役調査の主眼は，現物出資の目的財産の評価の妥当性を検討することにあるので，金銭債権の評価において，券面額説を採用するのか，それとも評価額説を採用するかによって，調査の内容に違いが生じる。すなわち，券面額説による場合，検査役調査の主眼は現物出資の目的財産である金銭債権の存在（実在）および額面額の確認に置かれるのに対して，評価額説による場合には，金銭債権の実在を前提として，金銭債権の実質的な価値（時価）つまり評価額に検査役調査の主眼が置かれることになる（岡村〔2006〕333頁）。

　現物出資における金銭債権の評価について上述の2つの見解が存在していたが，実務においては評価額説に従った処理が行われ，券面額説による取扱い例はなかったようである（針塚〔2001〕8頁）。これは，券面額説によると「資本充実原則の観点から問題があるため，債権を時価で評価しなければならない」との認識に基づいたものであった（前川〔2005〕87頁）。評価額説による検査役調査は金銭債権の実質的な価値の評価が中心となることから，その運用については，「検査役の調査には時間と費用がかかり，また調査にどれほどの期間を要するのか事前に予定できない等」の実務上の問題点が指摘されていた（同上）。

　しかしながら，検査役制度の合理化や簡略化が進められる中で，2000（平成12）年に東京地裁民事第8部（商事部）が金銭債権の評価において従来の取扱いであった「評価額説」を改め，「券面額説」を採用することを明らかにした（針塚〔2001〕8頁）[13]。これが契機となって，検査役の調査は「その目的となる債権の存在および額を確認すれば足りることとなり，評価額説による場合よりも費用（報酬）および所要時間が圧倒的に少なくてすむこととなった」（針塚〔2001〕9頁）といわれている（太田〔2017〕403頁；藤原〔2017〕7頁；前川〔2005〕87頁；山神〔2012〕127頁）。

2 会 社 法

(1) 債務の資本化の手続きの簡素化

2006（平成18）年施行の会社法においては，債務の資本化の手続きの簡素化が図られている。会社法第207条は株式の募集事項における金銭以外の財産の出資（現物出資）の際の手続きを定め，検査役による現物出資目的財産の価額の調査を要求している。この点については改正前商法と同じであるが，下記のすべての要件を満たす場合には，現物出資財産の価額に対する検査役の調査は不要であるとしている（会社法第207条第9項第五号）。

- 現物出資財産が，債務者企業に対する弁済期の到来している金銭債権である
- 現物出資財産の価額が，金銭債権に係る負債の帳簿価額を超えない場合

つまり，現物出資される弁済期到来済の金銭債権の価額が，負債の帳簿価額（＝金銭債権の額面額）を超過しない場合には，検査役の調査は不要[14]となり，資本金等の増加額は当該金銭債権の額面額ないしは額面額以下と

---

(13)　従来，券面額説を採用していたのは資本充実の原則からの要請であるとされていたが，針塚〔2001〕は「資本充実の原則は，現物出資がなされた資産について当初から含み損があるという事態の発生を許さないと考えられるが，資本増加額に見合う積極財産を現実に会社に組み入れることを要求しているとまで考える必要はないであろう。debt equity swap において券面額を採用しても，当該債権は混同により消滅するのであるから，現物出資の結果として会社財産に含み損があるという事態が発生することはなく，右のような意味での資本充実の原則に反するとはいえない。」（8頁）として，資本充実の原則の観点からも券面額説を採用しても問題はないとしている（同じ意見として，笠原〔2006〕32-33頁も参照されたい）。

　　なお，針塚〔2001〕は，券面額説を採用する根拠として，上記の資本充実の原則との関係のほかに，①会計理論との関係，②資本金額の公示との関係，③実際的必要性，④補足（擬似DES），⑤関連問題の6つを挙げている（8-9頁）。

(14)　検査役の調査は不要となるが，現物出資による募集株式発行に伴う変更登記の申請書には，金銭債権について記載された会計帳簿の添付が必要とされる（商業登記法第56条第1項第三号ニ）。

なる。このような会社法の取扱いについて，改正前商法において東京地裁民事第8部（商事部）による見解であり実務上浸透していた「券面額説」を，会社法が明文化したとか，会社法が採用したなどと解説（都井〔2006〕90頁；藤原〔2014〕8頁；太田〔2017〕405頁）されているが，増加する資本金等の額は「負債の帳簿価額を超えない」範囲内の金額であり，債務の資本化においては券面額説による評価額である額面額のみならず，評価額説による評価額（時価）[15]をも含んでいるのであるから，会社法が「券面額説」を明文化したとはいえないであろう。

(2) 会社法における会計処理

　株式会社の資本金の額について，会社法は「別段の定めがある場合を除き，設立または株式の発行に際して株主となるものが当該株式会社に対して払込み又は給付をした財産の額とする」（会社法第445条第1項）と規定しており，債務の資本化により増加する資本金等の額は，現物出資目的財産の価額に基づくこととなる（会社法第199条第1項第三号）。

　上述の会社法の考え方に基づけば，次の2つのパターンが想定される。1つ目のパターンは，資本金等の増加額が負債の帳簿価額（すなわち金銭債権の券面額）となる場合であり，債務の資本化において債務者企業が損益を認識・測定することはない。例えば，債務である借入金の帳簿価額100（債権者においては，債権である貸付金の額面額100）を資本金に振り替えた場合には，次の会計処理となる。

　　（借）借　入　金　　100　　　（貸）資　本　金　　100

　2つ目のパターンは，資本金等の増加額が負債の帳簿価額を下回る場合であり，債務の資本化によって，債務者企業は債務の消滅による債務消滅益（収益）が認識・測定されることとなる。例えば，債務である借入金の帳簿価額100（債権者においては，債権である貸付金の時価80）を資本金に振り替えた場合には，次の会計処理となる。

---

(15)　弁済期が到来している金銭債権であることを考慮すれば，当該金銭債権の時価は額面額を下回るのが通常であるといえる。

（借）借　入　金　　　100　　　　（貸）資　本　金　　　80
　　　　　　　　　　　　　　　　　　　（貸）債務消滅益　　　20

　現行の会社法に基づく会計処理は，上記の２パターンであり，従来の議論の「券面額説」による場合もあれば，「評価額説」による場合もあるということになる[16]。株式会社の会計処理について，会社法は「株式会社の会計は，一般に公正妥当と認められる企業会計の慣行に従うものとする」（会社法第431条）と規定し，会計計算規則は「この省令の用語の解釈及び規定の適用に関しては，一般に公正妥当と認められる企業会計の基準その他の企業会計の慣行をしん酌しなければならない。」（会社計算規則第3条）と規定している。これらの遵守規定（ないし斟酌規定）の主旨は「会社法等の法令で規定が存在しない場合，その処理や解釈等については，一般に公正妥当な会計慣行に従うことを求めている」（齋藤〔2016〕69頁）と理解されており，債務の資本化の会計処理についても企業会計の基準やその他の企業会計の慣行に従うこととなる。

Ⅳ　企業会計における債務の資本化の取扱い

　債務の資本化に係る会計処理について，企業会計が直接に定めている基準等は，企業会計基準委員会が2002（平成14）年に実務対応報告第6号として公表した「デット・エクイティ・スワップの実行時における債権者側の会計処理に関する実務上の取扱い」である。この実務対応報告は，表題にあるように債権者側の会計処理について確認するものであり，債務者側の会計処理を定めたものではない。本稿の検討対象は〔Ⅰ〕において述べたように，債務者企業にあるが，債権者に予定されている会計処理を確認

---

(16)　会社計算規則第14条第5項は，「現物出資財産について法第199条第1項第2号に掲げる額および同項第3号に掲げる価額（現物出資を目的とする財産の価額）と，当該現物出資財産の帳簿価額とが同一の額でなければならないと解してはならない」（括弧内筆者）として，評価額説による処理を否定してはいない。

第6章 債務の資本化にかかる課税関係の検討 167

した上で，債務者企業における会計処理を検討することとする。

1 債権者側の会計処理

　実務対応報告第6号は，債務者が財務的に困難な場合に行われる債務の資本化を対象としており，金融商品に関する会計基準に従って次のように取り扱うことを定めている（企業会計基準委員会〔2002〕2頁）。

- 債権者がその債権を債務者に現物出資する場合，債権と債務が同一の債務者に帰属し，その債権は混同により消滅するため，支配が他に移転したかどうかを検討するまでもなく金融資産の消滅の認識要件を満たす。
- 債権者はその債権の消滅を認識するとともに，消滅した債権の帳簿価額とその対価としての受取額との差額を，当期の損益として処理する。
- 債権者が取得する株式の取得時の時価が対価としての受取額（譲渡金額）となり，消滅した債権の帳簿価額と取得した株式の時価の差額を当期の損益として処理し，その株式は時価で計上される。
- 債権の帳簿価額とは，取得原価または償却原価から貸倒引当金を控除した後の金額をいう。
- 取得する株式の取得時の時価とは，取得した株式に市場価格がある場合には「市場価格に基づく価額」であり，市場価格がない場合には「合理的に算定された価額」となる。
- 債務者が財務的に困難な場合に行われる債務の資本化であることから，債権者が取得する債務者の発行した株式の時価は，消滅した債権に関する直前の決算期末の帳簿価額を上回らないと想定される。

　企業会計上，企業の再生の状況下にある債務の資本化については，いわゆる「評価額説」の考え方に基づく会計処理が債権者には要請されているのである。例えば，債権である貸付金の帳簿価額100（時価80）を現物出資した場合の会計処理は次の通りである。

（借）株　　　　式　　80　　　（貸）貸　付　金　　100
（借）債権譲渡損失　　20

　なお，このような債権者側の会計処理は，債務者側においてどのような
会計処理が行われているかにかかわらず適用されることが明記されている
（企業会計基準委員会〔2002〕2頁）。

2　債務者側の会計処理

　債務者企業の会計処理は，前節で確認したように，2通りの会計処理が
考えられる。会社法の立案担当官は，債務者側の会計処理について，「会
社計算規則上は，いずれの処理（券面額説と評価額説）によることも，それ
が公正なる会計慣行である限り，特に問題はない」（括弧内筆者）としてい
る（郡谷・和久〔2008〕200頁）。つまり，ここで問題となるのは券面額説お
よび評価額説に基づいたそれぞれの会計処理が，一般に公正妥当な会計慣
行であると認められるか否かである。

　会社計算規則第14条第1項第二号は，資本金等の増加額は現物出資を
行う期日における現物出資財産の価額と定め，同号イおよびロにおいて，
①債務者企業と債権者が共通支配下関係にある場合，または②共通支配下
関係にはないが，現物出資財産の価額により資本金等の増加額を計算する
ことが適切でない場合には，債権者における現物出資財産の直前の帳簿価
額によると規定している。

　この規則に基づけば，現物出資財産の額には，次の3つの価額が考えら
れることとなる。

　①　金銭債権の額面額
　②　金銭債権の帳簿価額
　　②-1　帳簿価額＝額面額
　　②-2　帳簿価額＝額面額以外
　③　金銭債権の時価

①は券面額説によるものであり，②は帳簿価額が額面額の場合には券面

第6章　債務の資本化にかかる課税関係の検討　169

額説（②-1），帳簿価額が取得原価である額面額以外の場合（例えば，取得原価から貸倒引当金控除後の金額すなわち回収可能価額）には評価額説となる（②-2）。③は評価額説によるものであり，①および②以外の価額ということになる。

　企業会計上，金銭債権は貸倒れの危険があることから，取得原価から貸倒見積高[17]に基づいて算定された貸倒引当金を控除した金額を貸借対照表価額とすると定めている（企業会計基準委員会〔2008〕第14項）。つまり，金銭債権について，企業会計は額面金額ではなく，取得原価から貸倒引当金を控除した価額である回収可能額による貸借対照表への記載を要求しているのである。

　この企業会計の考え方に基づくと，券面額説による会計処理は認められないこととなる。上記①のケースは妥当ではないということになる。②-1のケースは，貸倒れの危険性が皆無であれば認められ得る処理であるが，債務者が財務的に困難な場合に行われる債務の資本化において貸倒れの危険性をゼロと評価することは通常ではないので，これも認められないこととなる。

　評価額説による会計処理となる②-2および③のケースであるが，②-2は企業会計が金銭債権の評価として規定する方法である。回収可能額により現物出資目的財産を評価した価額により，債務者企業の負債を資本に振り替えるのである。③の金銭債権の時価のケースであるが，貸倒れの危険が非常に高い金銭債権を第三者に売却する場合の価額（売価）であり，債権者の帳簿価額と同額ないしは下回る価額になると考えられる。この場合も，企業会計上，債務の資本化において妥当な処理として認められることとなろう。

---

(17)　企業会計上，債権を債務者の財政状態および経営成績等に応じて，「一般債権」，「貸倒懸念債権」，「破産更生債権等」の３つに区分し，その区分に応じた貸倒見積高の算定方法を定めている（企業会計基準委員会〔2008〕第27項および第28項）。

V　法人税法における債務の資本化の取扱い

1　現行の取扱い

(1)　基本的な取扱い

　現行の法人税法は，債務の資本化における債務者企業の取扱いを次のように規定している。

　法人税法は，資本金等の額を「法人が株主等から出資を受けた金額として政令で定める金額」（法人税法第2条第1項第十六号）を規定し，法人税法施行令において，株式発行の場合に増加する資本金等の額を「払い込まれた金銭の額および給付を受けた金銭以外の資産の価額その他の対価の額に相当する金額」（法人税法施行令第8条第1項第一号）としている。債務の資本化における現物出資により増加する資本金等の額は，「給付を受けた金銭以外の資産の価額」となり，法人税法上の「価額」とは時価を意味する[18]ことから，会社法上の「評価額説」的な処理が行われ，現物出資目的財産（金銭債権）の額面額と時価評価額との差額が債務消滅益（収益）として認識・測定され，課税所得を構成することとなる。現物出資された金銭債権は，債務者企業の債務（金銭債務）であるので，両者は混同（民法第520条）により消滅する。

　例えば，借入金100（額面額/帳簿価額）について，債務の資本化により債権者から貸付金（額面額100，時価80）の現物出資が行われ，株式を交付した場合には課税上，次の処理となる。

---

[18]　一般に，法人税法第22条第2項は益金の認識・測定について「時価」に基づくことを包括的に定めていると理解されている。つまり，有償・無償の資産の譲渡，役務の提供，資産の譲受けは適正な時価をもって行われることを予定しており，資産の譲受けには交換や現物出資も含まれる（成道〔2015〕20-21頁）。
　なお，2006（平成18）年度税制改正における財務省の解説には，「法人がDESによる自己宛債権の現物出資（適格現物出資を除きます。）を受けた場合には，債務者である法人の増加する資本金等の額は，その券面額でなく時価によること」（下線筆者）と記述されている（財務省〔2006〕288頁）。

現物出資に係る処理：（借）貸　付　金　100　（貸）資　本　金　100

混同に係る処理：　　（借）借　入　金　100　（貸）貸　付　金　80

　　　　　　　　　　　　　　　　　　　　　　（貸）債務消滅益　20

　なお，債務の資本化を用いた組織再編が行われる場合には，組織再編税制の適用を受けることとなり，適格現物出資と非適格現物出資の場合に区別される。

(2)　適格現物出資の取扱い

　債権者が法人であり，金銭債権を現物出資して債務の資本化を行う場合，組織再編税制が適用される。適格組織再編に該当する場合には，適格現物出資として，増加する資本金等の額は「現物出資法人の当該適格現物出資の直前の帳簿価額」（下線筆者）とされている（法人税法施行令第8条第1項第八号）。つまり，現物出資財産である金銭債権の直前の帳簿価額により，増加する資本金等の額が決まることとなる。金銭債権の直前の帳簿価額は，企業会計における回収可能額（取得原価から貸倒引当金控除後の金額）ではなく，税務上の帳簿価額であり，金銭債権の額面額すなわち券面額となるので，会社法上の「券面額説」的な処理が行われ，損益は発生せず，債務消滅益（収益）が認識・測定されることはない。課税の繰延べがなされることとなる。

(3)　非適格現物出資の取扱い

　適格組織再編に該当しない場合には，非適格現物出資として，増加する資本金等の額は「現物出資法人に交付した当該法人の株式の当該非適格現物出資の時の価額」（下線筆者）とされている（法人税法施行令第8条第1項第九号）。つまり，現物出資財産である金銭債権の評価額である時価によって，増加する資本金等の額が決まることとなる。つまり，基本的な取扱いと同様であり，会社法上の「評価額説」的な処理が行われ，現物出資目的財産（金銭債権）の額面額と評価額（時価）との差額が債務消滅益（収益）として認識・測定され，課税所得が構成される。

172

図表 2　法人税法上の現物出資における資本金等の額

債権者 （**現物**出資者）		債務者の増加する資本金等の額	
		法人税法	法人税法施行令
法人	適格組織再編に該当	法人が株主等から出資を受けた金額として政令で定める金額 （第 2 条第 1 項第十六号）	**現物**出資法人の当該適格 **現物**出資の直前の帳簿価額 （第 8 条第 1 項第八号）
	非適格組織再編に該当		**現物**出資法人に交付した当該法人の株式の当該 非適格**現物**出資の時の価額 （第 8 条第 1 項第九号）
	上記以外		給付を受けた金額以外の資産の価額 （第 8 条第 1 項第一号）
個人			

（出所）長岡・大野〔2006〕42 頁，図 2 をもとに筆者作成

2　規定の変遷

　2006（平成 18）年の会社法施行に合わせて，法人税法における資本金等の額の取扱いが整理されている。そこで以下では，2006（平成 18）年度税制改正によって，資本の債務化に関する課税関係がどのように変化したかを確認することとする。

(1)　2006（平成 18）年度税制改正前

　2006（平成 18）年度税制改正前は，法人税法は資本等の金額を「法人の資本の金額または出資金額と資本積立金額の合計額」（改正前法人税法第 2 条第 1 項第十六号）と規定していた。法人の資本の金額とは，法人設立の根拠法に基づく金額であり，株式会社の場合には商法（改正前商法）であった。資本積立金額は，法人税法において別掲されており，例えば「株式（適格現物出資により現物出資法人に発行するものを除く。）の発行価額のうち資本に組み入れなかった金額」（改正前法人税法第 2 条第 1 項第十七号イ）として，いわゆる株式払込剰余金が掲げられている。つまり，改正前商法により資本金等として定める金額が，法人税法上の資本等の金額を決定していたのである。

〔Ⅲ〕において改正前商法の取扱いを述べたように，2000（平成12）年に東京地裁民事第8部が金銭債権の評価において従来の「評価額説」から「券面額説」にその考え方を変更し，実務上は「券面額説」による処理が主流となった。商法上の取扱いの変化を受けて，法人税法上の増加する資本等の額は券面額，すなわち額面額による資本の振り替えが従来の実務の取扱いとなったのである。債務者企業が券面額説に基づいた会計処理を行った場合，法人税法上，債務の資本化は純粋な資本等取引に該当し，損益は発生しないからである。債務者企業が評価額説に基づいた会計処理を行えば，債務消滅益が発生し，益金課税が行われるが，通常，そのような選択を行う債務者企業はない。

　債務の資本化には，このように2通りの課税関係が存在していたが，現物出資は譲渡の一形態であり，金銭債権は時価（つまり評価額）で債権者から債務者企業に移転するという法人税法の原則的考え方から，券面額説に基づくような処理は認められるべきではないとの考え方も存在していた。例えば，金子宏〔2017〕は，「(1) デット・エクイティ・スワップは，債務者の業績が悪化し，金銭債権が不良債権化している場合に，債務者の再建を支援するために行われることが多いこと，(2) 会社法が，現物出資財産の価額について，原則として，裁判所の選任する検査役の調査と報告を必要としており，金銭債権のうち弁済期未到来のものについては，最終的には裁判所が決定することとしていること（会社207条9項5号括弧内参照），(3) 券面額説をとると，既存株主に損害を与えること，(4) 時価を超える金額で受け入れた場合には，役員の責任問題が生じうること，等」（括弧書き原著）の理由から，評価額説の妥当性を主張していた（金子宏〔2017〕328-329頁）。

　岡村〔2006〕は，「この処理（時価を超える価額で出資資産を受け入れ，資本金の額を増額するような券面額説的な処理）は，債務消滅益を資本金等の額に直入することになる点や非適格現物出資を時価譲渡する原則から逸脱し適格現物出資と同様に扱うことになる点で妥当ではない。さらに，時価

譲渡の原則自体は否定できないから，結局，債務者は，債権を時価で受け入れるか券面額で受け入れるか，つまり債務免除益を計上するかどうかを選択できることになる。これは，税負担の操作につながり，適当ではないと思われる」（括弧内筆者）と，券面額説的な処理を批判していた（岡村〔2006〕338-339頁）。

(2) 2006（平成18）年度税制改正後

2006（平成18）年度税制改正における法人に関わる項目は，会社法への対応以外にも，中小企業・ベンチャー支援関係，研究開発税制・情報基盤強化税制等，組織再編税制等の改正など多岐にわたっている。

法人税法においては，会社法の制定等を契機として，資本金等の額の取扱いの整理が行われた。従来，法人税法上の払込資本（資本等の額）は法人の資本の金額または出資金額と資本積立金額の合計額とされ，またこの資本積立金額はその増減によって規定されていたが，「法人が株主等から出資を受けた金額として政令で定める金額」として，その概念の明確化が図られ，「資本等の金額」から「資本金等の額」に呼称の変更がされている（財務省〔2006〕242頁）。この変更によって，資本金積立金の定義（旧法人税法第2条第1項第十七号）が不要となり，定義は削除された。

法人税法上の資本概念の明確化を受けて，法人税法施行令はその細目を定め，新株発行による増加する資本金等の額を「払い込まれた金銭の額および給付を受けた金銭以外の資産の価額その他の対価の額に相当する金額」（法人税法施行令第8条第1項第一号）と規定したのである。この資本概念の明確化により，債務の資本化における債務者企業の課税上の取扱いが明確化されることになったのである。

すなわち，上述したように，債務の資本化によって増加する資本金等の額は「給付を受けた金銭以外の資産の価額」であり，現物出資財産の時価によって決定されることが明らかになったのである。2006（平成18）年の税制改正前まで実務で一般的に行われてきた券面額説に基づいた課税関係の処理はできなくなり，債務の資本化が実施される場合には，評価額説に

基づいた処理が行われ，債務消滅益（益金）が発生することになったのである。債権者による金銭債権の現物出資が資産の譲渡の一形態であることを鑑みれば，法人税法上の理屈に適った変更であったといえよう。

Ⅵ　企業再生局面における
債務の資本化の課税上の問題点

前節〔Ⅴ〕において，債務の資本化における課税上の取扱いを確認してきた。債務の資本化は，理論上，企業再生の局面においてのみ用いられる手法ではないが，本節では企業再生策として債務の資本化を検討する際の論点となる「金銭債権の評価」と「債務消滅益への対応」について検討することとする。

1　金銭債権の評価

債務の資本化による債権者の金銭債権の現物出資が適格現物出資に該当する場合を除き，債務者企業において増加する資本金等の額は，法人税法上，現物出資財産の時価評価額となったことから，債務の資本化の際には金銭債権の時価評価の決定が不可欠となる。しかしながら，経済産業省に設置された事業再生に係る DES 研究会によると，「税務上の時価評価の具体的方法が不明であるため，DES の活用に支障がある」ともいわれていた（事業再生に係る DES 研究会〔2010〕2 頁）。そもそも，改正前商法および会社法における現物出資に係る検査役調査の一連の取扱いの変更も，問題の核心部分は現物出資財産の「評価」であり，現物出資財産の評価問題を解決するのではなく，実務上回避するというのが「券面額説」による取扱いであったともいえる。そこで，下記では現物出資目的財産である金銭債権の評価方法について考察することとする。

(1)　企業会計上の金銭債権の評価額の考え方

企業会計上，金銭債権の評価は貸倒れのリスクを考慮して行われ，取得

原価から貸倒見積高に基づいて算定された貸倒引当金を控除した金額が貸借対照表に記載される金額（貸借対照表価額）となる。このようにして算定される金銭債権の貸借対照表価額は，金銭債権の額面額ではなく，額面額から回収不能見積額を控除した評価額である。貸倒れのリスクがゼロないしは限りなくゼロに近ければ，当該金銭債権の評価額は額面額ということになろう。しかしながら，貸倒れのリスクがある場合には，そのリスクの高低に応じて貸倒見積高に基づいた貸倒引当金を額面額から控除した金額が，当該金銭債権の評価額になる。

　回収不能となる貸倒見積高を算定するにあたって，企業会計は債権を債務者の財政状態および経営成績等に応じて，「一般債権」，「貸倒懸念債権」，「破産更生債権等」の３つに区分している（企業会計基準委員会〔2008〕第27項）。

　　一　般　債　権：経営状態に重大な問題が生じていない債務者に対する
　　　　　　　　　　債権
　　貸倒懸念債権：経営破綻の状態には至っていないが，債務の弁済に重
　　　　　　　　　　大な問題が生じているか又は生じる可能性の高い債務
　　　　　　　　　　者に対する債権
　　破産更生債権等：経営破綻又は実質的に経営破綻に陥っている債務者に
　　　　　　　　　　対する債権

　そして，その債権の３区分に応じた貸倒見積高の算定方法を図表３のように示している（企業会計基準委員会〔2008〕第28項）。

　一般債権については，債権全体また同種・同類の債権ごとに，債権の状況に応じて求めた過去の貸倒実績率等合理的な基準により貸倒見積高を算定する。

　貸倒懸念債権については，債権の状況に応じて，①財務内容評価法または②キャッシュ・フロー見積法のいずれかの方法により貸倒見積高を算定する。

　　①　財務内容評価法：債権額から担保の処分見込額および保証による回

図表 3　貸倒見積高の算定方法

債権の区分	貸倒見積高の算定方法
一般債権	債権の状況に応じた過去の貸倒実績率など
貸倒懸念債権	次のいずれかの方法 • 担保の処分見込額および保証による回収見込額により回収できない部分について必要額（財務内容評価法） • 元利金のキャッシュ・フローを割り引いた現在価値（キャッシュ・フロー見積法）
破産更生債権等	担保の処分見込額および保証による回収見込額により回収できない部分の全額

　　　　　　　　　　　　収見込額を減額し，その残額について債務者の財
　　　　　　　　　　　　政状態および経営成績を考慮して貸倒見積高を算
　　　　　　　　　　　　定する方法

②　キャッシュ・フロー見積法：債権の元本の回収および利息の受取り
　　　　　　　　　　　　に係るキャッシュ・フローを合理的に見積もるこ
　　　　　　　　　　　　とができる債権については，債権の元本および利
　　　　　　　　　　　　息について元本の回収および利息の受取りが見込
　　　　　　　　　　　　まれるときから当期末までの期間にわたり当初の
　　　　　　　　　　　　約定利子率で割り引いた金額の総額と債権の帳簿
　　　　　　　　　　　　価額との差額を貸倒見積高とする方法

　破産更生債権等については，債権額から担保の処分見込額および保証による回収見込額を減額し，その残額を貸倒見積高として算定する。

　このように，企業会計は金銭債権の評価について，その回収可能性を見積もることにより評価額を算定しており，その測定については当該金銭債権の将来キャッシュ・インフローに基づいたものとなっている。

(2)　税務上の金銭債権の評価

　法人税法上，別段の定めがなければ，「一般に公正妥当と認められる会計処理の基準」（いわゆる，公正処理基準）として，企業会計上の金銭債権の評価額を受け入れることになるが，法人税法上，貸倒引当金については一

定の繰入限度額の範囲内での損金算入を認めているに過ぎず，またこの損金算入もすべての法人に認められていない[19]。つまり，企業会計上の金銭債権の評価額（貸借対照表価額）が，そのまま税務上の金銭債権の評価額とはならないということになる。

　それでは税務上の金銭債権の時価はどのように考えられるのであろうか。企業再生局面において債務の資本化が行われた場合の現物出資財産の金銭債権に付されるべき価額（時価）については，例えば，次のようなものがあげられている（財務省〔2009〕211頁）。

①　通常の取引条件の下，その時において第三者に譲渡した場合に通常付されるべき価額

②　債務者である法人が有する資産の全部をその時において処分した場合に得られる金銭の額の合計額をもって，その法人に対する債権について，担保，保証又は優先劣後関係を考慮して弁済することとしたときに，その債権について弁済をすべき金額

　すなわち，①は当該債権が流通する場合の取引の成立する価額を税務上の評価額（時価）とするものであり，当該債権の市場価額や売却価値である。一定の市場の存在を前提とするものであり，金融機関等の有する債権を債権回収会社（サービサー）に譲渡する場合のその譲渡価額がその典型例である。

　②は債務者企業を清算した場合，当該債権について弁済される見積もられる金額をその評価額とするものであり，債務者企業の資産の処分価値に基づくことになる。財務省〔2009〕によれば，債務処理計画において適正な資産評定に基づいて貸借対照表が作成されている場合には，その貸借対照表における資産の価額の合計額を処分価額とみなしても問題ないとされ

---

(19)　貸倒引当金は，従来すべての法人に認められてきたが，2011（平成23）年度税制改正により，その適用法人が①中小法人等，②銀行・保険会社等の金融業，③リース会社等で一定の金銭債権を有する法人に限定されるとともに，③については対象となる金銭債権の範囲も限定されている（法人税法第52条第1項，第9項，法人税法施行令第96条第4項，第5項および第9項）。

ている（財務省〔2009〕211頁）。

税務上の時価の算定においては，まずは①の方法による第三者との取引価額が検討され，次いで②の方法によることになろう。

(3) 事業再生に係る DES 研究会による金銭債権の評価方法の検討

経済産業省の産業再生課長のもとに設置された私的研究会「事業再生に係る DES 研究会」は，債務の資本化を用いた企業再生促進のためには，債権の「税務上の評価方法が不明確である」（事業再生に係る DES 研究会〔2010〕10頁）として，税務上の時価評価の方法を検討している。

事業再生に係る DES 研究会は，企業再生税制（後述）の適用となる一定の私的整理における債務の資本化を念頭に検討を行っている。一定の私的整理とは，民事再生法等の法的整理に準じた私的整理であり，主要なものは下記の通りとなる（事業再生に係る DES 研究会〔2010〕14頁）。

- •「私的整理に関するガイドライン及び同 Q&A に基づき策定された再建計画」
- •「『中小企業再生支援協議会の支援による再生計画の策定手順（再生計画検討委員会が再生計画案の調査・報告を行う場合)』に従って策定された再生計画」
- •「『RCC 企業再生スキーム』に基づき策定された再生計画」
- •「事業再生 ADR の手続による再生計画」
- •「企業再生支援機構[20]の支援による再生計画」

債務の資本化による税務上の時価は，①再生企業（債務者企業）の合理的に見積もられた回収可能額を算定し，②それをもとに留保される債権と DES の対象となる債権に分け，③ DES の対象となる債権の時価を決めるという３つのステップにより算定される（事業再生に係る DES 研究会〔2010〕15-16頁）。

① 債務者企業の合理的に見積もられた回収可能額の算定

---

(20) 2013（平成25）年3月に地域経済活性化支援機構（REVIC）に改組。

債権者会議の開催に先立ち，資産評定基準に基づき，各資産項目および各負債項目ごとに評価を行い，実態貸借対照表を作成する。この実態貸借対照表の債務超過金額をベースに債務者調整を行い，事業再生計画における損益の見込み等を考慮して，債務者企業および債権者双方の合意のもとで債務者企業の合理的に見積もられた回収可能額に基づいた債務免除額を決定する。

② 債務の資本化の対象となる債権の時価の算定

上記①と同じように作成された実態貸借対照表の債務超過金額をベースにして，債務者企業の合理的に見積もられた回収可能額に基づいて，債務の資本化の対象となる債権の時価（評価額）を算定する。

③ 債務の資本化に伴い交付される株式の税務上の評価の算定

金銭以外の資産の給付により取得した有価証券の取得価額は，法人税法施行令第119条第1項第二号において，給付をした金銭以外の資産の価額の合計額とされているので，債務の資本化の場合，現物出資財産である債権の時価によることとなる。この場合における現物出資債権の時価は，債務者企業および債権者双方が合意をした回収可能価額に基づき評価をすることが合理的であり，かつ，債務者企業の処理とも整合的である。このため，債務の資本化に伴い交付された株式の税務上の評価額は，上記②により算定される債務の資本化の対象となる債権の時価となる。

事業再生に係るDES研究会は，債務者企業側における債権の時価の算定および債権者が現物出資のより取得する株式の取得価額の算定について，前節(2)の税務上の金銭債権の評価における①の方法，すなわち金銭債権の流通する場合の取引の成立する価額（市場価額や売却価値）による評価は適当でないとしている。その理由として，次のようにまとめている（事業再生に係るDES研究会〔2010〕15頁）。

取得をする債権について，相対での取引価額がある場合には，その価額により評価するという考え方もある。しかし，企業再生税制

の適用場面において行われるこのような取引は，少数の特定取引であることが多く，そこで付される価額は客観的，かつ，合理的な価額とは限らない。

また，債務者企業が現物出資に伴い交付する株式の取引価額によって評価する方法についても，適当ではないとしている（事業再生に係る DES 研究会〔2010〕16 頁）。

　一方で，取得をする資産を評価するにあたっては，交付する資産の価額により評価するという考え方もある。この点，交付する資産が株式である場合には，一般的に株式の価値は，その発行に際して払い込まれる資産（DES の場合は債権）を含めた会社財産の実体価値であるため，上場企業における株式市場での株価や非上場会社での客観的な相対価格が存在する場合を除けば，その株式の価値をもって取得する資産を評価することは問題があると考える。

　また，上場企業における株式市場での株価や非上場会社での客観的な相対価格が存在する場合においても，これらの価格には，債権の回収期間後の期待価値が含まれ，債権の評価と異なる価額となり，企業再生税制の適用場面における合理的な現物出資債権の評価として適切ではない。さらに，再生企業の株価は，業績の回復の期待や倒産の噂等に左右されるほか，既存株主の責任としての減資や株式併合が適切に行われない場合，再生企業における株主持分を正確に表さない結果となることも考えられる。

このように，事業再生に係る DES 研究会は金銭債権の評価においては，債務者企業の合理的に見積もられた回収可能額に基づき評価することが適当であるとしている。

2　債務消滅益への対応

　債務の資本化による現物出資が適格現物出資に該当しない限りにおいて，いわゆる評価額説に基づいた取扱いがなされ，債務者企業において債務消

減益が発生し，課税所得を構成することは上述の通りである。企業再生局面において発生した債務消滅益に課税を行うと，当初の目的である企業再生を阻害するとの意見もあるので，企業再建の促進・円滑化という政策的観点から，法人税法は一定の要件を満たす企業再生においては課税の軽減措置を図っている。これらの措置は企業再生税制とも呼ばれるが，以下では企業再生税制の主な変遷を通じて，企業再生局面の債務消滅益について法人税法がどのような対応を図ってきたかを考察する。

(1) 2005（平成17）年度の企業再生税制の創設

　企業再生に関わる税制上の措置は，2005（平成17）年度の税制改正により企業再生税制が創設される以前から，法人税法第59条に「資産整理に伴う私財提供等があった場合の欠損金の損金算入」規定があり，商法の規定による整理開始の命令等があった場合に，債務の免除を受けた金額の合計額に達するまでの金額については期限切れの欠損金額の損金算入を認めると定めていた。しかしながら，この規定は会社更生法や更生特例法による整理開始の決定の場合や民事再生法の規定により再生手続きの開始の決定があった場合などに限定されており，債務者企業が債権者等と行う私的な協議（私的整理）については，その対象外となっていた。

　そこで，2005（平成17）年度の税制改正によって，従来の会社更生法等の法的整理に加えて，民事再生法の法的整理に準じた一定の私的整理の場合にも，企業再生を推進するための税制上の措置を講じるとともに，従来からの企業再生に関わる税制上の措置の拡充も図られた。つまり，企業再生における①資産の評価益の益金算入制度の整備（法人税法第25条第2項および第3項），②資産の評価損の損金算入制度の整備（法人税法第33条第3項および第4項），③欠損金の損金算入制度の整備（法人税法第59条第2項）である。欠損金の損金算入制度の整備とは，債務免除益，私財提供益および資産の評価損益（債務免除益等）の合計額に達するまでの金額について，期限切れ欠損金を青色欠損金等に優先して損金の額に算入するというものである（図表4を参照）。

図表 4　債務免除益等と税務上の損金の関係（2005 年度）

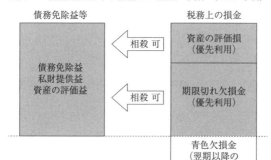

（出所）渡辺〔2005〕35 頁，図表 5 をもとに筆者作成

　なお，民事再生法の法的整理に準じた一定の私的整理とは，次の要件を満たすものとされている（法人税法施行令第 24 条の 2 第 1 項）。
① 　一般に公表された債務処理を行うための手続についての準則に従って再生計画が策定されていること。
② 　債務者の有する資産および負債につき，準則に定められた資産および負債の価額の評定に関する事項に従って資産評定が行われ，その資産評定による価額を基礎とした債務者の貸借対照表が作成されていること。
③ 　上記②の貸借対照表における資産および負債の価額，その債務処理に関する計画における損益の見込み等に基づいて債務者に対する債務免除額が定められていること。
④ 　2 以上の金融機関等または政府関係金融機関もしくは協定銀行が債務の免除をすることが定められていること。

(2) **2006（平成 18）年度企業再生税制の改正**

　2006（平成 18）年度の税制改正では，債務免除益等に対する欠損金の損金算入制度の対象に，上記の債務免除益等に加えて，「当該債権が債務の免除以外の事由により消滅した場合でその消滅した債務に係る利益の額が

生ずるときを含む」こととされ，債務の資本化に伴う債務消滅益の額が含まれることとなった（法人税法第59条第1項第一号および第2項第一号の括弧書き部分）。

図表5　債務免除益等と税務上の損金の関係（2006年度）

債務免除益等	税務上の損金
債務免除益 私財提供益 資産の評価益 ＋ 債務消滅益	資産の評価損 （優先利用）　←　相殺 可
	期限切れ欠損金 （優先利用）　←　相殺 可
	青色欠損金 （翌期以降の 課税所得と相殺可）

（出所）図表4と同じ

(3)　2009（平成21）年度企業再生税制の改正

　民事再生法の法的整理に準じた一定の私的整理の要件の1つは「2以上の金融機関等または政府関係金融機関もしくは協定銀行が債務の免除をすることが定められていること」（法人税法施行令第24条の2第1項第四号）であり，金融機関等による「債務免除」が要件とされていたが，2009（平成21）年度の税制改正では，これに債務の資本化による債務消滅が加えられ，「債務免除等」（下線筆者）に文言が修正された。

(4)　債務消滅益課税への対応

　企業再生局面において債務の資本化により生ずる債務消滅益について，企業再生を推進するためにも，一定の要件の下で課税を回避するための法人税法上の改正が行われてきた。当初は法的整理における債務免除益を期限切れ欠損金の損金算入を認めるものであったが，それが法的整理のみならず，一定の私的整理にまで企業再生の範囲が拡大し，また債務免除益の

みならず，債務の資本化によって生ずる債務消滅益をも含めた金額が期限切れの欠損金の損金算入の対象とされたのである。

このような対応が税制上行われるのは，あくまで企業再生という政策的な目的からであり，それゆえ資産の評価損や期限切れ欠損金の損金算入が認められるのは，会社更生法や民事再生法等における法的整理や一定の要件を満たす私的整理に限定されているのである。通常の私的整理や負債整理の場合には，債務の資本化により生ずる債務消滅益は，当該益金の発生する事業年度において相当な損金の発生が見込まれるか，または債務消滅益に見合うだけの青色欠損金を有していなければ，課税の可能性は存在する（法的整理等の場合にも，企業再生税制の適用後に課税所得が計算されることもあり得るが，実際的ではない）。

Ⅶ　裁判例の検討

債務の資本化が資本等取引に該当するか，債務の資本化により生ずる債務消滅益課税について争われた事例として，「東京地裁判決平成21年4月28日[21]」を取り上げ，検討する[22]。本件の争点は，①役員報酬の損金不算入の適否，②債務の資本化について債務消滅益が生ずるか否か，③自己株式の譲渡について債務消滅益が生ずるか否か，の3点であるが，本稿の主題である②についてのみ検討する。なお本件は，平成23年3月29日，最高裁判所の上告不受理により判決が確定している。

---

(21)　東京地方裁判所判決平成21年4月28日（平成19年（行ウ）758号）（D1-Law，判例ID：28211107）；東京高等裁判所判決平成22年9月15日（平成21年（行コ）206号）（D1-Law，判例ID：28211919）；最高裁判所平成23年3月29日上告不受理決定（D1-Law，判例ID：28220634）。

(22)　柳〔2017〕によれば，「本件は，関連会社を介し行われたDESであり，かつ当該DESが適格現物出資に該当する取引であることなど特殊な部分もあるが，近似（近時）DESにかかる課税処分が争われた数少ない事案として，分析・検討すべき重要な判例である」と紹介されている（柳〔2017〕31頁，括弧内筆者）。

1 事案の概要

本件は、原告である同族会社（X社）と「同一者の支配関係」があるC社との間でなされた債務の資本化に係るものである。C社は所有するX社宛の貸付債権（額面額：4億3,044万2,435円、取得価額：1億6,200万円）のうち、4億3,040万円の債権をX社に現物出資し、普通株式80万株（1株の発行価額538円）を交付した。この金銭債権の現物出資については、改正前商法第280条の8第1項に基づいて、券面額説に従った検査役の調査が行われ、当該現物出資が適当である旨の報告が行われた。そこで、債務者企業であるX社は下記の会計処理を行い、課税所得の計算を行い申告した。

（借）長期借入金　430,442,435　　（貸）資　本　金　400,000,000
　　　　　　　　　　　　　　　　　　（貸）資本準備金　 30,400,000
　　　　　　　　　　　　　　　　　　（貸）雑　収　入　　　 42,435

原告の行った計算について、東京上野税務署長はC社からの債権の現物

図表6　事案における債務の資本化の概要

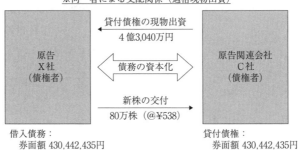

出資は適格現物出資に該当し，同社への新株発行による同社に対する債務の株式への転化（債務の資本化）につき混同による債務消滅益2億6,844万2,435円の益金への計上漏れがあることを指摘し，過少申告加算税賦課決定および重加算税賦課決定処分を行ったところ，原告X社が課税処分の取り消しを求めて出訴したものである。

2　判　　旨

　　東京地方裁判所は，本件の債務の資本化により債務消滅益が発生し，被告（課税庁）の行った債務消滅益の課税所得への益金算入は適当であるとの判断を下し，原告の訴えを退けた。

　　同地裁は，「我が国の会社法制上，これを直接実現する制度は設けられていないため，実務上，既存の法制度を用いてこれを実現する方法としては，株式会社の債権者がその有する債権を当該会社に対し現物出資し，混同により当該会社の債務を消滅されるとともに，当該会社が当該債権者に対し現物出資された債権に相応する株式を発行する方法が採られており，これは債権者の側からは債権を株式化する手法と認識され，債務者である会社の側からは他人資本を自己資本化する手法として認識されている。」と，債務の資本化の法的構成を確認している。

　　原告は，債務の資本化は「現物出資の形式を借用し，債務（負債）を出資できると擬制してきたのであり，DESによって移転するのは資産ではなく，自己の債務であるから，法人税法が規定する現物出資に該当せず，法人税法等の現物出資に係る関係法令は適用されない」とし，また現物出資により原告に移転した債権およびこれに対応する債務の消滅が生じる本件の債務の資本化は「一の取引行為であり，全体として法人税法22条5項の資本等取引に該当する」と主張している。

　　しかしながら，現行の法制度の下においては，「法令上，DESを直接実現する制度について何らの規定が設けられていない以上，株式会社の債務（株式会社に対する債権）を株式に転化するためには，既存の法制度を利用

するほかなく，既存の法制度を利用する以上，既存の法制度を規律する関係法令の適用を免れることはできないというべき」であり，債務の資本化は「〈1〉会社債権者の債務者会社に対する債権の現物出資，〈2〉混同による債権債務の消滅，〈3〉債務者会社の新株発行及び会社債権者の新株の引受けという各段階の過程を経る必要があり，それぞれの段階において，各制度を規律する関係法令の規制を受けることとなる」として，原告の法人税法の現物出資に係る関係法令は適用されないとの主張には理由がないと判断を下している。また債務の資本化は複合的な取引ではなく，「一の取引」であり，「資本等取引」に該当するのであるから，課税所得計算には含まれないとの主張についても，上記と同様に，債務の資本化を複合的な取引として分解するのが適当であり，〈2〉の混同において債務消滅益が発生すると判断している。

　原告は，「法人税法22条2項にいう取引（損益取引）は，税法上明確な特則が法律によって定められていない限り，民商法等の他の法分野で定める取引と同義に解さなければならず，民商法上，混同は，人の精神作用を要件としない法律事実である事件であって，取引に当たらない」と主張しているが，これについて同地裁は，「法人税法22条2項の規定の性質上，同項の『資産の販売，有償又は無償による資産の譲渡又は役務の提供，無償による資産の譲受け』は『取引』の例示であり，同項の『その他の取引』には，民商法上の取引に限られず，債権の増加又は債務の減少など法人の収益の発生事由として簿記に反映されるものである限り，人の精神作用を要件としない法律事実である混同等の事件も含まれると解するのが相当である」として，「混同により消滅した本件貸付債務の券面額から上記資本等取引に当たる1億6,200万円を控除した残額は，損益取引により生じた益金と認められる」と判断を下している。

3　考　　察

　本判決においては，「債務の資本化」という仕組みを法制度上どのよう

に捉えるかが論点として争われた。原告は，債務の資本化は資本等取引に該当し，「一の取引」であると主張（一取引説）したのに対して，被告は「複合的な取引」（二取引説）であり，債権の現物出資は資本等取引に該当するが，混同により債権債務が消滅する際には債務消滅益が発生するので損益取引に該当するとしたのである。一取引説は，債務の資本化という仕組みを一つの取引行為として捉えようとする。通常の現物出資の場合，現物出資者が何らかの財産（資産）を現物出資し，その現物出資財産と引き換えに被現物出資会社は株式を交付し，株主からの払い込みが完了したと見なすのである。この場合には現物出資は「一の取引」であり，資本等取引に該当することに異論はない。

　債務の資本化は通常の現物出資とは異なり，自己宛の金銭債権が現物出資されることにより，民法上の混同によって自己の所有する金銭債務が消滅するのである。債務の資本化には，どうしても債権債務の相殺が必要であり，その意味では一の取引ではなく，複合的な取引と考えざるを得ない[23]。債務の資本化により，それまで返済義務を負っていた債務に係る返済義務がなくなるのである。債務者にとって，この債務の免除により返済を免れるのと同様の効果をもつといえる。債務の免除による利益（債務免除益）ついて，企業会計では収益として処理し，課税所得計算上は益金に

---

[23]　金子宏〔2010〕は，「法人の行うすべての取引を資本等取引と損益取引のいずれかに峻別することは，果たして可能であろうか」との疑問から，法人の取引の中には両者の要素が「混合ないし混在している取引」があるのではないかと考え，「混合取引」として整理し，混合取引の類型に「現物配当，残余財産の現物分配，現物出資（特にデット・エクイティ・スワップ），自己の株式の取引等」をあげている（金子宏〔2010〕338頁）。債務の資本化について，「資本取引の一種であるが，評価額説をとった場合には，それは券面額と評価額の差額に相当する金額の債務免除ないし債務消滅の要素を含む混合取引にあたり，債務者に生ずる債務免除益ないし債務消滅益は収益として課税の対象となる」（金子宏〔2017〕329頁）としている。
　なお，簿記では取引を交換取引と損益取引に区分し，交換取引と損益取引を含む取引を「混合取引」と呼んでいる。交換取引とは，取引により損益の発生を伴わない取引であり，資本取引は交換取引の1つである。

算入することに異論はない。だとするならば、債務の資本化による債務の消滅により生じる利益（債務消滅益）も、債務免除益と同様に処理されて当然であろう。このように考えれば、被告の主張および東京地裁の判断は妥当であったといえる。

Ⅷ　おわりに

本稿は、債務の資本化についての現行制度上の取扱いを中心に検討してきた。債務の資本化は、企業再生の局面以外においても採用されうる手法であるが、わが国では企業再生策の1つとして取り上げられ議論が行われてきたのであり、議論の進展とともに会社法制や税制においても、一定の手当がなされるに至ったといえる。

会社法制においては、現物出資財産の評価をめぐって券面額説と評価額説という2つの考え方があり、従来は評価額説に基づく処理が行われていたが、2000年に東京地裁民事第8部が金銭債権の評価について券面額説の採用を明らかにして以降、実務上は券面額説による取扱いがなされていたようである。2006年の会社法の施行に伴い、債務の資本化が行われる際に、現物出資される弁済期到来済の金銭債権の価額が、負債の帳簿価額（＝金銭債権の額面額）を超過しない場合には、検査役の調査は不要となったが、これは会社法が券面額説を採用したのではなく、債務の資本化により増加する資本金等の額が「負債の帳簿価額を超えない」範囲内の金額を意味しているに過ぎず、券面額説による評価額である額面額のみならず、評価額説による評価額（時価）をも含んでいるのであるから、会社法が「券面額説」を明文化したとはいえないのである。

企業会計における債務者企業の会計処理については、債務者企業が券面額説、評価額説のいずれの考え方により処理を行ったかによって、2通りの会計処理が考えられる。しかしながら、企業会計上、「一般に公正妥当と認められる企業会計」と考えられる会計処理は、金銭債権は回収可能額

に基づいて評価されることから，券面額説に基づくものではなく，むしろ評価額説的な処理となる。ただし，ここでいう回収可能額とは，金銭債権の額面額（取得原価）から貸倒引当金を控除した後の金額である。

　法人税法上，債務の資本化における債務者企業の取扱いは，金銭債権の現物出資により増加する資本金等の額は，給付を受けた金銭以外の資産の「価額」，つまり時価評価額であり，金銭債権の額面金額と時価評価額との差額は債務消滅益として益金に算入される。この評価額である時価については，〔Ⅵ〕において検討したように，実務上，その算定は容易ではないことは明らかである。また債務の資本化という債権者と債務者企業との取引は資本等取引に該当するのであるから，そもそも債務の資本化という取引から損益は発生しないという主張も存在するが，裁判例の検討で明らかにしたように，①現物出資と新株の交付，②混同による債権債務の相殺（債務消滅益の発生）の2段階で債務の資本化を捉えて処理することには妥当性があるといえる。

　さいごに，本稿では本論集のテーマである純資産の部の検討を行うために，債務の資本化における債権者の取扱いの検討はほとんど行っておらず，検討の対象外となっている。

【参考文献】

明石一秀・弥永真生〔2001〕「債務超過会社の債務の株式化」企業法学会編『企業法学（2000 Vol. 8）』商事法務研究会。

江頭憲治郎〔2017〕『株式会社法（第7版）』有斐閣。

江頭憲治郎・森本滋・岩原紳作・山下友信・神田秀樹〔1990〕「座談会 商法改正事項についての論点」『旬刊商事法務』第1215号，48-77頁。

太田達也〔2017〕『「純資産の部」完全解説：「増資・減資・自己株式の実務」を中心に』税務研究会出版局。

大谷禎男〔1990a〕「商法等の一部を改正する法律の解説〔2〕」『旬刊商事法務』第1223号，2-7頁。

大谷禎男〔1990b〕「商法等の一部を改正する法律の解説〔7〕」『旬刊商事法務』第1228号，21-26頁。

岡村忠生〔2006〕『法人税法講義（第2版）』成文堂。

笠原武朗〔2006〕「株式会社に対する金銭債権の現物出資」『法政研究』（九州大学法政学会）第72巻3号，29-49頁。

金子友裕〔2010〕「法人税法におけるDESによる債務免除益」『月刊税務事例』第42巻12号，42-48頁。

金子宏〔2009〕「法人税における資本等取引と損益取引—『混合取引の法理』の提案—」『税財政の今後の課題と展望（日本租税研究協会創立60周年記念租税研究大会記録）』（http://www.soken.or.jp/p_document/pdf/p_taikaikiroku2009_Part1.pdf：2019年2月28日アクセス）。

金子宏〔2010〕「法人税における資本等取引と損益取引：「混合取引の法理」の提案（その1．「現物配当」）」金子宏編『租税法の発展』有斐閣，337-353頁。

金子宏〔2017〕『租税法（第22版）』弘文堂。

神田秀樹〔2002〕「債務の株式化（デット・エクイティ・スワップ）」『ジュリスト』1219号，30-34頁。

企業会計基準委員会〔2002〕「実務対応報告第6号：デット・エクイティ・スワップ実行時における債権者側の会計処理に関する実務上の取扱い」（https://www.asb.or.jp/jp/wp-content/uploads/des.pdf：2019年2月28日アクセス）。

企業会計基準委員会〔2008〕「企業会計基準第10号：金融商品に関する会計基準」（https://www.asb.or.jp/jp/wp-content/uploads/fv-kaiji.pdf：2019年2月28日アクセス）。

国税庁〔2005〕『平成17年度 法人税関係法令の改正の概要』（https://www.nta.go.jp/publication/pamph/hojin/kaisei2005/01.htm：2019年2月28日アクセス）。

郡谷大輔・和久智子編〔2008〕『会社法の計算詳解：株式会社の計算書類から組織再編行為まで（第2版）』中央経済社。

齋藤真哉〔2016〕『現代会計』放送大学教育振興会。

財務省〔2006〕『平成18年度税制改正の解説』（ファイナンス別冊）大蔵財務協会（https://www.mof.go.jp/tax_policy/tax_reform/outline/fy2006/f1808betu.pdf：2019年2月28日アクセス）。

財務省〔2009〕『平成21年度税制改正の解説』（https://www.mof.go.jp/tax_policy/tax_reform/outline/fy2009/explanation/index.html：2019年2月28日アクセス）。

事業再生に係るDES研究会〔2010〕『事業再生に係るDES（Debt Equity Swap：債務の株式化）研究会報告書』経済産業省（https://www.nta.go.jp/law/bunshokaito/hojin/100222/pdf/01.pdf：2019年2月28日アクセス）。

鈴木一水〔2018〕「資本等取引」『税研』第198号，75-80頁。

東京地判平成21年4月28日（東京地方裁判所平成19年（行ウ）第758号法人税更正処分取消請求事件）（『訟務月報』第56巻6号，1848頁）。

長岡英二・大野貴史〔2006〕「18年度改正後のDESの税務ポイント」『税務弘報』6月号（VOL.54/NO.6），39-45頁。

長浜洋一〔1987〕「§280ノ8〔現物出資の検査〕」上柳克郎・鴻常夫・竹内昭夫編集代表『新版 注釈会社法（7）新株の発行』有斐閣，245-257頁。

成道秀雄〔2015〕『税務会計―法人税の理論と応用―』第一法規。

日本税理士会連合会業務対策部『現物出資等における財産の価額の証明等に関する実務〔改訂版〕』（http://www.nichizeiren.or.jp/suggestion/siryo-10/14.pdf：2019年2月28日アクセス）

針塚遵〔2001〕「東京地裁商事部における現物出資等検査役選任事件の現状」『旬刊商事法務』1590号，4-9頁。

針塚遵〔2002〕「デット・エクイティ・スワップ再論」『旬刊商事法務』1632号，16-21頁。

藤田友敬〔2008〕「新会社法におけるデット・エクイティ・スワップ」新堂幸司・山下友信『会社法と商事法務』商事法務，117-142頁。

藤曲武美〔2013〕「資本等取引：東京高裁平成22年9月15日判決の検討」『税務弘報』8月号（VOL.61/NO.8），143-150頁。

藤原総一郎編〔2014〕『DES・DDSの実務（第3版）』金融財政事情研究会。

前川宗大〔2005〕「デット・エクイティ・スワップ」『税務弘報』1月号（VOL.53/NO.1）86-95頁。

八ツ尾順一〔2006〕「税法における資本等取引と損益取引の区分」『税理』第49巻7号，26-32頁。

柳綾子〔2017〕『企業再生税制の研究―債務の株式化と債務免除益課税―』（学位論文〔課程博士〕―成蹊大学，2016年度）

弥永真生〔2002〕「債務の株式化：ヨーロッパにおける扱いを参考にして」『ジュリスト』1226号，84-90頁。

弥永真生〔2009〕『リーガルマインド会社法（第12版）』有斐閣。

山神理〔2012〕「第3款 金銭以外の財産の出資」江頭憲治郎・中村直人編『論点体系 会社法 2 株式会社II』第一法規。

我妻榮・有泉亨・清水誠・田山輝明〔2008〕『我妻・有泉コンメンタール民法―総則・物権・債権―（第2版）』日本評論社。

渡辺昌昭〔2005〕「法人課税―人材投資減税・債務免除益の課税軽減」『税務弘報』5月号（VOL.53/NO.5），30-37頁。

純資産の部の総合的検討

第7章　新株予約権，新株予約権付社債，株式報酬費用，種類株式

税理士　白土　英成

I　は　じ　め　に

　1990年代後半，企業の国際化，情報化が急激に進む中，経済界から，企業の基本である「人・物・金・情報」のあらゆる分野で既存の規制に対する変革が求められた。

　企業の基本法である商法（会社法）も，様々な環境の変化に対応すべく改正が行われた。そして，資金調達を円滑に行うべく，配当に対する優先権を持つ種類株式や新株予約権の導入，有能な人材を確保するためのストック・オプション等の法整備が順次なされてきたが，同時に資本の考え方も変化してきたと考えられる。そこで，はじめに資本に対する会社法と税務の考え方や資本に係る両者の変遷をまとめることとする。

　平成17年6月29日に成立した会社法では，最低資本金制度（1,000万円）が廃止されるとともに，法定準備金を資本金の4分の1とする減少限度額も撤廃された。さらに株主の払込資本を構成する資本金・資本準備金・その他資本剰余金の3区分は総会決議と債権者保護手続きを採れば相互間の金額の移動が自由にできることとなった[1]。最終的に払込資本をす

べて配当可能な「その他資本剰余金」とすることが可能となったのである。

当時，安藤英義氏は「資本維持制度における資本概念は実質的にもはや崩壊していると言わざるを得ない。そして払込資本に代わる新しい資本概念は不在である」と評している[2]。

一方，税務会計では，平成13年改正法人税法が払込資本と留保利益の峻別を明確に示した。それは，株主等が拠出した部分の金額（払込資本）と法人が嫁得した部分の金額（留保利益）を峻別し，両者を混同させないことであり，その結果，資本積立金額と利益積立金額のいずれもマイナスが生ずることを明確にしたのである。例えば，会社法上はその他資本剰余金による損失補てんがあっても，税務上は資本金等が減少して利益積立金が増加することはない。同様に利益の資本組入れがあっても，税務上は資本金等が増加して利益積立金が減少することはない[3]。このことは当時の商法会計に対する税務会計の独自化とも評された[4]。

平成18年度改正法人税法で，会社法の制定に伴う法整備がなされ，資本金額，出資金額，資本積立金額を区別せず，法人が株主等から出資を受けた金額として政令で定める金額を「資本金等の額」とした（法法2十六）。また，法人の資本金等の額の増加又は減少を生ずる取引の内容及び増加又は減少する金額については，法人税法施行令第8条第1項で詳細に規定された。

税務上，純資産は株主等の拠出部分と課税済留保利益のみで構成されている。法人段階での所得課税と株主段階での課税を適正に行うためにもそれぞれを厳格に管理する必要がある。また，資本金の金額は，寄付金や交際費の損金不算入限度額に代表されるように会社の規模を図る指標として

---

(1)　八ッ尾順一稿〔2006〕「税法における資本等取引と損益取引の区分」「税理」第49巻第7号2006年5月29頁

(2)　安藤英義稿〔2009〕「会社法における資本概念の崩壊と税務会計」「税経通信」第64巻第1号2009年1月44頁

(3)　鈴木一水稿「会計と税務の接点と乖離」「税研」198号2018年3月78頁

(4)　安藤英義稿（前掲）46頁

重要な意義を持っている。中小企業にとって，資本金の額による影響は実務的に大きい。

　平成 27 年に政府より公表された「日本再興戦略」を背景に法人税改革やコーポレート・ガバナンス強化，経済連携交渉への本格的な取り組みなどにより，企業経営者の「攻めの経営」を後押しするための施策が示されたが，そこでは経営陣に中長期の企業価値創造を引き出すためのインセンティブを付与するため，金銭ではなく株式による報酬，業績に連動した報酬等の柔軟な活用を可能とするための仕組みの整備等を図ることが明記された[5]。

　この状況を踏まえて，平成 27 年 7 月 24 日経済産業省から，「コーポレート・ガバナンス・システムの在り方に関する研究会」報告書が公表され，そこで我が国企業の役員報酬が依然として固定報酬中心であり，業績連動報酬や株式報酬の割合が低いことの指摘を踏まえて，金銭報酬債権を現物出資する方法で株式報酬制度の仕組みを整理する報告がなされた。その後，様々な種類の現物株式報酬が導入されている。

図1　各国の CEO 報酬比較（売上高等 1 兆円以上企業）（2015 年度）

出典：CGS 研究会（コーポレート・ガバナンス・システム研究会）（第 6 回）—配布資料ウィリス・タワーズワトソン 説明資料

---

(5)　「日本再興戦略」改訂 2015（2015 年 6 月 30 日閣議決定）43〜44 頁

II　新株予約権，種類株式等に関する諸制度の変遷

(1)　平成13年商法改正まで

　近年，株式に関する制度改正が頻繁に行われ，金庫株制度，種類株式制度，新株予約権制度等，株式制度は多種多様化されている[6][7]。

　昭和13年商法改正では，①優先株式，劣後株式の発行，②無議決権株式制度及び③転換株式制度と転換社債制度が導入された。昭和25年商法改正では，①1株1議決権の確立，②授権資本制度の導入及び③最低券面額は500円との改正がされた。そして，昭和37年改正では，商法の資本概念（資本金及び資本準備金）は株主の払込資本によることが明確になった。また，払込資本と利益準備金は配当財源から外されて維持されることとなった。その後，昭和56年改正で最低券面額は50,000円に改正され，平成2年商法改正では，最低資本金（1,000万円）制度が導入されたのである。

　平成7年3月に政府は「規制緩和推進計画」を発表し，ストック・オプション制度解禁に向けて動き出したが，早急にストック・オプション制度の実現を求めていた議員たちの政治判断から，議員立法によって平成9年商法改正が行われた。その結果，一定の条件のもと新株引受権方式のストック・オプション制度が導入された。

　この改正に呼応して，平成10年度税制改正では税制適格ストック・オプションにおける権利行使時の経済的利益については株式売却時まで課税が繰り延べられる手当てがなされた。

　さらに平成11年商法改正では，株式移転，株式交換制度が新設され，平成12年商法改正では会社分割制度が新設された。

---

(6)　高岡義幸稿〔2009〕「種類株式から見た株式会社の設計思想—コーポレート・ガバナンス体制の変化—」「広島経済大学経済研究論集」第32巻第1号

(7)　あずさ監査法人〔2009〕『新版種類株式ガイドブック—完全活用と会計・税務』清文社

図2　資本維持制度

(2) 平成13年6月からの一連の商法改正

　平成13年6月改正により，金庫株解禁に伴う自己株式買受規制の緩和ならびに額面株式が廃止され，さらに発行価額の規制の撤廃が行われた。また，法定準備金の規制緩和が行われた。さらに11月改正及び平成14年5月改正を通じて，種類株式の見直しが行われた。この一連の商法改正は，資本概念に大きな変化をもたらした改正であると言われている。

　平成13年6月改正（平成13年10月1日施行）（法七九号議員立法）では，①自己株式の取得・保有規制の見直し，②株式の大きさに関する規制の見直し（額面株式を廃止し，また，設立時の発行価額5万円未満の禁止などを撤廃）及び③法定準備金の規制緩和が行われた。

　平成13年11月改正（平成14年4月1日施行）では，種類株式制度の見直しと新株予約権制度の創設が行われた。特にストック・オプション制度は新株予約権という概念のもと，それまでの自己株式方式と新株引受権方

式を統合した制度として再構築され，本格的なストック・オプション制度が創設された[8]。

　平成13年商法改正以前は，新株を優先的に引き受ける権利として新株引受権を定めており，ストック・オプションとして付与する場合に発行されていた。新株引受権を付与された者は，権利行使期間中に権利行使を行い，会社から新株の交付を優先的に受けることができたため，この点では新株予約権と相違はない。しかし，新株予約権の場合，交付する株式は新株に限らないという点で新株引受権とは違いがある。つまり，自社があらかじめ保有していた自己株式を新株に代えて，新株予約権者に交付可能となったのである。その結果，新株発行か自己株式の処分なのかにより，発行会社における新株予約権の会計処理は異なることとなった。

　ただし，ストック・オプション付与時の処理については，旧商法では，労務出資規制との関係上，無償による新株予約権の発行として整理され，会計上は特に明示されておらず，法人税法上も特段の規定は存在しなかった[9]。

(3)　平成17年6月29日新会社法の成立

　新会社法以前は，新株予約権の発行時の時価相当額を金銭で払い込む必要があり，金銭の払込なしに新株予約権を交付する場合には株主総会の特別決議が必要であった。したがって，実務上，付与するためのハードルは高かったと言える。

　しかし，平成17年新会社法では，ストック・オプションの交付を受けた役員や従業員はその後報酬以上に働くと会社に対して未収の労働債権を有することになるため，その累積した労働債権とストック・オプションの時価相当額が相殺されるとの考えが導入された。ストック・オプションが

---

(8)　日本公認会計士協会東京会〔2003〕「公認会計士業務資料集」別冊18号43頁より引用・加筆。

(9)　武田昌輔〔1979〕『DHCコンメンタール法人税法』第一法規出版3447の13頁〔最終加除2018年7月〕

報酬の一部であることを認め，金銭報酬と同様の扱いとなるように役員や従業員に無償で新株予約権を付与してもインセンティブ目的であれば有利発行決議の必要はないとされた。つまり，ストック・オプションは，無償発行であっても有利発行に該当しない取扱となったのである。

そして，新株予約権と引換にする金銭の払込みに代えて役務の提供により発生する報酬債権で相殺するという法律構成をとることによって，労務出資規制との関係を解決し，会計上費用計上するにあたっての対応が図られたのである[10]。

また，新株予約権を利用することにより，敵対的な買収に対する防衛策が格段にとり易くなった。買収者の議決権比率を下げるために，①買収者が買い占めた株式を議決権のない株式に強制的に転換してしまう方法と②既存株主に新株を無償で取得できる権利である「新株予約権」を割り当てておく方法が創設された。これらは，「ポイズン・ピル（Poison Pill）（毒薬条項）」と呼ばれている。また，ポイズン・ピル以外にも株式を友好企業に保有して貰う「黄金株（Gold Stock）」と呼ばれる特別な防衛策手法があるが，新会社法では，黄金株を譲渡禁止にできるようにした。

さらに，定款自治の拡大により，株式の種類が多様化され，①普通株式，②株式の内容について特別な定めのある「特別株式」（会107①），そして③内容の異なる2以上の種類の異なる株式である「種類株式」（会108①）の3つの区分に分類されることとなった。

会社法がすべての株式の内容として認めているのは，現在①譲渡制限，②株主から会社への取得請求権及び③会社による強制取得に限定され（会107），その要件は以下のようになっている。

① 譲渡制限株式（会107①一）
譲渡による当該株式の取得について会社の承認を要すること

---

(10) 武田昌輔（前掲）3447の13頁

② 取得請求権付株式（会107①二）

当該株式について，株主が会社に対してその取得を請求することができ
ること

③ 取得条項付株式（会107①三）

当該株式について会社が一定の事由が生じたことを条件として取得する
ことができること

繰り返しになるが，特別株式は会社が発行する「全部の株式」に適用さ
れるものであり，一部の株式に適用される種類株式とは性格を異にする。

(4) 平成17年12月の企業会計基準第8号「ストック・オプション等に関する会計基準」の公表

「ストック・オプション等に関する会計基準」は平成14年12月に企業
会計基準委員会より公表された「ストック・オプション会計に係る論点整
理」の帰着である。当時，エンロン事件等の会計不祥事は，役職員に対す
る多額のストック・オプションによる報酬がその一因であると考え，欧米
ではストック・オプションについて費用計上処理を義務づけていた。そこ
で日本もストック・オプションを費用計上し，その結果である債権を資本
へ充当処理するとしたものである。

この基準により，ストック・オプションの発行時の時価相当額を役務提
供すると見込まれる期間，つまり発行日から権利行使が可能になる日まで
の間にわたって費用化することとされた。また，ストック・オプションを
権利行使した際には費用計上の結果として積み上がった労働債権を資本に
充当されることとされた[11]。また，当該基準の公表と同時に企業会計基準
適用指針第11号「ストック・オプション等に関する会計基準の適用指針」
も公表された[12]。

---

(11) 税理士法人山田&パートナーズ・優成監査法人・山田ビジネスコンサルティング
編著〔2017〕『新株予約権の税・会計・法律の実務Q&A第7版』中央経済社3頁
(12) 2005年12月27日企業会計基準委員会

(5) 平成27年・28年日本再興戦略

　内閣による日本再興戦略では，経営陣に中長期の企業価値創造を引き出すためのインセンティブとして，株式報酬・業績連動報酬の活用を進める方針，取締役会の役割・運用方法，CEO の選解任・後継者計画ならびにインセンティブ報酬の導入等に関する指針等具体的な事例集の策定が打ち出された。

　コーポレートガバナンス・コード[13]には「経営者の報酬は，持続的な成長に向けた健全なインセンティブの一つとして機能するよう，中長期的な業績と連動する報酬の割合や，現金報酬と自社株報酬との割合を適切に設定すべきである」と示されている。

　なお，2018年6月に公表された改訂版では，「取締役会は経営陣の報酬が持続的な成長に向けた健全なインセンティブとして機能するよう，客観性・透明性ある手続きに従い，報酬制度を設計し，具体的な報酬額を決定すべきである。その際，中長期的な業績と連動する報酬の割合や，現金報酬と自社株報酬との割合を適切に設定すべきである」[14]とされている。

(6) 平成27年7月の経済産業省による「コーポレート・ガバナンス・システムの在り方に関する研究会」報告書の公表[15]

　当報告書により，実務的に簡易な手法（金銭報酬債権を現物出資する方法）を用いて，いわゆるパフォーマンス・シェアやリストリクテッド・ストックを導入するための手続きが整理された。

　また，我が国においては，株式型ストック・オプションという株式保有と類似した状態の実現を意図するストック・オプションは存在していたが，欧米において中長期のインセンティブとして普及しているパフォーマンス・シェアやリストリクテッド・ストックと同様の仕組みを導入するため

---

(13)　東京証券取引所と金融庁が2015年6月1日に公表した上場企業が守るべき企業統治の行動規範。

(14)　2018年6月1日コーポレートガバナンス・コード15頁補充原則4-2①

(15)　中長期的な企業価値向上に向けたコーポレート・ガバナンスの実践を実現するために8回にわたり議論並びに検討がなされた。

の手続き（金銭報酬債権を現物出資する方法）が整理されたことにより，最近の株主総会では様々な現物株式報酬の導入事例が見受けられるようになった。

(7)　日本再興戦略の施策に呼応する税務上での様々な急ピッチの改正

① 　平成 28 年度税制改正[16]

- 特定譲渡制限付株式を事前確定届出給与の対象とし，損金算入を認めることとした。
- 利益連動給与について，対象となる指標（ROE 等）の追加，明確化を行った。
- 特定譲渡制限付株式を交付された役員等の所得税について，新株予約権と同様に交付された日ではなく，特定譲渡制限付株式の譲渡の制限が解除された日を給与等課税事由が生じた日と明確化した。同時に法人税法においても新株予約権と同様に給与等課税事由が生じた事業年度に損金算入されるものとした。

② 　平成 29 年度税制改正[17]

業績連動給与や株式報酬の普及を後押しする目的から，次の内容が取り込まれた。

- 株式報酬信託やストック・オプション等，各役員給与類型について，全体としての整合的な税制となるように見直した。
- 特定譲渡制限付株式やストック・オプションに係る課税の特例の対象を非居住者である役員や完全子会社以外の子会社の役員にも拡大した。
- 利益連動給与は業績連動給与に拡大され，複数年度の利益に連動したものや株価に連動したものを損金算入の対象とした。
- 事前届出給与や業績連動給与としてストック・オプションを交付できるようになり，これらに伴い，税制非適格ストック・オプションの税務処理も明確にされた。

---

(16)　2016 年 3 月 31 日公布
(17)　2017 年 3 月 31 日公布

図3 会社法

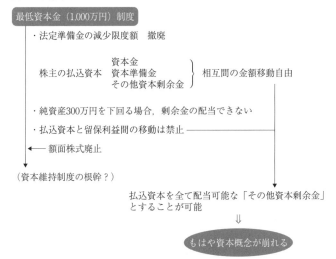

Ⅲ 新株予約権

1 会社法における新株予約権

　新株予約権とは，株式会社に対して当該株式会社の株式の交付を受けることができる権利をいい（会2二十一），平成13年の旧商法改正によって新株予約権制度は創設された。新株予約権を発行した会社から，あらかじめ定められた条件（発行価額及び権利行使に際して払い込むべき金額，権利行使が可能な期間等）で，購入できる権利であり，新株予約権を有する者が，権利を行使することにより当該株式会社の株式の交付が受けられる。また，行使するかしないかは，選択できることになる。なお，会社は新株予約権者に対して新株を発行して交付することもできるし，所有している自己株式を交付することもできる。

2 新株予約権の目的

新株予約権の活用としては，まず，ストック・オプションを従業員等に付与することで，彼らのモチベーションを高め，企業業績を向上させるためのインセンティブ目的がある。二つ目は資金調達目的としての活用がある。新株予約権付社債が代表例であるが，新株予約権を付与することによって金利を抑え，通常の社債より有利な発行条件で資金調達を行うことが可能となる。三つ目としては敵対的買収からの防衛目的であり，既存株主等にポイズン・ピル条項を付した新株予約権を発行しておき，それを行使することによって敵対的買収に対抗できる。

ここで，新株予約権とストック・オプションの関係について整理しておきたい。新株予約権は発行した会社から，あらかじめ定められた条件で会社の株式を取得できる権利であるが，取得者が金銭を払込むことにより付与されるものと金銭の払込に代えて，役員や従業員等に労働の対価（報酬）として与えるものがあり，後者をストック・オプションと呼ぶ。ストック・オプションは，従業員等が会社に労働を提供し，その見返りとして，金銭の支払いをすることなく「株を購入する権利」を譲渡する，会社の資金流出の伴わない報酬である。また，従業員等に労働の対価として与える場合だけではなく，会社が受け取った財貨又はサービスの対価として従業員以外に付与される場合もある。いずれにしても，ストック・オプションは新株予約権の一形態である。

3 新株予約権の会計処理と税務調整

(1) 新株予約権の処理

新株予約権は，会社が新株予約権を発行した場合には，純資産の部に計上する[18][19]。そして，権利が行使されたとき，資本金又は資本準備金に振り替える。また，権利行使されずに権利行使期限が来た場合には，純資産の部に計上されている新株予約権の残高を失効が確定した会計期間の特別利益として計上する。そして，この処理は会計上と税務上で同一となる。

第7章　新株予約権，新株予約権付社債，株式報酬費用，種類株式　207

(2)　新株予約権の権利行使の際に自己株式を処分した場合

自己株式を処分した場合には，新株予約権の払込金額ならびに新株予約権の権利行使に伴う払込金額の合計額と処分した自己株式の帳簿価額との差額を自己株式処分差額「その他の資本剰余金」として計上する[20]。この場合，自己株式に対する税務調整が生ずる。

設例1　新株の発行

当社は8,000,000円で発行した新株予約権を純資産の部に計上しているが，その新株予約権の2分の1について権利行使の請求があり，新株を発行した。新株発行時の払込金額の総額は30,000,000円であるがこのうち20,000,000円を資本金とする予定である。

- 会計上仕訳

（現　預　金）30,000,000（資　本　金）20,000,000
（新株予約権）4,000,000（資本準備金）14,000,000

- 会計上と税務上の処理は同一のため，税務調整なし。

設例2　自己株式の交付

当社は，8,000,000円で発行した新株予約権を純資産の部に計上しているが，2分の1について権利行使の請求があった。この権利行使に際して，

---

(18)　新株予約権の払込を受けた場合，払込金を返済することのない，返済義務のある負債ではないとの考えから，平成17年12月公表された企業会計基準第5号により，資産の部に新株予約権として記載された。平成13年商法改正前は権利行使の有無が確定するまでの間，その性格が確定しないことから，仮勘定として負債の部に計上することとされていた。

(19)　参考　企業会計基準第5号
貸借対照表の純資産の部の表示に関する会計基準（H17.12.9）企業会計基準委員会

(20)　企業会計基準第1号「自己資本株式及び準備金の額の減少等に関する会計基準」

当社が保有している自己株式（会計上簿価 32,000,000 円）を交付し，権利行使価額 30,000,000 円を受領した。また，自己株式取得時にはみなし配当が5,000,000 円発生していた。

- 会計上

（現預金）30,000,000（自己株式）32,000,000

（新株予約権）4,000,000（自己株式処分差益）2,000,000

　　新株の発行に代えて自己株式を交付しているので資本金の額は増減しない。また，権利行使額と新株予約権の簿価の合計額と自己株式の簿価の差額は自己株式処分差益（その他資本剰余金）となる。

- 税務上

（現預金）30,000,000（資本金等の額）34,000,000

（新株予約権）4,000,000

　　自己株式は取得時に資本金等の額と相殺されているので簿価はない。交付の対価の総額が資本金等の額となる。

- 税務調整

I　利益積立金額の計算に関する明細書

区　分	期首現在利益積立金額 ①	当期の増減 減 ②	当期の増減 増 ③	差引翌期首現在利益積立金 ④
自己株式	△ 32,000,000		32,000,000	0
資本金等の額	27,000,000	32,000,000		△ 5,000,000

II　資本金等の額の計算に関する明細書

区　分		期首現在資本金等の額 ①	当期の増減 減 ②	当期の増減 増 ③	差引翌期首現在資本金等の額 ①－②＋③ ④
資本金又は出資金	32	××××			××××
資本準備金	33	××××		2,000,000	××××
利益積立金	34	△ 27,000,000		32,000,000	5,000,000
	35				
差引合計額	36	××××		34,000,000	××××

図4 ストック・オプションが既存株主に与える不利益

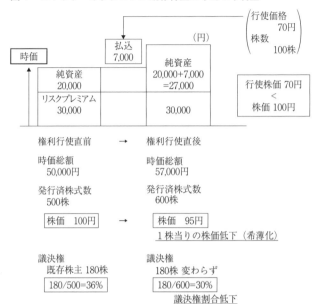

参照:『ストック・オプションの会計税務入門』39頁(新日本有限責任監査法人)

4 新株予約権付社債(転換社債型新株予約権付社債)

　新株予約権付社債は,新株予約権を付した社債である(会2二十二)。一般に転換社債型新株予約権をいい,一定の条件のもとで社債発行会社の株式に転換できる権利が付いた社債である。つまり,新株予約権の行使時に社債を現物出資して,株式を取得することになる。

　新株予約権付社債は,まず,投資サイドとしては社債として保有期間を通じて一定の社債利息を受け取ることができ,償還期限まで保有すれば額面金額が償還され,その上で新株予約権の行使が可能となる。したがって,投資サイドからすれば有利な条件といえる。同時に,発行会社としても一般に比べて低い利率で資金調達が可能となる。

　新株予約権付社債の会計処理は,以下の通りである。

(1) 発行時の会計処理

発行時に社債と新株予約権のそれぞれの払込金額を合算して，普通社債の発行に準じて処理を行う一括法と社債の対価部分と新株予約権の対価部分に区分して処理する区分法がある。

一括法では，合算した社債の発行価額を新株予約権付社債として負債の部に計上する。区分法では，社債の対価部分は普通社債に準じて負債の部に計上し，新株予約権の対価部分は純資産の部に計上されることになる。

(2) 権利行使時の会計処理

一括法の場合，新株予約権付社債勘定から資本金又は資本準備金に振り替える処理を行う。区分法によった場合には社債の対価部分と新株予約権の対価部分を資本金又は資金準備金に振り替える処理を行う[21]。

Ⅳ　ストック・オプション

1　一般的なストック・オプションの概要

(1) ストック・オプションの付与

一般的には，付与日において，役員や従業員に対し，対象期間にわたり勤務することを条件（勤務条件）にストック・オプションが付与される。また，勤務条件のほかに一定の業績を満たすことを条件（業績条件）とすることもある。

付与日においては，ストック・オプションに対する労働や業務執行等のサービスを役員や従業員からまだ受けていないのでこの時点で費用の計上はない。

(2) 対象勤務期間

対象勤務期間は，ストック・オプションと報酬関係にあるサービスの提供期間であり，付与日から権利確定日までの期間をいう。企業会計ではス

---

(21)　企業会計基準適用指針第17号42

第7章　新株予約権，新株予約権付社債，株式報酬費用，種類株式　211

トック・オプションに関する費用は，合理的な方法に基づき対象勤務期間内に期間配分される。なお，対応する貸方金額は，貸借対照表の純資産の部で「新株予約権」として計上される。

(3) 権利の確定

勤務条件又は業績条件を満たせばストック・オプションの権利が確定するが，その時点を権利確定日という。そして，その後遅滞なく行使できる期間が開始され，行使期間内であればいつでも権利行使が可能となる。

(4) ストック・オプションの行使

付与された者が権利行使し，行使価額を払込み，株式が交付される。

　ストック・オプションの制度設計としては，構成要素である①付与する株式数，②算定方法，③発行価格，④行使価格，⑤権利行使期間，⑥権利行使条件（勤務条件，業績条件等），⑦譲渡の制約の有無及び⑧権利行使時の割当株式数をその発行目的による組み合わせによって，それぞれの内容を替えることとなる。

2　ストック・オプションの企業会計上の取扱

(1) ストック・オプション会計基準[22]

以下の3つの取引に対して適用される。

①　従業員等（子会社の従業員等含む）に報酬として新株予約権を付与する場合

②　外部者に財貨又はサービスの対価として自社の新株予約権を付与する場合

③　外部者に財貨又はサービスの対価として自社の株式を付与する場合

(2) 権利確定日以前の基本的な会計処理の考え方

役員や従業員の労務の提供に応じて費用計上し，その対応する権利確定

---

(22)　企業会計基準第8号3

日までの間，貸借対照表の純資産の部に新株予約権として計上する。

(3) 権利確定日以後の基本的な会計処理の考え方

ストック・オプションが権利行使され，新株を発行した場合には，新株予約権として計上した額のうち，当該権利行使に対応する部分を資本金又は資本準備金に振り替える。

また，自己株式を処分した場合には「自己株式の帳簿価額」と「権利行使に対応する新株予約権の帳簿価額と権利行使に伴う払込金額の合計額」の差額を自己処分差額とし，「その他の資本剰余金」に計上する。なお，自己株式処分差額については「自己株式及び準備金の額の減少等に関する会計基準」に基づいて処理されている。

① 自己株式処分差益が生じた場合には，その他資本剰余金に計上する。

② 自己株式処分差損が生じた場合には，その他資本剰余金から減額し，減額しきれない場合にはその他利益剰余金から減額する。

(4) 権利不行使時の会計処理

ストック・オプション等会計基準では，権利確定日後に権利不行使により失効が生じた場合には，失効に対応する部分は失効が生じた事業年度において「新株予約権戻入益」等の科目で特別利益として計上される。

(5) ストック・オプションに係る条件変更時の会計処理

ストック・オプションの行使価格の変更，ストック・オプション数の変更及び対象勤務期間の変更等の条件変更が生じた場合には，費用計上及び新株予約権の計上について追加又は修正の会計処理が必要となる。

(6) 費用認識の要否

ストック・オプションの会計処理について，ストック・オプションは会社財産の流出がないことから費用認識は不要ではないかという議論もあったが，以下の理由で費用認識することとなった。

① 貸借対照表上に計上されている資産は企業に帰属するものであり，消費した場合には費用計上が必要である。ストック・オプションの対価は，従業員から追加的に提供されたサービスが企業に帰属するもの

であり，これを消費した場合も費用として認識すべきである。
② ストック・オプションの対価性に疑問があるとの指摘があるが，企業が何の見返りもなくストック・オプションを付与することは考えられず，通常，企業はその対価性を認識していると考えるべきである。
③ ストック・オプションの付与が，株式の時価未満による発行と同様に単なる新旧株主間の富の移転にすぎないとの考え方があるが，ストック・オプションは，従業員から提供されたサービスの対価として付与されるものである。
④ ストック・オプションの付与は，現金その他会社財産の流出を伴うものではないが，現行の会計基準の枠組みにおいても減価償却費の計上等，現金その他財産の流出を伴わない費用が多々あり，それ自体が費用認識の必要条件ではない。

図5 ストック・オプション会計処理

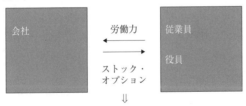

図6 無償ストック・オプションの分類

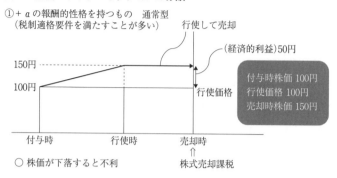

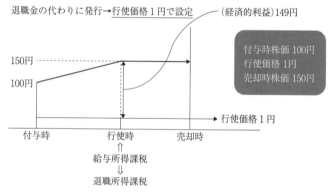

(7) ストック・オプションの公正な評価額

　公正な評価額は実務上，外部専門家の鑑定意見等を参考にして決めることが一般的である。そして，その算定書には通常「ストック・オプション等に関する会計基準」(企業会計基準第8号)及び「ストック・オプション等に関する会計基準の適用指針」(企業会計基準適用指針第11号)に対応して算出している旨が記載されている。

　株式報酬費用は直接算定するのが困難であるため，交換されるストッ

図7　ストック・オプションの公正な評価単価

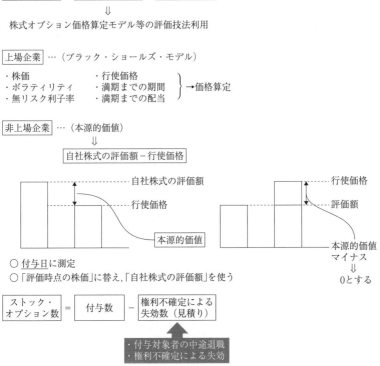

　ク・オプションの価値を測定することになる。つまり，交換が成立することによってストック・オプションの価値と役員等から提供される労働の価値が釣り合うと考えるのである。そして，測定は交換が行われる付与日となる。

　ストック・オプションの公正な評価単価は市場において形成される取引価格であるが，ストック・オプションは個別性が強く，通常，市場価格がない。そこで株式オプション価格算定モデル等の評価技法を利用し，合理的な価額を見積もることとされている。

「株式オプション価格算定モデル」とは，ストック・オプションの市場取引において，一定の能力を有する独立第三者間で自発的に形成されると考えられる合理的な価格を見積もるためのモデルで，市場関係者の間で広く受け入れられているものをいう。実務的にはブラック・ショールズ式や二項モデル等が考えられる[23]。

未公開企業の場合には，ストック・オプションの公正な評価単価に代えて，ストック・オプションの単位当たりの本源的価値（自社株式の評価額と行使価額の差額）の見積もりに基づき会計処理を行うことができる。

なお，一般的にストック・オプションの行使価格は自社株の評価額以上で決められる場合が多い。そのため，本源的価値はゼロとなる場合がほとんどであると考えられる[24]。

⑻ 有償ストック・オプション（権利確定条件付き有償ストック・オプション）

有償ストック・オプションは企業が従業員等に対し，新株予約権を交付する際，無償で付与するのではなく，従業員等が一定の金銭を企業に払い込むものであり，かつ，権利確定条件として一定水準の経常利益や営業利益を達成する等，業績条件が付されているところに特徴がある。

有償ストック・オプションは，従業員等への投資機会の提供だけではなく，業績条件を達成すべく，従業員等が追加提供するであろう労働に対する報酬としての性格も合わせ持つと考えている。会計処理は以下の通りである[25]。

① 権利確定条件付き有償新株予約権の付与に伴う従業員等からの払込金額を純資産の部に新株予約権として計上する。

② 企業が従業員等から取得するサービスは，その取得に応じて費用と

---

(23)　企業会計基準第 8 号 48

(24)　編者大沼長清・井上久弥・磯邉和男，著者今西浩之〔2017〕『第 9 次改訂会社税務マニュアルシリーズ【資本戦略】』ぎょうせい 178 頁

(25)　2018.1ASBJ 実務対応報告第 36 号

第7章 新株予約権，新株予約権付社債，株式報酬費用，種類株式 217

図8 有償ストック・オプションは2つの性格を併せ持つ

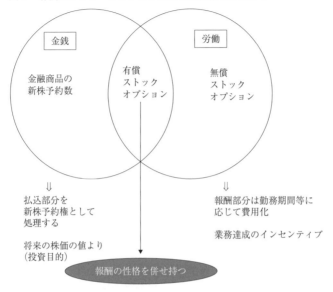

新株予約権の付与に際し，会社に払われた金銭だけではなく，
業績条件を達成すべく，従業員等が追加提供するであろう労働
に対する報酬も対価と考える。

図9 有償ストック・オプションの公正な評価額

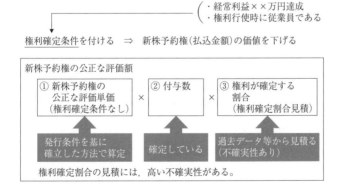

して計上し，対応する金額を権利の行使又は失効が確定するまでの間，純資産の部に新株予約権として計上する。

③　各期間において権利確定条件付き有償新株予約権の公正な評価額から払込金額を差し引いた金額のうち，対象勤務期間を基礎とする方法その他の合理的な方法に基づき当期に発生したと認められる額を費用計上する。

④　付与日から権利確定日の直前までに権利不確定による失効の見積数に重大な変動が生じた場合，権利確定条件付き有償新株予約数を見直す。

　　見直し後の権利確定条件付き有償新株予約権の公正な評価額から，払込金額と既に費用計上した金額の合計額を差引し，差額について見直しを行った期の損益として計上する。

　　有償ストック・オプション会計基準では，権利確定日には失効見積数を失効実数に置き直し，公正な評価額を算定し直す。見積と確定した公正な評価額の差額分は株式報酬費用として処理し，見積誤り部分を是正するわけである。

⑤　権利確定条件付き有償新株予約権が権利行使され，これに対して新株を発行した場合，新株予約権として計上した額のうち，当該権利行使に対応する部分を払込資本に振り替える。

⑥　権利不行使による失効が生じた場合には，失効に対応する部分を失効が生じた期に利益として計上する。

Ⅴ　ストック・オプションの税務処理

1　税務上の取扱概要

　法人税法では，新株予約権の発行や権利行使の伴う新株の発行は資本等取引であるため，払込金額と時価に差額があった場合でも課税所得に影響はない。

第 7 章　新株予約権，新株予約権付社債，株式報酬費用，種類株式　219

　新株予約権が行使された場合，新株予約権残高と払込金額を資本金（及び資本準備金）として計上する。また，自己株式を処分した場合には，「新株予約権残高と払込金額の合計額」と「自己株式の簿価」との差額を自己株式処分差損益（その他資本剰余金）とする。いずれにしても資本等取引であるため，税務上，課税関係は生じない。

　会社法では，役務の提供により発生する労働報酬債権と新株予約権の払込義務を相殺すると考え，期間の経過に応じて「費用」ならびに純資産の部に「新株予約権」を計上する会計処理を行う。一方，法人税法では付与時に役員等から受ける将来の役務の提供対価を新株予約権として負債認識する（法令8①十五，十六）。したがって，資本金等の額はあくまでも発行法人に払い込まれた資産の価額で認識するという原則どおり，新株予約権行使により払い込まれた額と新株予約権債務の帳簿価額の合計額となる。

　また，平成18年5月に会社法が施行されたことに伴い，平成18年度税制改正において法人税法第54条の2「新株予約権を対価とする費用の帰属事業年度の特例等」が定められた。これは，ストック・オプションとしての新株予約権について，会計上，給与として費用認識することに対して，法人税においては役務の提供に係る費用の額につき，譲渡制限付新株予約権であって次に掲げる要件に該当する場合には損金算入を認めたものである。

① 　その譲渡制限付新株予約権についての制限その他特別の条件が付されている払込に代えて役務の提供の対価としてその交付を受ける個人に生ずる債権をもって相殺されること。

② 　その譲渡制限付新株予約権が実質的に役務の提供の対価と認められるものであること。

　以下，設例に従って企業会計と税務上の処理及び税務調整をまとめていく。

3月決算会社を前提

① 　新株予約権付与日　2017年7月1日　新株予約権の公正な評価単

価 10,000 円（1 個当たり）

② 新株予約権の数，役員 1 人当たり 200 個　合計 1,000 個

③ 新株予約権の行使により与えられる株式の数　合計 1,000 株

④ 新株予約権行使時の払込金額　1 株当たり 50,000 円

⑤ 新株予約権の権利確定日　2019 年 6 月末

⑥ 新株予約権の行使期間　2019 年 7 月 1 日から 2021 年 6 月末

⑦ 付与された新株予約権は他に譲渡できない

⑧ 2021 年 5 月末に 4 名が権利行使，1 名は失効

⑨ 新株予約権が権利行使された際，権利行使に伴う払込金額及び行使された新株予約権の合計額を資本金に計上

⑩ 新株予約権は，法人税法第 54 条の 2 第 1 項に規定する特定新株予約権に該当

(1) 付与時　2017 年 7 月 1 日

• 会計仕訳無し

• 税務上は新株予約権として負債認識

（前払費用）10,000,000（新株予約権債務）10,000,000

10,000 円 × 200 個 × 5 名

(2) 2018 年 3 月期

• 会計上役務提供を認識し計上

（役員報酬）3,750,000（新株予約権）3,750,000

10,000 円 × 200 個 × 5 名 × 9 か月 ÷ 24 か月

• 税務調整

区　分		総　額	処　分	
			留　保	社外流出
		①	②	③
加　算	新株予約権付与分否認	3,750,000	3,750,000	

第 7 章　新株予約権，新株予約権付社債，株式報酬費用，種類株式　221

I　利益積立金額の計算に関する明細書

区　分	期首現在利益積立金額	当期の増減		差引翌期首現在利益積立金額①−②+③
		減	増	
	①	②	③	④
前払費用			10,000,000	10,000,000
新株予約権		△ 3,750,000	△ 10,000,000	△ 6,250,000

⑶　2019 年 3 月期

• 会計上

（役員報酬）5,000,000（新株予約権）5,000,000

10,000 円 × 200 個 × 5 名 × 21 か月 ÷ 24 か月 − 3,750,000

• 税務上仕訳無し

• 税務調整

区　分		総　額	処　分	
			留　保	社外流出
		①	②	③
加　算	新株予約権付与分否認	5,000,000	5,000,000	

I　利益積立金額の計算に関する明細書

区　分	期首現在利益積立金額	当期の増減		差引翌期首現在利益積立金額①−②+③
		減	増	
	①	②	③	④
前払費用	10,000,000			10,000,000
新株予約権	△ 6,250,000	△ 5,000,000		△ 1,250,000

⑷　2020 年 3 月期

• 会計上

（役員報酬）1,250,000（新株予約権）1,250,000

10,000 円 × 200 個 × 5 名 − 3,750,000 − 5,000,000

- 税務上仕訳無し

- 税務調整

区　　　分		総　額	処　分	
			留　保	社外流出
		①	②	③
加　算	新株予約権付与分否認	1,250,000	1,250,000	

I　利益積立金額の計算に関する明細書

区　分	期首現在利益積立金額	当期の増減		差引翌期首現在利益積立金額 ①−②+③
		減	増	
	①	②	③	④
前払費用	10,000,000			10,000,000
新株予約権	△1,250,000	△1,250,000		0

⑸　2022 年 3 月期

① 　2021 年 5 月末 4 名権利行使

- 会計上

（現金預金）40,000,000（資本金）48,000,000

（新株予約権）8,000,000

払込金額 50,000 円 × 200 個 × 4 名

新株予約権残高のうち，当該権利行使に対応する部分を払込資本に振り替える

10,000 円 × 200 個 × 4 名

- 税務上

（現金預金）40,000,000（資本金等の額）48,000,000

（新株予約権債務）8,000,000

（役員報酬）8,000,000（前払費用）8,000,000

② 2021年6月末日1名権利確定後失効

• 会計上

権利不行使による失効が生じた場合には新株予約権として計上したうち，当該失効に対応する部分を利益として計上する

（新株予約権）2,000,000（新株予約権戻入益）2,000,000

• 税務上

（新株予約権債務）2,000,000（前払費用）2,000,000

• 税務調整

区　分		総　額	処　分	
			留　保	社外流出
		①	②	③
減　算	役員給与の認容	8,000,000	8,000,000	
	新株予約権戻入益の益金不算入	2,000,000	2,000,000	

I　利益積立金額の計算に関する明細書

区　分	期首現在利益積立金額	当期の増減		差引翌期首現在利益積立金額 ①－②＋③
		減	増	
	①	②	③	④
前払費用	10,000,000	10,000,000		0

2　新株予約権を対価とする費用の帰属年度の特例等

　新株予約権の付与を受けた者は，所得税法施行令第84条第2項の適用を受けて新株予約権の権利行使時に課税を受けることが原則である。したがって，権利行使時に給与課税等[26]を受け，取得した株式を売却した際に

---

(26)　給与所得又は退職所得，事業所得，雑所得となる。

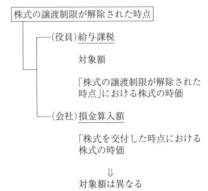

図10 給与課税と損金算入額で対象額は異なる

譲渡所得となる。しかし、一定の要件を満たす場合には、権利行使時に生じる課税について、株式売却時まで繰り延べる税制適格ストック・オプションという制度が認められている。

一方、交付会社では、会計上、費用計上された新株予約権の対価を権利行使時に法人税法第54条の2第1項及び同2項により、損金算入できるが、当該ストック・オプションの付与者が税制適格ストック・オプションの適用を受ける場合は損金算入はない。

法人税法上、役務の提供による費用の額は、提供を受けた役務の額によることが原則となる[27]。とはいえ、通常は等価交換を前提に交付資産の価額で測定しているが、価額の変動がある資産を対価としている上に費用計上時期を繰り延べるため、どの時点で何の価額で費用の額を測定すべきか必ずしも明確ではない。そこで、その役務の提供による費用の額については、原則として付与時の新株予約権の価額で測定することが明らかにされた。これにより、税務上の費用の額は原則的に会計上の費用の額と一致することになった[28]。

---

(27) 法人税法第54条第1項の新株予約権の発行が正常な取引条件で行われた場合には、同項の役務の提供に係る費用の額は、当該新株予約権の発行時の価額に相当する金額とする(法令111条の3③)。

第7章 新株予約権，新株予約権付社債，株式報酬費用，種類株式 225

補足であるが発行法人が損金算入する金額は，新株予約権付与時の株価を基礎として算定されるが，所得税法第84条第2項により，付与を受けた個人が権利行使時に課せられる給与所得等は，権利行使時の株価と権利行使価額との差額により計算される。したがって，発行法人が権利行使時に損金算入される金額と新株予約権等の付与を受けた個人に対して権利行使時に課税される給与所得等の金額は，必ずしも一致しないこととなる。

3 税制適格ストック・オプション制度（租税特別措置法第29条の2）

ストック・オプションを取得者側の課税関係から考えた場合，「税制適格オプション」と「税制非適格オプション」に分けられる。

(1) 概　　要

ストック・オプションにより，発行された新株予約権を取得した個人は，権利行使時に課税されるのが原則である（所令84②）。しかし，一定の要件を満たす場合には，年間権利行使額1,200万円までに限って権利行使時の課税を免除し（租特法29の2），取得した株式を売却したときに売却益として課税する仕組みが，「税制適格ストック・オプション」である。つまり，権利行使時における経済的利益を株式売却時まで繰り延べる取扱である。この制度は選択適用ではなく，適用要件を満たしていればこの規定に基づいて処理することになる。

なお，平成26年度税制改正[29]で，税制非適格である新株予約権を取得した個人が権利行使せずに発行法人に譲渡した場合には，従来は新株予約権の譲渡対価と取得費の差額について株式等の譲渡所得となっていたが，給与所得等の所得区分に変更となった。

(2) 税制適格ストック・オプションの適用要件

税制適格ストック・オプションには以下の適用要件が定められている

---

(28)　武田昌輔（前掲）3447の46頁
(29)　2013年3月31日公布

図 11　会計の基本

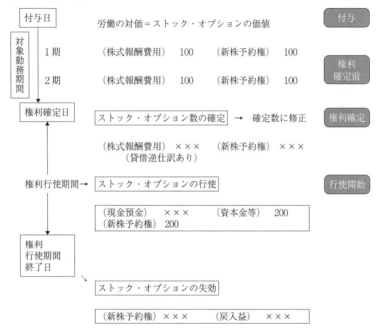

（租特法 29 の 2）。

① 特例対象者は，発行会社または当該会社と一定の資本関係にある子会社等の取締役又は使用人である個人及びその相続人で一定の個人（一定の大口株主を除く）

② 新株予約権は，会社法第 238 条第 2 号の決議に基づき金銭の払込をさせないで発行されたもの

③ 新株予約権の権利行使は，権利付与決議の日後 2 年を経過した日から 10 年を経過する日までに行わなければならない

④ 年間の権利行使額の合計額は 1,200 万円以下

⑤ 権利行使価額は付与時の株価の時価以上

⑥ 当該新株予約権は譲渡してはならない

⑦ 新株予約権の行使に係る新株の発行又は株式の移転が会社法第 238

第7章　新株予約権，新株予約権付社債，株式報酬費用，種類株式　227

図12　ストック・オプションの概要

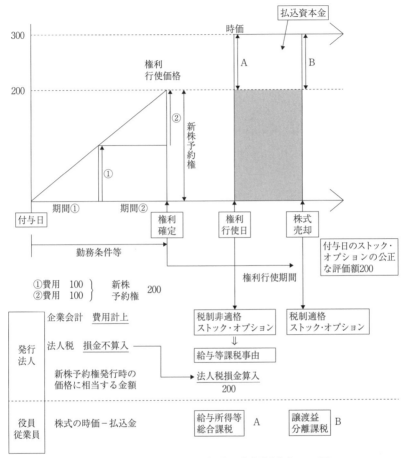

参照：櫻井光照『役員の税務と法務』平成29年改訂版，大蔵財務協会，363頁

　　条第1項に定める事項等に反しないで行われること
　⑧　発行会社と金融機関等で一定の管理等信託契約を締結し，当該契約
　　に従い，一定の保管の委託又は管理信託がなされること
　以上のもと，税制適格ストック・オプションを付与する会社は，付与し
た日の属する年の翌年1月31日までに本店所在地の所轄税務署長に特定

新株予約権等の付与に関する調書を提出しなければならない。

VI　種類株式

1　種類資本金額の計算

　種類資本金額（種類株式ごとの資本金等の額）規定導入の契機は，第二地銀である関西アーバン銀行であった。公的資金注入を受けていた同行は，その後，公的資金解消のために自己株式の買取りを行った[30]。当初，優先株式として注入を受けており，優先株式に対する出資の払い戻しそのものであったが，平成18年度改正前は，普通株式と種類株式を区別せずに普通株式を含めて1株当たりの払い戻し金銭に対する資本金等の計算をし，それを超える部分がみなし配当とされた。その結果，みなし配当計算に多大な影響が生じたわけである。この点について諸々の指摘があり，また，当時，今後の多様な種類の株式の発行が想定されたところから，平成18年度改正において，資本金等の額の内訳を種類株式ごとに区分管理し，各株式の種類に応じて，課税の取扱がなされることとなった[31]。そして，種類株式は，「別表五㈠付表」種類資本金の計算に関する明細書」で種類株式ごとの種類資本金等の増減残高として記載されることになった。

2　種類株式増大の背景

　種類株式は主に二つの目的から創設された。一つは資金調達手段を多様化し，容易化することにある。もう一つは，企業支配関係の多様化柔軟化である[32]。

　近年，経済界から資本調達をより柔軟かつ迅速に行えるような制度の整

---

(30)　濱田康宏・岡野訓・内藤忠大・白井一馬・村木慎吾〔2012〕『法人税の純資産』中央経済社 225頁

(31)　武田昌輔（前掲）1297頁

(32)　高岡義幸稿「種類株式から見た株式会社の設計思想―コーポレート・ガバナンス体制の変化―」〔2009.6〕「広島経済大学経済研究論集」第32巻第1号35頁

備が強く求められた。また，資金調達には自己資本の調達（直接金融）と他人資本による調達（間接金融）があるが，資本金が1円という異常な金額によって株式会社の設立が認められる現行会社法において株式や社債に代表される資本の証券化は多様化を極めている。

これは，バブル経済崩壊後，経済活性化の方策として起業促進やベンチャー企業の育成が課題となり，企業支配権や剰余金の配当そして残余財産の分配について新たな組み合わせが必要とされたからである[33]。

3　種類株式の内容

会社法上，株主の権利は，会社法第105条第1項で①剰余金の配当を受ける権利，②残余財産の分配を受ける権利及び③株主総会における議決権など会社の経営に参画する権利の3つが示されている。

会社法第107条第1項ではすべての株式について次に掲げる事項を定めることができることとされる。

① 譲渡について会社の承認を要すること。

② 株主から会社に対してその取得を請求することができること。

③ 会社が一定の事由が生じたことを条件としてこれを取得することができること。

次に会社法第108条第1項で株式会社は一定の事項について異なる定めをした内容の異なる2以上の種類の株式を発行することができると規定されている。そのため，会社法第107条では，株式会社の発行する「株式の全部」について一定の内容を定める場合が規定され，会社法第108条では一定の事項について内容の異なる2以上の種類の株式について定める場合，つまり種類株式発行会社について規定されている[34]。

会社法では以下の内容を定めている種類株式を規定している。

① 剰余金の配当に関して異なる定めをおいた株式（会108①1，2）（会

---

(33) （前掲）「広島経済大学経済研究論集」第32巻第1号35頁

(34) 相澤哲・葉玉匡美・郡谷大輔〔2006〕『新・会社法』商事法務53頁

108②1，2)

「配当優先株式」・「配当劣後株式」

配当優先株式には①累積型・非累積型と②参加型・非参加型がある。

② 残余財産の分配に関して異なる定めをおいた株式

「残余財産分配優先株式」・「残余財産分配劣後株式」

③ 株主総会において議決権を行使できる事項を制限する株式（会108①3，②3)

「議決権制限株式」

株主総会の全部又は一部について議決権を行使できない株式をいう。経営に関与しない株主に配当優先株式と組み合わせ，「配当優先無議決権株式」を持たせて安定株主対策に利用されることが多い。

④ 株式を譲渡する場合，発行会社の承認を要する株式（会108①4，②4)

「譲渡制限株式」

会社法では定款の定めにより種類ごとに制限を付けることが認められ，より柔軟な制度設計が可能となった。そこで議決権のある株式のみに譲渡制限を付け，議決権制限株式には譲渡制限を付けないことも可能となった。

⑤ 自分の有する株式を会社が取得するように株主が請求できる株式（会108①5，②5)

「取得請求権付株式」

株主が取得請求権を行使して会社に株式を譲渡した際，その対価は，当該会社の他の株式の他，社債，新株予約権，新株予約権付社債，金銭や子会社株式及び，その他の財産も認められている。

⑥ 一定の事由が生じたときに，発行会社が株式を強制的に取得することができる株式（会108①6，②6)

「取得条項付株式」

あらかじめ，定めた一定の事由が生じたときに発行会社がその株式

図 13　株式の種類

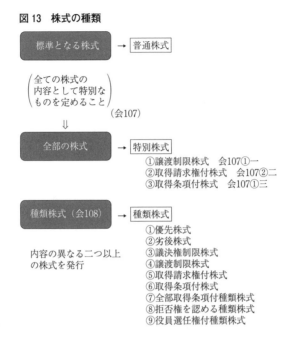

を強制的に取得できる株式をいう。その対価は取得請求権付株式と同様である。取得した株式は，会社側では自己株式となる。

　取得条項付株式は，買収防衛策の一つとして，例えば20％以上の株主が現れた場合に株主総会の決議により，無議決権株式に変わる取得条項付株式が発行されていれば，ポイズン・ピルとして機能することになる。

⑦　種類株式発行会社が株主総会の特別決議を経て，その株式の全部を強制的に取得することができる株式（会108①6，②6）

　「全部取得条項付株式」

　少数株主の排除や既存の株式の種類を転換するために一旦会社が株式を取得し，その対価として新しい種類の株式を交付するために利用する。

⑧　特定の事項について，この株主に拒否権を認めた株式（会108①8，②8）

　　「拒否権付株式（いわゆる黄金株)」

　　株主総会で決議する事項についてその株主総会決議の他に種類株主を構成員とする種類株主総会の決議を必要とする事項を定めることが可能となる。

　　取締役等の選解任に関する議決権，合併・事業譲渡等に関する議決権等について拒否権を付与する株式でこの株主の同意がない限りその事項について決定できないようにすることが可能となる。

⑨　会社の取締役や監査役の選任・解任についての議決権を有する株式（会108①9，②9）

　　「取締役・監査役選任権付株式」

　　会社は，種類株主総会において取締役又は監査役を選任することができる種類株式を発行できる。この種類株式の発行は，委員会設置会社と公開会社には認められておらず，非公開会社のみが発行できる。

図14　株式の種類の内容

	全ての内容（1種類の株式のみの会社）（会107）	種類株式（2種類以上の株式を発行する会社）（会108）
譲渡制限	①	④
株主から会社への取得請求※	②	⑤
会社による強制取得※	③	⑥
剰余金の配当	―	①②
残余財産の分配	―	①②
議決権制限	―	③
全部強制取得※	―	⑦
拒否権付き	―	⑧
取締役，監査役の選任（委員会設置会社と公開会社を除く）	―	⑨

※取得の規定として整理

第7章　新株予約権，新株予約権付社債，株式報酬費用，種類株式　233

　会社法108条1項における議決権制限（108条1項3号），譲渡制限（108条1項4号），取得条項（108条1項6号7号），拒否権（108条1項8号）は，企業支配に深い関係があるが，その問題点を検討するケースは，企業買収防衛策と事業承継に絞りこまれてくる。

　我が国では，事業再構築の必要性が高まり，組織再編を促進する制度改正が進められてきた。その代表的な形がM&A[35]である。M&Aにおいては誰が経営権を持つかは最重要課題である。そのため，議決権に関する種類株式に対し，敵対的企業買収に関する対抗措置としての機能が大いに期待されている。また，中小（非公開）企業では，支配権を誰に引き継がせ，維持するのかが今後の事業承継成功のカギを握る最重要課題となる。議決権制限や譲渡制限にはこの問題に対する解決機能が期待されている。

　会社法は，旧有限会社を吸収したことにより，非公開会社の小規模な株式会社から，大規模な公開会社まで包括した幅広い内容を含むものになってきた。また，急速な経営環境の変化に対応すべく，迅速かつ柔軟な制度整備が求められてきた。その中で種類株式が設計されてきたのである。

　株式会社はもはや均一的な内容を持つ株式をベースにしていない。また，異なった内容を持つ多種類の株式をベースとして制度設計されている。そのため，利益配分でも支配権限の配分でもより柔軟で多様な対応ができるようにされており，必ずしも資本貢献の大きさに縛られない制度設計となっている[36]。

4　自己株式の取得と税務計算

　2種類以上の種類株式を発行している法人が自己株式を取得した場合，その減少する資本金等の額は，その取得等をする株式の種類ごとに区分した資本金等の額を基にして計算する（法令8①十七，8②）。これらの種類株式は「別表五㈠付表種類資本金額の計算に関する明細書」に記載される

---

(35)　Mergers（合併）and Acquisitions（取得）の略
(36)　（前掲）広島経済大学経済研究論集第32巻第1号43頁

図15 株式取得に関する定めのある株式

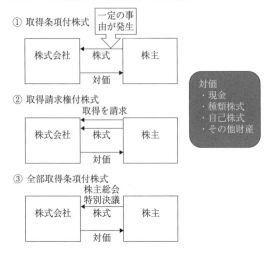

ことになる[37]。

　取得請求権付株式，取得条項付株式又は，全部取得条項付種類株式を取得して他の種類の自己株式を交付した場合，自己株式の帳簿価額は，種類株式ごとに算定することとされる。また，みなし配当は，実務的に源泉徴収・確定申告がセットである点を付け加えておく。

図16　種類資本金額

みなし配当の計算
① 発行株数の現況
　　普通株式　80株
　　Ａ種類株式　80株

② 資本勘定の内訳
　　資本金　1,200　{ 普通株式　800
　　　　　　　　　　Ａ種類株式　400
　　　　⇩
　Ａ種類株式を500で取得した。
　　① 対応する資本金　400×80/80＝400
　　② みなし配当の額　500－400＝100

第7章　新株予約権，新株予約権付社債，株式報酬費用，種類株式　235

5　種類株式の取得価額

取得請求権付株式，取得条項付株式，全部取得条項付株式を会社が取得した場合は自己株式に該当し，「自己株式及び準備金の額の減少額に関する会計基準の適用指針」（企業会計基準適用指針第2号）によることとなる。

①　他の種類の新株を発行する場合

純資産の部の株主資本に変わりはなく，損益も生じない。したがって，自己株式原価はゼロとなる。

②　他の種類の自己株式を処分する場合

自己株式の取得価額は処分した自己株式の帳簿価額とする。

③　金銭以外の財産をもって自己株式を取得した場合

金銭以外の財産の時価と取得した自己株式の時価のうち，より高い信頼性をもって測定可能な時価で算定する。

Ⅶ　現物株式報酬

1　背　　　景

「日本再興戦略」改訂 2015（平成 27 年 6 月 30 日閣議決定）では，投資する側と会社側双方から企業の持続的な成長が促されるよう，積極的にその普及・定着を図る必要があるとされ，その実現のために経営陣に中長期の企業価値創造を引き出すインセンティブを付与することができるよう，金銭だけでなく株式による報酬，業績に連動した報酬等の柔軟な活用を可能とするための仕組整備等を図る必要があるとされた。具体的に機関投資家の声として次の三つが挙げられていた[38]。

①　日本では経営者が自社株を持っていない。欧米では極めて一般的である株式保有ガイドラインでは，例えば CEO は在任中には年間基本

---

(37)　法人税法施行令第8条第2項（種類株式発行法人による自己株式の取得）

(38)　経済産業省産業組織課『「攻めの経営」を促す役員報酬～企業の持続定期成長のためのインセンティブプラン導入の手引き～（平成 29 年 9 月時点版）』7 頁

図17 特定譲渡制限付株式

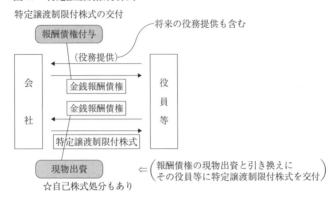

報酬の3～5倍相当の株式を継続的に保有することを求めている。実際に経営者の株式保有数は投資の一判断要素である。

② 金銭報酬と株式報酬をうまく組み合わせていくことが必要と考えている。中でも，株式報酬は様々な設定が可能で，経営陣に株主目線での経営を促したり，中長期の業績向上インセンティブを与えたりする等，非常に有効な手段である。

③ 経営者に中長期的な成長を志向するよう促すには，自社株をどれだけ保有させるかが重要なポイントである。大量の株を持っている経営者なら，中長期的に企業価値が下落するような施策は取りにくいからである。

以上のとおり，機関投資家は経営陣に対し株主目線での経営を促すため，中長期の業績向上インセンティブとして，自社株保有の導入拡大を要望していた。

その結果，昨今，コーポレート・ガバナンス・コードで特定譲渡制限付株式等の活用を可能にするための整備等が図られ，「コーポレート・ガバナンス・システムの在り方に関する研究会報告書」[39]において，金銭報酬

---

(39) 2015年（平成27年）7月24日経済産業省公表

第7章　新株予約権，新株予約権付社債，株式報酬費用，種類株式　237

図18　ストック・オプションの導入概況

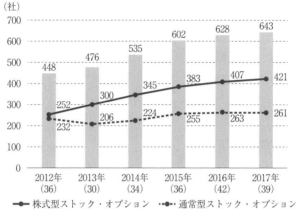

参照：プレスリリース／東京『株式報酬の導入状況』，2017.8.

図19　株式報酬制度導入状況

債権を現物出資する方法で株式報酬導入のための論点整理を行い，その具体的な手続きの内容が示された。その結果，多様な支給形態が登場してきている。

2017年6月までのストック・オプション導入状況は図18のとおりであった。また，特定譲渡制限付株式（現物株式）が2016年4月に導入され，株式報酬制度の選択肢が広がった。2016年6月は解禁後間がなかったため，19社の導入にとどまったが，2017年6月では122社で導入され，2017年

8月までの導入状況は累計472社となっている。

制度別にみると株式交付信託331社・譲渡制限付株式（現物株式）141社になり，ストック・オプション導入数を合わせると上場企業の3割（1,000社以上）が株式報酬制度を導入したこととなる[40]。

さらに2018年5月末時点では現物株式報酬制度は794社となり，ストック・オプションの導入企業600社を逆転している[41]。

2　現物株式報酬の類型

現物株式報酬は，特定譲渡制限付株式（事前交付型RS），リストリクテッド・ストック・ユニット（事後交付型RS）ならびにパフォーマンス・シェアに大別される。

①　事前交付型RS（Restricted Stock）

一定期間の譲渡制限が付された現物株式を役員等に報酬として職務開始後速やかに付与するものである。業績条件はなく，勤務条件のみが付されている[42]。また，事前確定届出給与の規定により，損金算入が判定される。

②　事後交付型RS（Restricted Stock）

事後交付型リストリクテッド・ストック（譲渡制限付株式）は株主総会による選任後にあらかじめ交付株式数を定め，継続勤務期間など一定期間経過後に株式を役員等に交付する給与である。

交付時においてあらかじめ定められた算定方法により，個別の役員に対する交付株式数を元に金銭報酬債権の金額を算定し，その金銭報酬債権を現物出資し，新株発行又は自己株式処分によって各役員へ交付する。平成

---

(40)　証券代行ニュース第70号（2017年10月）三井住友信託銀行
(41)　日本経済新聞2018年6月16日
(42)　（株式報酬，業績連動報酬に関するQ&A　Q17）
- 一定期間の譲渡制限が付された現物株式を報酬として付与するもの
- 当該期間中は株式の譲渡が制限されるため，役員のリテンション効果があり，また，株主目線の経営を促す効果を有する
- 欧米では譲渡制限期間中に一定の勤務条件等を付し，条件が満たされない場合には株式が没収される等の設計とすることが一般的

第 7 章　新株予約権，新株予約権付社債，株式報酬費用，種類株式　239

29年度改正により事前確定届出給与の対象となった。

　③　パフォーマンス・シェア（Performance Share）

　パフォーマンス・シェアとは，中長期の業績目標の達成度合いに応じて中期経営計画終了時等の将来の一定時期に株式を役員に交付するものである。平成29年度改正により，業績連動給与の要件を満たすことで損金算入が可能となった。ただし，損金算入要件である開示要件は厳しいものがある。

3　特定譲渡制限付株式の会計処理について

　法人がその役員等に報酬債権を付与し，その役員等から報酬債権の現物出資を受け，その引換にその役員等に特定譲渡制限付株式を交付した場合には，その付与した報酬債権相当額を「前払費用」等で資産計上するとともに「資本金（及び資本準備金）」として計上する。

　特定譲渡制限付株式の交付後は，現物出資された報酬債権相当額のうちその役員等が提供する役務として当期に発生したと認められる額について対象勤務期間（譲渡制限期間）を基礎とする方法等の合理的な方法により算定し，対象勤務期間の各期に費用計上（前払費用等の取り崩し）を行う。

　一方，税務上の損金算入時期は，役員等に給与等課税額が生ずることが確定した日にその法人がその役員等から役務提供等を受けたものとして，その役務提供に係る費用の額を同日の属する事業年度の損金の額に算入する。ただし，損金の額に算入できるかどうかは，役員給与の損金不算入制度（法34）等の各制度により別途判断されることになる。

　なお，譲渡制限解除の条件未達により会社が役員等から無償取得することになった部分は損失処理（前払費用等取り崩し）を行うことになる[43]。

　また，損金算入額は，原則としてその給与等課税額が確定した特定譲渡制限付株式の交付と引換にその役員等により現物出資された報酬債権等の

---

(43)　株式報酬，業績連動報酬に関するQ&A ～平成28年度・平成29年度税制改正を踏まえて～ Q42

額とされる。確定した数の特定譲渡制限付株式を交付する場合は，当初報酬の内容を決議した時点の株価をもとに算定される（法令71の3）。

同時に資本金等の額も前払費用に相当する金額をもって，資本金等の額の増加と考えられる（法令8①一，71の3②）。

以下，設例に従って企業会計と税務上の処理及び税務調整をまとめていく。

設例　3月決算とする

① 特定譲渡制限付株式付与日　2019年4月1日。

② 当社が付与した6,000万円の金銭報酬債権の現物出資を受け，特定譲渡制限付株式300株を付与（1株当たり20万円）。

③ 特定譲渡制限付株式付与から譲渡制限解除までの期間は，3年間。

④ 譲渡制限解除の条件は，譲渡制限期間中，継続して役員の地位にあること。ただし，役員がその譲渡制限期間が満了する前に当社の役員を退任した場合，当社の取締役会が正当と認める理由がある場合を除き，当社がその特定譲渡制限付株式を無償で取得する。

⑤ 3年後の譲渡制限解除時は役員個人に給与等課税額が生ずることが確定した日とする。譲渡制限時における株価は25万円とする。

(1) 2019年4月1日交付時

・企業会計

（前払費用）60,000,000（報酬債務）60,000,000

（報酬債務）60,000,000（資本金等）60,000,000

・税務上

（前払費用）60,000,000（報酬債務）60,000,000

（報酬債務）60,000,000（資本金等の額）60,000,000

・税務調整なし

(2) 2020年3月末

・企業会計　役務提供1年目

（役員報酬）20,000,000（前払費用）20,000,000

第 7 章　新株予約権，新株予約権付社債，株式報酬費用，種類株式　241

• 税務上，仕訳なし

• 税務調整

区　分		総　額	処　分	
			留　保	社外流出
		①	②	③
加　算	役員給与の損金不算入額	20,000,000	20,000,000	

Ⅰ　利益積立金額の計算に関する明細書

区　分	期首現在利益積立金額	当期の増減		差引翌期首現在利益積立金額 ①−②+③
		減	増	
	①	②	③	④
前払費用			20,000,000	20,000,000

(3)　2021 年 3 月末

• 企業会計　役務提供 2 年目

（役員報酬）20,000,000（前払費用）20,000,000

• 税務上，仕訳なし

• 税務調整

区　分		総　額	処　分	
			留　保	社外流出
		①	②	③
加　算	役員給与の損金不算入額	20,000,000	20,000,000	

I 利益積立金額の計算に関する明細書

区　分	期首現在利益 積立金額	当期の増減		差引翌期首現在 利益積立金額 ①－②＋③
		減	増	
	①	②	③	④
前払費用	20,000,000		20,000,000	40,000,000

⑷　2022年3月末　役務提供3年目・譲渡制限解除時

- 企業会計

　（役員報酬）20,000,000（前払費用）20,000,000

- 税務上

　（役員報酬）60,000,000（前払費用）60,000,000

- 税務調整

区　分		総　額	処　分	
			留　保	社外流出
		①	②	③
減　算	役員給与の容認	40,000,000	40,000,000	

I 利益積立金額の計算に関する明細書

区　分	期首現在利益 積立金額	当期の増減		差引翌期首現在 利益積立金額 ①－②＋③
		減	増	
	①	②	③	④
前払費用	40,000,000	40,000,000		0

　補足であるが法人の損金算入額と給与課税される収入額について触れて
おきたい。法人税の損金算入の対象となる金額は，役員から現物出資され
た報酬債権等の額である（法54④，令111の2④）。つまり，株式を交付し
た時点における株式の時価である。一方，給与課税される収入金額は譲渡
制限解除日の株価によるため（所令84①，所基通23〜35共―5の4），両者

図21　事前交付型リストリクテッド・ストック（Restricted Stock）

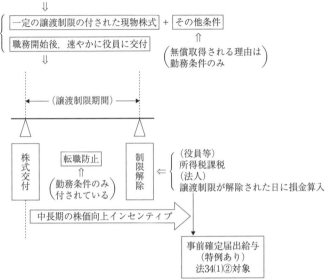

○一定期間の譲渡制限が付された現物株式を報酬として付与
○譲渡制限期間中の株式譲渡の制限により，役員の転職防止，人材維持効果があり，また，株主目線の経営を促す効果がある。
○譲渡制限期間中に一定の勤務条件等を付し，未了の場合には没収される。

は一般的に相違することになる。設例でいえば，法人の損金算入額は1株20万円であるのに対して，給与所得課税は1株25万円となる。

　譲渡制限期間中は処分できないこと等に鑑み，所得税の課税は譲渡制限の解除時まで延期されるが[44]，対象とされる特定譲渡制限付株式には以下の要件が付されている（法34，法54，所令84）。
① 譲渡制限　一定期間の譲渡制限が設けられている株式であること
② 無償取得理由　無償取得事由として勤務条件又は業績条件が達成されないこと等が定められている株式であること

---

[44] 株式報酬，業績連動報酬に関するQ&A～平成28年度・平成29年度税制改正を踏まえて～ Q17

③ 役務の提供　役務提供の対価として役員等に生ずる債権の給付と引換に公布される株式等であること

4　特定譲渡制限付株式の無償取得

仮に2年経過後に役員退任により無償取得した場合，残余の1年分を企業会計上，費用計上するが，税務上では損金の計上は生じない。ただし，既に計上した前払費用を取り崩す必要があるため，（株式報酬費用）×××（前払費用）×××の税務調整を行う必要がある。株式報酬費用は別表四にて加算・流出処理される。

また，資本金等の額の減少も生じない。したがって，特定譲渡制限付株式の付与時に資本金等の額が増加するものの無償取得により減少することがないため，取引を通じて資本金等の額が膨らむという現象が生ずる[45]。

- 企業会計
  （雑損失）20,000,000（前払費用）20,000,000
- 税務上
  （役員報酬）40,000,000（前払費用）40,000,000
  （その他流出）20,000,000（前払費用）20,000,000

- 税務調整

区　分		総　額	処　分		
			留　保	社外流出	
		①	②	③	
加　算	雑損失等の損金不算入額	20,000,000		その他	20,000,000
減　算	役員給与の容認	40,000,000	40,000,000		

---

(45)　松尾拓也・西村美智子・中島礼子・土屋光邦〔2017〕『インセンティブ報酬の法務・税務・会計』中央経済社363頁

第 7 章　新株予約権，新株予約権付社債，株式報酬費用，種類株式　245

I　利益積立金額の計算に関する明細書

区　分	期首現在利益積立金額	当期の増減		差引翌期首現在利益積立金額①－②＋③
		減	増	
	①	②	③	④
前払費用	60,000,000	60,000,000		0

5　「事前確定届出給与」に該当するための要件

　法人がその役員に支給する「特定譲渡制限付株式による給与」が事前確定届出給与に該当するためには「その役員の職務につき，所定の時期に確定した数の株式又は確定した額の金銭債権に係る特定譲渡制限付株式を交付する旨の定め」に基づいて，「特定譲渡制限付株式による給与」が支給されることが必要となる（法34①二）。

　確定した額の金銭債権に係る特定譲渡制限付株式を交付する場合には，その役員の職務執行開始当初にその役員の職務執行期間（＝将来の役務提供）に係る報酬債権の額（支給額）が確定し，所定の時期までにその役員によるその報酬債権の現物出資と引換に特定譲渡制限付株式が交付されることが必要となる。そのため，職務執行開始当初にその報酬債権の額（支給額）が確定せず，業績状況に応じて報酬債権の額が決まる場合には，確定した額の金銭債権に係る特定譲渡制限付株式には該当しないこととなる。

　また，所定の時期に確定した数の株式を交付する場合には，その役員の職務執行開始当初に付与する特定譲渡制限付株式の数が確定し，所定の時期までにその役員の報酬債権の現物出資と引換にその確定した数の譲渡制限付株式が交付されることが必要となる。

　なお，勤務期間以外の事由により無償取得される株式数が変動する譲渡制限付株式は損金算入の対象とはならない[46]。

---

(46)　株式報酬，業績連動報酬に関するQ&A～平成28年度・平成29年度税制改正を踏まえて～Q25

図22 事後交付型現物株式

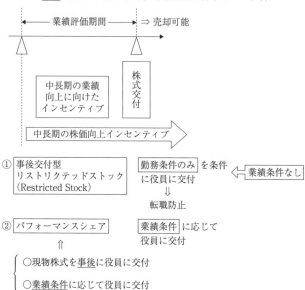

6 事後交付型現物株式

　事後交付型の株式報酬を交付する法人の会計処理・税務処理は以下のとおりである。
　① 株式報酬制度に関する株主総会等の決議時は特段の費用を認識することはなく，仕訳は計上されない。
　② 株式交付時では，役員等に対して報酬債権を付与した上で，報酬債権の現物出資を受けた形となる。したがって，以下のようになる。
　　　イ　報酬の確定（役員報酬等）×××（報酬債務未払金）×××
　　　ロ　報酬債権の現物出資（報酬債務未払金）×××（資本金）×××
　③ 費用の計上時期と費用計上額
　　　法人税法上，事後交付型の株式報酬については，特定譲渡制限付株

式と異なり，費用とする時期について特段の定めはない。したがって，原則どおり，債務が確定した日に損金の額に算入されることとなる。想定される債務確定日としては以下の通りである。

i 特定日までの継続勤務により株式の交付が確定する場合……当該特定日

ii 業績条件が付されており，株式の交付の確定日が株主総会による計算書類の承認日である場合……当該株主総会の日

iii 業績条件が付されている場合で特定期間の株価の状況が超えると特定期間の末日に株式の交付が確定する場合……当該特定期間の末日

事後交付型の株式報酬について費用計上額は契約内容によって異なってくる。確定数給与が約されている場合は，その定めをした日における株式時価（交付決議時価額）となる。確定数給与とは，「所定の時期に確定した数の株式又は新株予約権を交付する旨の定めに基づいて支給する給与」をいう（法令71の3①かっこ書）。また，それ以外は，支給が確定した日（債務確定日）における株式時価（役員に交付した報酬債権の額）となる。

Ⅷ　平成29年度税制改正・損金算入要件の見直し

1　平成29年度改正の趣旨及び背景

「日本再興戦略」改訂2015（平成27年6月30日閣議決定）では，投資家側会社側双方から企業の持続的な成長が促され，その実現のために経営陣に中長期の企業価値創造を引き出すインセンティブを付与するため，金銭だけでなく，株式による報酬，業績に連動した報酬等の柔軟な活用を可能とするための仕組整備等を図る必要があると示された。

しかし，平成29年度改正以前は，経済的効果が同様と考えられる給与等であっても支給形態が異なる場合，税制上の取扱が異なる結果が生ずる

等，役員給与の実態と税制上の損金算入要件との乖離や役員給与の類型間での不整合が生じていた。次節以降で改正前後の概要について説明する。

2 平成29年度税制改正前の概要

　従前の役員給与税制の概要を簡単にまとめておきたい。平成18年度税制改正より，内国法人がその役員に対して支給する給与は，以下に掲げる給与のいずれかに該当するもののみ損金算入が認められた（法法34①）。

　①　定期同額給与（法法34①一，法令69①）

　1ヶ月以下の一定期間ごとに同額で支給するもの

　②　事前確定届出給与（法法34①二，法令69②〜⑥，法規22の3①②）

　事前の届出に従い，所定の時期に確定額を支給するもの。

（平成28年度税制改正において譲渡制限付株式も対象とされた）

　③　利益連動給与（法法34①三，法令69⑦〜⑫，法規22の3③）

　利益に連動して支給する給与で，以下の要件を満たすもの

　ⅰ　対象会社

　同族会社に該当しない内国法人

　ⅱ　算定指標

　当該事業年度の利益の状況を示す指標を基礎としていること。

（平成28年度税制改正により，対象となる指標（ROE等）の追加・明確化）

　ⅲ　算定方法

　確定額を限度としているものであり，かつ，他の業務執行役員に対して支給する利益連動給与に係る算定方法と同様のものであること。

　　㋑　社外者のみを構成員とする報酬諮問委員会への諮問を経た取締役会の決定や監査役適正書面の提出等の手続きを経ていること。

　　㋺　算定方法が有価証券報告書等により開示されていること。

　なお，税制非適格ストック・オプション及び退職給与については上記①〜③の要件を満たさなくとも損金算入が認められた[47]。

第7章　新株予約権，新株予約権付社債，株式報酬費用，種類株式　249

3　平成29年度税制改正の概要

支給の恣意性を排除することが適正な課税を実現する観点から不可欠であるとする基本的考えを踏襲しつつ，平成29年度改正では，役員給与の実態に応じて，短期業績連動と長期業績連動，現金報酬と株式報酬など，各類型の全体的な整合性が図られ[48]，コーポレート・ガバナンスの観点から経営者にインセンティブを与える役員給与を税制面から阻害しないように整備する改正が施された。

まず，インセンティブ報酬については，類型の違いに拘わらず，法人税法第34条第1項第2号又は第3号に定められた一定の要件を満たせば損金算入が認められることとなった（法法34①）。また，税制非適格ストック・オプション及び退職給与については，従前，法人税法第34条第1項の枠組みに入っていなかったが，平成29年度税制改正では，法人税法第34条第1項第2号又は第3号に定められた一定の要件を満たした場合に損金算入が認められることとなった。

なお，業績連動給与に該当しない退職給与（いわゆる功績倍率法による退職給与）は，従来どおり不相当に高額でない限り損金の額に算入される（法令70二）。

定期同額給与，事前確定届出給与及び利益連動給与はそれぞれ改正が行われた。特に利益連動給与は，利益要素のみならず，株価や売上高等に連動する「業績連動給与」に拡大され，複数年度の指標を用いることも可能となった。厳しい開示要件があるものの算定指標は大幅に拡充された。

さらに，無償発行の税制非適格ストック・オプションの損金算入について可能か否かが必ずしも明確ではなかったが，平成29年度税制改正により，新株予約権の範囲が明確化され，実質的に役務の提供の対価と認められる無償発行の税制非適格ストック・オプションについては損金算入されることが明らかにされた（法法54の2①二）。

---

(47)　「攻めの経営」を促す役員報酬・経済産業省産業組織課19頁参照
(48)　平成29年度税制改正の解説・財務省2017, 301-302頁

図23　H29年度法人税関係法令の改正の概要

	改正前	改正後
①	**定期同額給与** 1月以下の一定期間ごとに同額で支給する給与	源泉徴収後の金額が同類である定期給与に追加
②	**事前確定届出給与** 所定の時期に確定額を支給する譲渡制限付株式対象（H28年度改正）	確定した数の株式に新株予約権追加
③	**一定の利益連動給与** •利益の状況を示す指標を基礎 •当該事業年度の指標に限定 •確定額を限度とする •非同族会社が支給	**業績連動給与** •算定指標に株価・売上高追加 •複数年度の指標追加 •株式・新株予約権の確定数追加 •非同族会社の100%子会社追加
④	**退職給与，新株予約権** ①～③までの対象外	•業績連動給与に該当する退職給与 　　　　　　　（③の対象に） •新株予約権による給与 　　　　　　　（②③の対象に）
⑤	**譲渡制限付株式・新株予約権** 自社の役員等に付与対象限定	子会社の役員等を追加

4　事前確定届出給与の見直し

(1)　株式又は新株予約権を交付する給与の追加

事前確定届出給与の枠組みはそのままで，所定の時期に確定数の株式を交付する役員給与も法人税法第34条第1項の損金算入要件を満たさないものは，損金不算入とされた（法34①二ハ）。

(2)　株式及び新株予約権による給与の事前確定届出給与損金算入要件

株式及び新株予約権による給与が事前確定届出給与として損金算入されるためには，その役員の職務につき所定の時期に，確定した額に相当する適格株式又は適格新株予約権を交付する旨の定めに基づいて支給されることが必要である（法令69⑧）。適格株式とは，市場価格のある株式又は市場価格のある株式と交換される株式（その法人又は関係法人が発行したものに限る）をいう（法法34①二ロ）。

第 7 章　新株予約権，新株予約権付社債，株式報酬費用，種類株式　251

　また，利益その他の業績を示す指標を基礎として譲渡制限が解除される
数が算定される譲渡制限付株式による給与が，事前確定届出給与の対象か
ら除外された（法34①二，⑤）。

　繰り返しになるが，役員給与は①定期同額給与，②事前確定届出給与及
び③業績連動給与を除き，原則損金不算入となる。そこで，役員に対する
新株予約権の場合，事前確定届出を条件として以下の要件を満たした場合
に損金算入が認められることとなる[49]。

① 　確定額の金銭債権に対して交付されるもので，業績連動要件が付さ
　れていないこと
② 　付与内容が市場価格のある株式等であること
③ 　付与対象者が上場企業の役員又は子会社の役員であること

(3)　事前確定届出給与の届出提出期限

　法人税法第75条の2第1項各号の確定申告書の提出期限の延長の特例
に係る税務署長の指定を受けた法人について事前確定届出給与の届出期限
の見直しが行われ，職務の執行の開始日の属する会計期間開始の日からそ
の指定の月数に3を加えた月数を経過する日までとされた（法令69④一）。

5　業績連動給与に関連する退職給与及び新株予約権による給与の見直し

見直しの概要

　業績連動給与に該当する退職給与は，従前は法人税法第34条第1項の
適用対象から除かれていたが，平成29年度税制改正により，法人税法第
34条第1項の損金算入要件を満たさないものは損金不算入とされた（法法
34①）。これは，近年，業績に連動した指標を基礎として支給される退職

---

[49]　適用時期
　　　法人が株式を交付する場合には平成29年4月1日，新株予約権を交付する場
　　合には平成29年10月1日以後にその支給に係る決議（決議が行われない場合に
　　は，その支給）をした給与について適用されている（改正法附則1三）。

図 24　役員給与の損金不算入制度の概要

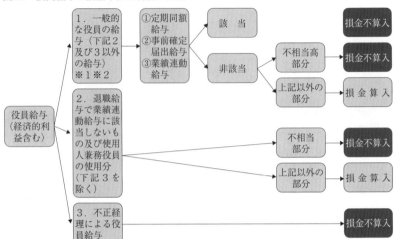

参照：櫻井光照『役員の税務と法務』平成 29 年改訂版，大蔵財務協会

給与が散見されてきており，退職を基因として支給するか否かで損金算入要件が異なることは制度として不整合であるといえるため，業績連動給与の損金算入要件を満たさないものは損金不算入としたものである[50]。

新株予約権による給与については，従前，定期同額給与や事前確定届出給与に類するものとして法人税法第 34 条第 1 項の対象外として取り扱われていた。しかし，交付数そのものが業績に連動した指標を基礎として算定されるものや行使可能数が業績に連動した指標を基礎として算定されるものが散見されたことから，株式による給与を法人税法第 34 条第 1 項の対象とする改正に伴い，交付資産の違いによる損金算入要件に差が生じないよう事前届出給与又は業績連動給与の損金算入要件を満たさないものは損金不算入とされたものである[51]。

つまり，ストック・オプションは，事前確定届出給与，業績連動給与

---
(50)　平成 29 年度税制改正の解説・財務省 2017，307 頁
(51)　平成 29 年度税制改正の解説・財務省 2017，307・308 頁

（法人税法第 34 条第 1 項第 3 号の要件を満たすものに限る）又は退職給与（業績連動給与に該当するものを除く）のいずれかに該当し，それぞれの要件を満たす場合に限り，損金算入が認められる。

IX　お わ り に

　会社法は，経済界の要請に応じるべく，金庫株制度，種類株式制度，新株予約権制度等の株式制度を導入してきた。その結果，多様な資金調達を可能にしたが同時に払込資本をすべて配当可能な「その他資本剰余金」とすることも可能となった。このことは資本維持制度の要請に対する資本金の重要性を相対的に低下させた。

　資本金は，税制以外でも基準として用いている制度が多い。例えば信用保証協会の保証による融資では，規模や業種と資本金基準による利用制限が採用されている。また，資本金の規模により，金融機関からの融資の受けやすさもある。一般労働者派遣業事業の許認可等，事業の許認可制度にも資本金制度がある[52]。取引の相手先としても資本金で信用度合いを測る傾向がある。

　しかし，指標として資本金を基準としていることは，会社法においては資本金を自由に変動させることができる状況にあり，適切とは言えなくなっている[53]。さらに「会社法制の見直し等により資本金の性格が変わったため，資本金額が企業の規模や活動実態等を的確に反映しているとはいえず，資本金基準は中小法人の範囲を定める指標としては適切ではない。」（平成 27 年度税制審議会答申，2 頁）との指摘もある。確かに，指摘のとおりではあるのだが，税務の問題以外に多方面で影響が大きいことを前提に

---

(52)　法人住民税，事業税の外形標準課税等もある。また，特許料等に関する手数料等，行政にも幅広く使われている

(53)　藤井誠「中小企業にかかわる税務会計上のゆがみ」中小企業会計学会第 6 回全国大会「中小企業会計と税務」報告要旨集

資本金を基準とすることについて，実務に対する影響等，幅広い観点から検討を行うべきである。資本金自体も種類株式，株式報酬等計上の要因による区別を検討すべきであろう。

　また，最近，経営者による中長期的な企業価値創造を引き出すためのインセンティブとして株式報酬や業績連動給与等を柔軟に活用できるようにするための環境整備が行われてきた。企業の「攻めの経営」を促すために大きな期待が寄せられている。今後は，中小企業に対しても弾力的に導入可能となる制度構築を期待したい。

純資産の部の総合的検討

第8章 自己株式

横浜国立大学教授 齋藤 真哉

I 問題の所在

　自己株式とは，株式会社がひとたび発行した後に取得し，消却することなく保有している自社の株式を指す。自己株式という名称は，ドイツ語のeigene Aktien の訳語に由来する。アメリカでは，treasury stock あるいはtreasury shares と呼ばれており，その訳語から，自己株式は金庫株とも称せられる。日本においては，明治32年に商法が制定された当初では，自己株式の取得は禁止されていた。昭和13年改正商法により例外的にその取得が容認されたが，取得した場合には速やかな処分が求められており，自己株式の取得は原則禁止とされてきた。しかし平成13年改正商法により，その取得や保有にかかる規制が撤廃されたことにより，自己株式の取得は原則自由となり，その後平成17年に成立する会社法にも引き継がれて，今日に至っている。

　本稿においては，まず商法及び会社法での自己株式にかかる規制の経緯を概観した上で，会計上の取扱いと税務上の取扱いを確認し，両者の相違を明らかにしたい。そして会計と税務の思考の相違を検討することで，会計実務及び税務実務における課題を浮き彫りにしたい。

Ⅱ　会社法における規制

1　商法・会社法での規制の経緯

　記述のとおり，明治 32 年 3 月に制定された商法（法律第 48 号）では，次のとおり規定されており，自己株式の取得は禁止されていた。

　　明治 32 年商法

　　　第 151 条第一項「會社ハ自己ノ株式ヲ取得シ又ハ質権ノ目的トシテ之
　　　　　　　ヲ受クルコトヲ得ス」

　　　　　　　第二項「株式ハ資本減少ノ規定ニ従フニ非サレハ之ヲ消却ス
　　　　　　　ルコトヲ得ス　但定款ノ定ムル所ニ従ヒ株主ニ配當ス
　　　　　　　ヘキ利益ヲ以テスルハ此限ニ在ラス」。

　自己株式の取得が原則として禁止されていた理由には，大きく 2 つの観点が存在していたと思われる。すなわち，債権者保護の観点と，株主平等の観点である。債権者保護の観点からは，自己株式の取得が出資等の払戻しと同質であり，財産の内部留保を減少ならしめ，資本の維持を害する，すなわち資本の空洞化をもたらすと考えられたことである。資本に相応するところの財産の内部留保が実質的に減少することは，債権者の立場からは返済能力の低減を意味する。そこで自己株式の取得は，商法における債権者保護の目的に反すると考えられたのである。また株主平等の観点からは，もしも自己株式の取得に要した支払額が，過度に多額となる場合，その株式を発行会社に譲渡した株主は，他の株主に比して，より多額の財産を受け取ることとなる。反対に過度に少額の支払額の場合には，その株式を発行会社に譲渡した株主は，他の株主に比して，より少ない額の財産を受け取ることとなる。このように自己株式の取得に要した支払額によっては，株主平等の原則に反することが生じうる。このことは，株式の取引の公正に反することをも意味している。自己株式の取得の禁止は，これらの事項が考慮されていたものと思われる。

第8章　自己株式　257

　その後，昭和13年の商法改正以後，自己株式の取得の規制緩和が進められた。昭和13年改正商法では，株式を消却する目的や，合併または営業全部の譲受けによる場合，会社の権利の実行にあたってその目的を達成するために必要な場合には，自己株式を取得し，あるいは質権の目的として受け取ることが容認された（第210条）。ただし取得した自己株式や質権の目的で受け取った自己株式については，消却目的の場合は遅滞なく株式失効の手続きを行うことが，他の場合には相当の時期に株式または質権を処分することが求められていた（第211条）。すなわち自己株式の取得は，あくまで原則禁止であった。その後も，自己株式を例外的に取得できる場合として，端株主からの買取りや使用人への譲渡目的等が追加されたが，あくまで限定的かつ例外的場合にのみ，自己株式を取得することが容認されていた。すなわち，自己株式の取得の原則禁止は継続されていた。

　そしてこうした法的な制約が課されていたがために，商法計算書類規則において，自己株式は資産として取り扱われてきた[1]。自己株式を資産として取り扱うという考え方は，自己株式が他者に売却できるものであり，他の有価証券と同様の性質であるとの認識に立脚しているものと思われる。

　そして平成13年6月の商法改正により，配当可能利益の範囲内であればその目的の如何に拘わらず自己株式の取得が可能となり，かつ，その保有についても制限が撤廃された。すなわち自己株式についてその取得に係る目的規制とその保有規制がなくなったのである。このことは，自己株式の取得が，原則禁止から原則自由となったことを意味している。この自己株式の取得の原則自由は，平成17年に成立する会社法においても，引き継がれ，今日に至っている。すなわち，会社法では，株主総会の決議によって①取得する株式の数（株式の種類及びその種類ごとの数）と②株式の取得に対して交付する金銭等（当該会社の株式等を除く。）の内容とその総額，③株式を取得することができる期間（1年以内）を定め，かつ分配可能額

─────────────

(1)　商法計算書類規則において，自己株式を貸借対照表上資産の部に記載することが求められてはいたが，連結貸借対照表上は資本の控除として取り扱われていた。

の範囲内で，株主との合意による自己株式の取得を可能としている（会社法第156条，第461条第二項）。こうした規制の変化に伴い，保有する自己株式は，会計上，その本質に即して，資本の控除項目として取り扱われることとなった。

Ⅲ　自己株式に関する会計上の取扱い

1　自己株式の会計上の性質

　取得した自己株式の性格については，会計上は，資産として理解する考え方と資本の控除（マイナス）として理解する考え方が対立して説明されてきた。

　資産として理解する考え方は，自己株式を取得したとしても，失効の手続きを完了するまでは実際には株式は存在しており，他の有価証券と同様に譲渡性のある換金可能な資産として把握すべきであるとの理解に立脚している。それに対して，資本の控除として理解する考え方は，自己株式の取得は，会社の所有者である株主に対して，会社財産を払戻ししたことであるとする。すなわち，自己株式の取得は，いわゆる資本取引に該当すると考えている。そのため，たとえ，自己株式が消却されることなく保有されているとしても，それは既に資本が減少していると理解することになる。

　こうした考え方の対立は，商法における自己株式の取得に係る規制が影響している。既述のとおり，平成13年の商法改正前においては，自己株式の取得は，例外的に限定された場合にのみ容認されており，取得した自己株式については，保有し続けるのではなく，処分することが求められていた。そのため，取得した自己株式は，資産として取り扱われていた。すなわち，自己株式をめぐる規制により，資産としての性格づけがなされていたと解することができる。

　しかし商法上の規制を所与としてもなお，取得した自己株式について，資本の控除として会計処理すべきであるとの考え方は，従来存在していた。

第8章　自己株式　259

例えば，昭和26年9月に経済安定本部企業会計基準審議会より公表され
た「商法と企業会計原則との調整に関する意見書」においては，消却目的
以外で取得した自己株式については，貸借対照表上，資産の部ではなく，
資本の部において控除の形式で表示することを求めている（第十一）。そし
てその理由を次のとおり，述べている。

　「再取得した自己株式は，他の所有有価証券とは全く資産性を異にす
　るものであるから，貸借対照表計上の方法を限定する必要がある。こ
　の問題は単に貸借対照表記載方法の問題であるばかりでなく，自己株
　式に対する利益配当，自己株式の売却差額の処理の原則にも関連する
　ものである。

　　従来，自己株式に対する利益の配当が可能であるか否かにつき，法
　律上意見の対立があり明確を欠いていたが，自己株式を有価証券とし
　て貸借対照表上に計上せしめない方法を設け，自己株式に対して利益
　を配当し得ないことを明らかにする必要がある。」（第十一）

　すなわち，利益の配当がなされるべきではない自己株式は，他の有価証
券とは根本的に性格が異なることが強調されている。そして，こうした考
え方は，商法の計算書類規則により，自己株式を貸借対照表において資産
として表示することが求められていても，連結貸借対照表上は資本の控除
として取り扱われていたことに反映されていた。

　こうしたことから，会計上は，自己株式について資本の控除として性格
づけることが合理的であるとの見解が従来，支配的であることが確認でき
る。そして平成13年の商法改正以後，自己株式の取得が原則自由となっ
たことにより，今日，日本においては，自己株式は資本の控除として取り
扱われており，国際的な会計基準においても同様となっている[2]。

---

(2)　国際会計基準（IAS）第32号では，「企業が自らの資本性金融商品を買い戻す場
　　合には，当該金融商品（「自己株式」）を資本から控除しなければならない。」
　　（par.33）と規定している。

2 自己株式の取得と貸借対照表上の表示

自己株式は資本の控除として性格づけるとの見解に基づいて，企業会計基準第1号「自己株式及び準備金の額の減少等に関する会計基準」（平成14年2月，最終改正平成27年3月）（以下，自己株式等会計基準）では，「取得した自己株式は，取得原価をもって純資産の部の株主資本から控除する。」（par.7）とされている。そして期末に保有している自己株式は，貸借対照表上の表示としては，株主資本の部の末尾に自己株式として一括して控除する形式によることが求められている（par.8）。すなわち，自己株式は，株主資本に含まれる資本金や資本剰余金，利益剰余金の諸項目に配分して，それらから直接に，あるいは個別的に控除する形式で表示されることなく，さらには払込資本と留保利益にも配分されることなく，株主資本全体の控除項目として取り扱われることとなっている[3]。

株主資本の構成要素ごとに配分して直接控除する考え方は，自己株式の取得は自己株式の消却と同義であるとの認識に立脚していると考えられる。それに対して自己株式を取得原価で一括して株主資本の控除項目とする考え方は，自己株式を取得した段階では，いまだ発行済株式そのものが消却されてはおらず，その処分または消却までの暫定的な状態であるとの認識に立脚していると考えられる。そして自己株式等会計基準が，後者の立場を採用したのは，自己株式の保有目的の多様化等の現状に鑑み，取得した段階で消却されたものとみなすことがその実態を写像することにならないと判断されたことによると思われる。

3 自己株式の取得原価

既述のとおり，自己株式等会計基準において，自己株式の貸借対照表価額はその取得原価をもって評価することが求められている。その取得原価については，企業会計基準適用指針第2号「自己株式及び準備金の額の減

---

(3) 会社計算規則第76条第二項においても，自己株式は株主資本に係る控除項目として位置づけられている。

第8章　自己株式　261

少等に関する会計基準の適用指針」（平成14年2月，最終改正平成27年3月）（以下，自己株式等適用指針）において規定がなされている。

まず自己株式の初期認識について，その対価が金銭の場合はその金銭が支払われるべき日に，金銭以外が引き渡される場合はその引渡しの日に認識される（par.5）としている。

そして自己株式の取得原価は，その対価が金銭の場合は，その対価の額が取得原価となるが，自己株式の取得に際して要した付随費用は，取得原価を構成することなく，損益計算書の営業外費用に計上される（自己株式等会計基準，par.14）[4]。

それに対して金銭以外の対価により取得された場合には多様性があるため，自己株式等適用指針では次の場合に分けて，その取得原価の算定を定めている（pars.7-9）。

(a) 企業集団内の企業から自己株式を取得する場合

(b) 自社の他の種類の株式を交付する場合

(c) その他の場合

まず（a）企業集団内の企業（同一の企業等により最終的に支配されており，かつその支配が一時的ではない企業）から，金銭以外の対価により自己株式を取得した場合，その取得原価は移転した資産及び負債の適正な帳簿価額により算定される。

次に（b）その対価として自社の他の種類の株式を交付した場合，自己株式の取得原価は次のとおりとされる。すなわち，他の種類の新株を発行

---

(4) 自己株式の取得に係る付随費用に拘わらず，処分及び消却に関わる付随費用についても同様の取扱いとなる。この取扱いは，従来，設立時の株式発行費用や新株発行費用が，資本から減額されることなく費用計上されてきたことを踏襲していると言える。なお会社計算規則においては，株式交付費を払込資本から控除することが可能とされているが，実務対応報告第19号「繰延資産の会計処理に関する当面の取扱い」（平成22年2月改正）にて株式交付費は原則として支出時に費用として処理されることとされており，一定の場合にのみ繰延資産に計上することが許容されている。そのため，株式交付費は，当面のあいだ，払込資本の控除としては処理されないこととされている。

する場合はゼロとし，他の種類の自己株式を処分する場合はその処分した自己株式の帳簿価額とされる。

そして（c）その他の場合には，その対価となる財の時価と取得した自己株式の時価のいずれか，より高い信頼性をもって測定可能な時価で算定するものとされている。例えば，自己株式の市場価格が明らかなときは，一般的にはその市場価格をもって自己株式の取得原価とされる。もしその対価たる財及び自己株式の両者について，公正な評価額を合理的に算定することが困難なときは，移転する資産及び負債の適正な帳簿価額をもって，自己株式の取得原価とされる。そして対価たる財及び自己株式の両者の市場価格が明らかなときは，原則として，その取引の合意日における時価により，その取得原価が算定される。なお合意日の時価と自己株式の受渡日の時価が大きく異ならないならば，受渡日の時価をもって取得原価を算定することが認められる。

4 自己株式の無償取得

なお，自己株式を無償で取得した場合には，自己株式の数のみの増加として処理することが求められている（自己株式等適用指針，par.14）。自己株式を資本の控除と性格づけることを前提としても，無償取得した場合の処理方法としては，自己株式の数のみを増加させる処理方法，すなわち貸借対照表の会計数値を変動させない方法のほかに，無償取得の自己株式を時価評価し，その評価額を資本剰余金とする方法が考えられる[5]。この方法が採用されたとしても，株主資本の控除となる自己株式の評価額と同額の資本剰余金が増加することとなり，結果的には株主資本の額に変動は生じない。自己株式の数のみを増加させる方法との相違は，例えば後に自己株式が処分されるときに生じる。すなわち，いつ資本剰余金へ増減させるのかの相違である。

---

(5) 自己株式を資産として捉えるならば，自己株式を時価評価し，その評価額と同額を利益とする方法が採用されるものと考えられる。

第8章 自己株式 263

5 自己株式の処分

　自己株式の処分方法としては，募集株式の発行等の手続き（会社法第199条）によるほか，企業再編や新株予約権の行使に伴う自己株式の引渡しなどが考えられる。会社法第199条では，次のとおり規定されている。

　「株式会社は，その発行する株式又はその処分する自己株式を引き受ける者の募集をしようとするときは，その都度，募集株式（当該募集に応じてこれらの株式の引受けの申込みをした者に対して割り当てる株式をいう。以下この節において同じ。）について次に掲げる事項を定めなければならない。

　　一　募集株式の数（種類株式発行会社にあっては，募集株式の種類及び数。以下この節において同じ。）

　　二　募集株式の払込金額（募集株式一株と引換えに払い込む金銭又は給付する金銭以外の財産の額をいう。以下この節において同じ。）又はその算定方法

　　三　金銭以外の財産を出資の目的とするときは，その旨並びに当該財産の内容及び価額

　　四　募集株式と引換えにする金銭の払込み又は前号の財産の給付の期日又はその期間

　　五　株式を発行するときは，増加する資本金及び資本準備金に関する事項

　2　前項各号に掲げる事項（以下この節において「募集事項」という。）の決定は，株主総会の決議によらなければならない。

　3　第一項第二号の払込金額が募集株式を引き受ける者に特に有利な金額である場合には，取締役は，前項の株主総会において，当該払込金額でその者の募集をすることを必要とする理由を説明しなければならない。

　4　種類株式発行会社において，第一項第一号の募集株式の種類が譲渡制限株式であるときは，当該種類の株式に関する募集事項の決定は，

当該種類の株式を引き受ける者の募集について当該種類の株式の種類株主を構成員とする種類株主総会の決議を要しない旨の定款の定めがある場合を除き，当該種類株主総会の決議がなければ，その効力を生じない。ただし，当該種類株主総会において議決権を行使することができる種類株主が存しない場合は，この限りでない。

5　募集事項は，第一項の募集ごとに，均等に定めなければならない。」

こうした規定は，会社法が，募集株式の発行等の手続きについて，新株を発行する場合と自己株式を処分する場合の両者を，募集に応じて引受けの申込みを行った者に対する割当株式の交付に係る手続きとして，統一的に規制しようとしていることを意味している。すなわち募集株式の発行等の手続きの場合，すなわち自己株式を引き受ける者の募集を行う場合には，新株を発行する場合と同様に，その募集の都度，引受けの申込者に割り当てる自己株式について，募集する株式の数や払込金額等の募集事項を定めることが要求されている（会社法第199条第一項）。

そして自己株式を募集株式の発行等の手続きで処分する場合，自己株式等会計基準では，自己株式の処分の対価とその帳簿価額との差額である自己株式処分差額は，対価が帳簿価額を上回るときは自己株式処分差益としてその他資本剰余金に計上し，対価が帳簿価額を下回るときは自己株式処分差損としてその他資本剰余金から減額する（自己株式等会計基準，pars.4-6，9-10）。すなわち自己株式処分差額は，損益計算に含められることなく，資本剰余金に含めて処理されることになる。こうした処理は，自己株式の処分が，新株発行と同様の経済的実質を有することから，差益となる場合は追加的な資本の払込みと考えられ，差損の場合は払込資本の払戻しとして処理することを意味している。

なお，自己株式処分差損がその他資本剰余金残高を超過するときの負の金額は，会計理論上は資本金と資本準備金の控除と捉えることができるが，資本金及び資本準備金には会社法における規制があるため，会計実務上は当該負の金額は，利益剰余金により補填する処理が行われることになる。

そして当該負の金額を利益剰余金により補塡するのは、会計期間末に行うことが求められている（自己株式等会計基準，par.12）。

6　自己株式の消却

　会社法では、自己株式の消却ができる旨の規定が設けられている（会社法第178条）。自己株式の消却とは、自己株式を消滅させることをいう。自己株式を消却した場合は、その消却手続きが完了したときに、消却の対象となった自己株式の帳簿価額をその他資本剰余金から減額することが求められている（自己株式等会計基準，par.11）。自己株式の消却は、その自己株式が有償にて取得されている場合には、会計理論上は、その取得時において払込資本の払戻しないしは留保利益の分配が考えられる。そこで保有している自己株式は、取得後に処分されるのか、消却されるのかが不確定の状態であるとして、株主資本の構成要素に配分しないことを所与とするならば、消却されたときに払込資本ないしは留保利益を減額することが考えられる。すなわち、自己株式の取得原価を、払込資本の払戻し部分と留保利益からの利益配当部分に配分してそれぞれを減額することが理論的であると考えられる。しかし、会社計算規則において、その他資本剰余金から優先的に減額することとの規定（第24条第三項）があるために、そうした法規制に合わせた会計処理となっている。

　なお自己株式の帳簿価額がその他資本剰余金残高を上回る場合には、その負の金額は自己株式処分差損の場合と同様に、利益剰余金により補塡されることになる。

Ⅳ　自己株式に関する税務上の取扱い

1　自己株式の取得

　税務上は、従来、取得した自己株式は、付随費用を含めて資産として取り扱われていたが、平成18年税制改正後は、資本の払戻しとして取り扱

われている（法令第8条第一項二十一号）。すなわち，税務上，自己株式の取得に対する交付金銭等の額（取得原価）は，資本金等の額の控除額として定義づけられている。そして取得する自己株式の数に相応する資本金等の額（「取得資本金等の額」という）と自己株式の取得原価を比較して，自己株式の取得原価が取得資本金等の額を超える場合は，その超過額は利益積立金額の減算として処理される。すなわち，当該超過額は，みなし配当として処理される。

なお取得資本金等の額は，自己株式を取得等する直前の会社全体の資本金等の額に，取得直前の発行済株式数（自己株式を除く。）の総数（出資の場合は，総額）に占める自己株式の取得等に係る株式数（出資の場合はその金額）の割合を乗じた金額として算定される。

取得資本金等の額

$$= \text{自己株式取得直前の資本金等の額} \times \frac{\text{取得する自己株式の数}}{\text{直前の発行済株式総数（自己株式を除く）}}$$

なお，所有する自己株式は資産として処理されるわけではないため，その取得に要した付随費用については，損金算入が認められることになる。

上記の取扱いは，会計上のそれとは異なるために申告調整が必要となるものと考えられる。具体的数値例を用いて，会計上と税務の取扱いの相違について説明を加えることとする。

＝設例1＝　自己株式の取得

［条件］

• 自己株式200株を，現金5,000千円を対価として取得した。

• 自己株式取得直前の資本金等の額は，400,000千円

• 取得直前の発行済株式総数は，20,000株。

第8章 自己株式 267

[処理]
• 会計上
    （借）自己株式　　　5,000　　（貸）現金　　5,000
• 税務上
    （借）資本金等の額　4,000　　（貸）現金　　5,000
    　　　利益積立金　　1,000
    　　　（みなし配当）
    ※　取得資本金等の額 4,000 千円 = 400,000 千円 ×（200 株 ÷ 20,000 株）

　設例1の数値例では，会計上は，単に株主資本の控除となる自己株式が増加するだけであるが，税務上は 1,000 千円のみなし配当の額が計算されることになる。したがって，資本金等の額の減少額は，自己株式の取得原価からみなし配当の額を控除した 4,000 千円のみとなる。

　むろんのことながら，取得資本金等の額が自己株式の取得原価を超過する場合には，みなし配当は把握されることなく，自己株式の取得原価に相当する額が，資本金等の額の減少額として把握されることになる。

2　自己株式の処分

　自己株式の取得は，資本の払戻しとして位置づけられているため，自己株式を処分した場合は，新株発行と同様の取扱いとなる（法令第8条第一項第1号）。すなわち，株式の発行と自己株式の譲渡が同様に規定されている。したがって，自己株式の処分価額は，その全額が資本金等の額の増加額となる。そのため，税務上は，自己株式処分差額は生じないことになる。自己株式の処分にあっても，会計上と税務上との取扱いの相違が観られることになる。

　簡単な数値例を用いて，両者の相違を確認することにしたい。設例2は，自己株式処分差益が生じる場合であり，設例3は自己株式処分差損が生じる場合である。

＝設例2＝　自己株式の処分（1）

［条件］

• 帳簿価額（取得原価）5,000千円の自己株式200株を7,000千円（対価は現金）で処分

［処理］

• 会計上

（借）現金　　7,000　　　　（貸）自己株式　　　　　　　5,000
　　　　　　　　　　　　　　　　　　自己株式処分差益　　　2,000
　　　　　　　　　　　　　　　　　　（その他資本剰余金）

• 税務上

（借）現金　　7,000　　　　（貸）資本金等の額　　　　7,000

＝設例3＝　自己株式の処分（2）

［条件］

• 帳簿価額（取得原価）5,000千円の自己株式200株を4,000千円（対価は現金）で処分

• その他資本剰余金残高はゼロ

［処理］

• 会計上

（借）現金　　　　　　4,000　　（貸）自己株式　　　　　　5,000
　　　　　　　　　　　　　　　　　　　自己株式処分差損　　1,000
（借）利益剰余金　　　1,000　　（貸）自己株式処分差損　　1,000

• 税務上

（借）現金　　　　　　4,000　　（貸）資本金等の額　　　　4,000

　設例2と設例3で明らかなように，自己株式の処分に際しては，税務上，自己株式処分差額は生じることなく，払い込まれた金額が資本金等の額となる。

第8章　自己株式　269

3　自己株式の消却

　税務上は，自己株式の取得は資本の払戻しとして把握されており，取得時には自己株式は資本金等の額ないしは利益積立金の額の減少として記録されている。そのため，自己株式を消却した場合には，改めて資本金等の額や利益積立金の額を修正することはなく，特に処理を必要としない。

　自己株式の消却の場合についても設例を設けて，その処理を確認することにしたい。

　　　＝設例4＝　自己株式の消却
　　［条件］
・帳簿価額（取得原価）5,000千円の自己株式200株を消却
・その他資本剰余金残高は10,000千円
　　［処理］
・会計上
　　　（借）その他資本剰余金　　5,000　　　（貸）自己株式　　5,000
・税務上
　　　　　　　　処理なし

4　自己株式の時価

　自己株式を取得または処分する場合の対価の額が，適正な時価とは異なる場合には，税務上，受贈益や寄附金に関する課税関係が生じることになる。ここでは法人間での取引を前提として，取得の場合と処分の場合のそれぞれについて整理しておく。

　（a）　高額取得または低廉取得の場合
　　　　対価の額　＞　適正な時価　（高額譲渡）の場合
　　　　　　　売主側（株主）　　　　…　受贈益
　　　　　　　買主側（株式発行法人）…　寄附金

　　　　対価の額　＜　適正な時価　（低額譲渡）の場合
　　　　　　売主側（株主）　　　　　…　寄附金
　　　　　　買主側（株式発行法人）　…　受贈益

　（b）　高額処分または低廉処分の場合
　　　　対価の額　＞　適正な時価　（高額処分）の場合
　　　　　　売主側（株式発行法人）　…　受贈益
　　　　　　買主側（新株主）　　　　…　寄附金
　　　　対価の額　＜　適正な時価　（低額譲渡）の場合
　　　　　　売主側（株式発行法人）　…　寄附金
　　　　　　買主側（新株主）　　　　…　受贈益

5　現物配当となる自己株式の取得

　剰余金の分配を金銭以外の資産で行う場合，その現物分配を行う法人（以下，現物分配法人）は，その金銭以外の資産の時価と帳簿価額との差額を譲渡益または譲渡損として計上し，それぞれ益金の額または損金の額に算入しなければならない。現物分配には，法人が株主に対して剰余金の分配として現物を分配することのほか，資本の払戻しまたは解散による残余財産の分配，出資の消却，組織変更，さらに自己株式の取得[6]も含まれる。そしてこれらはみなし配当の事由に該当する。

　現物分配に関わる自己株式の取得の場合とは，現物分配を行う法人に対して，その法人が発行する株式を譲渡する状況が想定されている。すなわち現物分配を行う法人が，現物分配の対価として自己株式を取得する場合である。

　現物分配については，現物が他者に移転する際には，その移転のときに

---

[6]　自己株式等の取得の場合であっても，金融商品取引所等での購入は除かれる。単純化して表現するならば，上場会社の発行株式を市場で購入した場合は，現物分配には含めないとの規定である。

移転した資産の時価で移転するという法人税法の基本的考え方が反映されている。そのため，基本的には，分配される資産の時価とその帳簿価額との差額が，譲渡損益として認識されることになる。

ただし，一定の要件を充たす場合には，適格現物分配として，分配された資産の帳簿価額により移転したものとみなして，譲渡益または譲渡損は認識されない。適格現物分配となる一定の要件とは，次のとおりである。

- 内国法人が行う現物分配であること，
- 現物分配を受ける者が，その直前において現物分配法人との間に完全支配関係を有していること
- 現物分配を受ける内国法人が，普通法人あるいは協同組合等であること

そして現物分配法人が自己株式を取得する場合で，適格現物分配の要件を満たすときに，現物分配法人の資本等の額のうち，現物分配の基因となった自己株式に対応する部分の取得資本金等の額は，株式会社を前提とするならば，次の算式により計算されることになる。

《算式》

取得資本金等の額

$$= \frac{\text{自己株式の取得後の}}{\text{直前の資本金等の額}} \times \frac{\text{自己株式の取得等に係る株式数}}{\text{その直前の発行済株式数総数（自己株式数を除く）}}$$

Ⅴ　ま　と　め

以上から理解されるように，会計上も税務上も，自己株式を資本の控除（減額要素）として把握している。しかし，税務上はその取得時点において，その算定方法の合理性が絶対的なものではないにせよ，払込資本の減少部分と留保利益の減少部分を明確に分離して処理しているのに対して，会計

上は会社法の規制の枠組みを受け入れているが故に，会計理論上合理的と考えられる処理からは距離を置いているように思われる。もちろん，税務上，自己株式の取得時に払込資本の減少部分と留保利益の減少部分に分離するための算定方法には検討の余地があり，課題となりうる。

　会計と税務の相違という観点からは，会計と税務のそれぞれの処理の基盤となる考え方の相違ではないように思われる。すなわち，会計が会社法の規制を受け入れて処理を定めている以上，会社法と税法との乖離に，相違の本質があるように思われる。

【参考文献】

- 太田達也『第4版「純資産の部」完全解説』税務研究会出版局，平成28年。
- 企業会計基準委員会，企業会計基準第1号「自己株式及び準備金の額の減少等に関する会計基準」平成14年2月，最終改正平成27年3月。
- 企業会計基準委員会，企業会計基準適用指針第2号「自己株式及び準備金の額の減少等に関する会計基準の適用指針」平成14年2月，最終改正平成27年3月。
- 企業会計基準委員会，実務対応報告第19号「繰延資産の会計処理に関する当面の取扱い」平成18年8月，最終改正平成22年2月。
- 佐藤信彦，河﨑照行，齋藤真哉，柴健次，高須教夫，松本敏史編著『スタンダードテキスト　財務会計論Ⅰ基本論点編　第11版』中央経済社，平成30年。
- 富岡幸雄『税務会計学原理』中央大学出版部，平成15年。
- 成道秀雄『税務会計―法人税の理論と応用―』第一法規，平成27年。

純資産の部の総合的検討

第9章　組織再編成での資本取引

神戸大学教授　鈴木　一水

I　はじめに

　純資産の部に関して組織再編成で問題になるのは，存続会社，承継会社あるいは設立会社といった結合企業[1]における純資産（株主資本等）の増加額と内訳である。純資産の増加額は，組織再編成によって受け入れられる資産および引き受けられる負債の金額に依存して決まる。これらの金額を時価と帳簿価額のどちらで評価するかについては，会計上と税務上で異なることが多い。また，純資産の内訳についても同様である。本章では，各種組織再編成に係る純資産額の決定と内訳に関する企業会計基準および会社法の規制と法人税法の取扱いとを比較し，そのうえで会計上の純資産に対する税務上の加算項目および減算項目の内容を検討することによって，組織再編成に伴う資本取引に関する会計と税務の考え方の相違を明らかにする。

---

[1]　他の企業または他の企業を構成する事業を受け入れて対価（現金等の財産や自社株式）を支払う企業を結合企業，当該他の企業を被結合企業という（企業結合会計基準13）。

II 組織再編成に伴う資本金等の額の増減

　法人税法上の資本金等の額は，貸借対照表上の資本金額に，法人税法施行令8条1項各号に定める金額を加算または減算して計算する。組織再編成に伴って資本金額に加減算される項目は，次の場合に生じる。

　加算項目
- 合併法人における合併（法令8①五）
- 分割承継法人における分割型分割（法令8①六）
- 分割承継法人における分社型分割（法令8①七）
- 被現物出資法人における適格現物出資（法令8①八）
- 被現物出資法人における非適格現物出資（法令8①九）
- 株式交換完全親法人における株式交換（法令8①十）
- 株式移転完全親法人における株式移転（法令8①十一）

　減算項目
- 分割法人における分割型分割（法令8①十五）
- 適格合併または適格分割型分割によって被合併法人または分割法人から引き継いだ自己株式がある場合（法令8①二十一ロ）

　したがって，組織再編成に係る法人税法上の資本等取引を理解するためには，まず結合企業における会計上の純資産の増減額とその内訳を把握して税務上の資本金等の額の計算の起点となる貸借対照表上の資本金額を確定し，そのうえで上述の税務上の加減算の意味を考える必要がある。

III 組織再編成の会計

1 組織再編成の会計上の分類

　組織再編成の結合企業における純資産の増加額（株主資本等変動額）とその内訳は，「企業結合に関する会計基準」（以下「企業結合会計基準」という。），

「企業結合会計基準及び事業分離等会計基準に関する適用指針」（以下「適用指針」という。）および会社計算規則によって規制されている。組織再編成の経済的実態にはさまざまなものがあるので，その実態に応じて，企業結合会計基準は，組織再編成によって移転する資産・負債の金額の決定方法を定めている。

　企業結合会計基準によると，結合企業の立場からは，組織再編成は取得，共通支配下の取引および共同支配企業の形成に区別される。取得とは，ある企業が他の企業または企業を構成する事業に対する支配[2]を獲得することをいう（企業結合会計基準9）。取得では，被取得企業の株主の被取得企業に対する持分の継続は断たれ，株主はそこでいったん投資を清算し，改めて取得企業に移転する資産・負債に対して投資を行ったと考える。共通支配下の取引とは，結合当事企業または事業のすべてが，企業結合の前後で同一の株主により最終的に支配され，かつ，その支配が一時的でない企業結合をいう。親会社と子会社の合併および子会社同士の合併は，共通支配下の取引に含まれる（企業結合会計基準16）。共同支配企業の形成とは，複数の独立した企業が共同支配企業[3]を形成する企業結合をいう（企業結合会計基準11）。共同新設分割による新設会社の設立などが，共同支配企業の形成になる。このように結合企業において増加する純資産（株主資本等[4]）の総額に関しては，会計基準等に詳細な規定が設けられている。

　そこで，会社計算規則は，株主資本等の総額に関しては，企業結合会計基準等の規定を前提として基本的な事項のみを規定するにとどめる一方で，変動する株主資本等の内訳，すなわち会社法独自の概念である資本金，準備金（資本準備金および利益準備金）および剰余金（資本剰余金および利益剰

---

(2)　支配とは，ある企業またはそれを構成する事業の活動から便益を享受するために，その企業またはその事業の財務および経営方針を左右する能力を有していることをいう（企業結合会計基準7）。
(3)　共同支配企業とは，複数の独立した企業によって共同で支配される企業をいう（企業結合会計基準11）。
(4)　株主資本等とは，資本金，資本剰余金および利益剰余金をいう。

余金）の計上に関しては，詳細な規定を置いている（大野他 2009）。

2 取得の会計

(1) 結合企業における純資産増加額

取得では，被取得企業または取得した事業の取得原価を，逆取得の場合を除いて，取得の対価（支払対価）の企業結合日における時価[5]で算定する（企業結合会計基準 23）。対価の支払いが，現金以外の資産の引渡し，負債の引受け，または株式の交付の場合には，支払対価の時価と被取得企業または取得した事業の時価のうち，より高い信頼性をもって測定可能な時価で算定する（企業結合会計基準 23）。こうした処理は，一般の交換取引における資産の取得原価の算定との首尾一貫性を重視したものである。

(2) 純資産増加額の内訳

増加する純資産の会計処理は，支払対価の種類によって異なる。

① 対価として取得企業が新株を発行した場合

払込資本を増加させる。この会計処理は，移転資産・負債に対する株主の投資がいったん清算されて再投資されたと考える取得の性格を反映している。増加する払込資本の内訳項目（資本金，資本準備金またはその他資本剰余金）は，分配可能額を定める会社法の規定に従って決定する（適用指針 79）。

② 対価として取得企業が自己株式を処分した場合（新株の発行を併用した場合を含む。）

自己株式の処分対価額（新株発行と併用した場合には，新株発行と自己株式処分対価の合計額）から処分した自己株式の帳簿価額を控除した差額を払込資本の増加額（差額がマイナスの場合はその他資本剰余金の減少）とする。増加する払込資本の内訳項目は，会社法の規定に従って決定する（適用指針 80）。

---

(5) 時価とは，公正な評価額をいう。通常，観察可能な市場価格をいい，市場価格を観察できない場合には，合理的に算定された価額をいう（企業結合会計基準 14）。

③　対価として取得企業が自社株式以外の財産を交付した場合[6]

交付した財産の時価と企業結合日前日の帳簿価額との差額を損益に計上する（適用指針81）。

いずれにせよ取得の場合には，被取得企業の資産の含み損益およびのれんが認識され，払込資本に反映されることになる。取得企業の利益剰余金が組織再編成によって増減することは，原則としてない。例外的に純資産の増加額がマイナスの場合には，対価としての自己株式の処分により生ずる差損額をその他資本剰余金の減少額とし，残余額をその他利益剰余金の減少額とする。資本金，資本準備金および利益準備金は増減させない。

図1　取得における純資産増加額と内訳

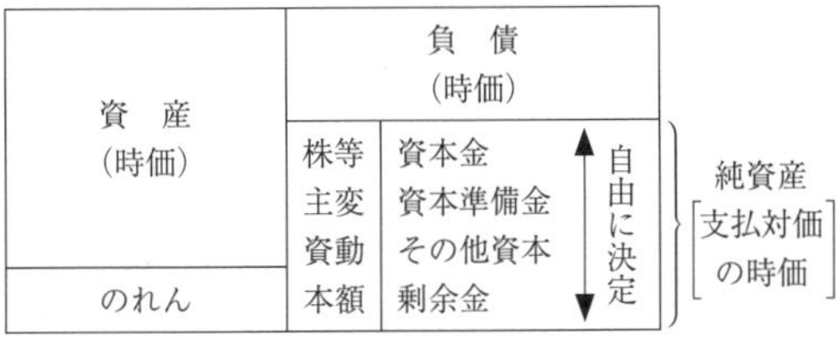

3　共通支配下の取引および共同支配企業の形成の会計

(1)　結合企業における純資産増加額

企業集団内を移転する資産・負債は，帳簿価額で引き継がれ，対価として交付された株式の取得原価は，移転資産・負債の帳簿価額に基づいて算定する（企業結合会計基準41乃至43）。これは，連結財務諸表の作成を前提とすると，共通支配下の取引は企業集団内の内部取引と考えられるので，組織再編成の前後で移転資産・負債の帳簿価額が相違することのないようにするためである。

共同支配企業の形成の場合も共通支配下の取引と同様に，共同支配企業は共同支配投資企業[7]から移転する資産・負債を帳簿価額で引き継ぎ（企

---

(6)　子会社が親会社株式を支払対価とした場合を含む。

業結合会計基準 38)，対価として交付された共同支配企業株式の取得原価は，移転純資産簿価に基づいて算定する。

(2) 純資産増加額の内訳

増加する純資産の会計処理は，組織再編成の形式によって異なる。なお，共通支配下の取引によって子会社が消滅する場合には，親会社の有する子会社株式（抱合株式）の帳簿価額とこれに対応する子会社の純資産額との差額は親会社の損益となる（企業結合会計基準注解（注10））。

Ⅳ　合　　併

1　合併の会計

(1) 取得となる合併

(イ) 合併会社における純資産増加額

合併会社にとっての被合併会社の取得原価は，逆取得の場合を除いて，合併対価（現金，株式その他の資産）の合併日における時価によって測定するので[8]（Ⅲ2(1)参照），合併会社において合併に伴って増加する純資産額（株主資本等変動額）も，合併対価の時価に基づいて算定される（計規35①一）。合併対価に自己株式が含まれる場合には，その帳簿価額を株主資本等変動額から控除する。新設合併の場合には，合併設立会社の株主資本等変動額のうち合併取得会社に係る部分は，合併取得会社の財産の合併直前の帳簿価額を基礎として算定し，合併取得会社以外の合併消滅会社（被取得会社）に係る部分のみ合併対価の時価を基礎として算定する（計規45

---

(7) 共同支配投資企業とは，共同支配企業を共同で支配する企業をいう（企業結合会計基準12）。

(8) 市場価格のある合併会社株式が取得の対価として交付される場合には，その時価は，原則として，合併日における株価を基礎として算定する（企業結合会計基準24）。このときの時価は，被合併会社の株主が合併会社に対する実際の議決権比率と同じ比率を保有するのに必要な数の合併会社株式を合併会社が交付したものとみなして算定する（企業結合会計基準（注1））。

第9章 組織再編成での資本取引 279

①)⁽⁹⁾。

㈣ 純資産増加額の内訳

合併会社における合併に伴う純資産の増加は、原則として払込資本すなわち資本金および資本剰余金（資本準備金およびその他資本剰余金）の増加となり、その内訳は、株主資本等変動額の範囲内で合併契約において自由に決めることができる（計規35②、Ⅲ2⑵参照）。

取得においては、合併会社の利益剰余金額が変動することは、原則としてない（計規35②）。例外となるのは、株主資本等変動額がマイナスとなる場合で、そのうち対価に含まれる自己株式の処分により生じる差損額をその他資本剰余金の減少額とし、残余額をその他利益剰余金の減少額とする。資本金、資本準備金および利益準備金の額は変動しないものとする（計規35②ただし書、Ⅲ2⑵参照）。新設合併の場合にも、合併設立会社の資本金と資本剰余金は、株主資本等変動額の範囲内で、合併契約で定めた金額となり、利益剰余金額は0となることが原則であるが、株主資本等変動額がマイナスの場合には、その金額をその他利益剰余金額とし、資本金、資本剰余金および利益準備金の各金額は0となる（計規45②ただし書）⁽¹⁰⁾。

⑵ 共通支配下の取引となる合併

合併会社は移転資産・負債を帳簿価額で引き継ぐので、純資産増加額

---

(9) 消滅会社が取得企業になる場合（逆取得）、取得企業（消滅会社）の資産・負債は合併直前の適正な帳簿価額で引き継がれる（企業結合会計基準34）。したがって、株主資本等変動額は簿価純資産額になる。

(10) 合併対価の全部が合併設立会社株式のときは、合併設立会社の資本金、資本剰余金および利益剰余金の各金額は、合併取得会社に係る部分と、合併取得会社以外の合併消滅会社に係る部分に区別し、合併取得会社に係る部分については、その資本金、資本剰余金および利益剰余金をそれぞれ合併設立会社の資本金、資本剰余金および利益剰余金の各金額とし、合併取得会社以外の合併消滅会社に係る部分については、合併対価または合併対象財産の時価を基礎として算定した株主資本等変動額の範囲内で、合併契約で定めた金額とし、利益剰余金額は0とすることができる（計規45③）。ただし、株主資本変動額がマイナスの場合には、その金額をその他利益剰余金とし、資本金、資本剰余金および利益準備金の各金額は0とする。

（株主資本等変動額）も，帳簿価額に基づいて算定される（計規 35 ①二，Ⅲ 3 ⑴参照）。株主資本等変動額の内訳は，共通支配下の取引における結合当事企業の関係に応じて，次のようになる。

　㈡　親会社による子会社の吸収合併

　移転簿価純資産額を，株主資本部分とそれ以外の部分（評価・換算差額等および新株予約権）に分け，さらに株主資本額を合併期日直前の持分比率に基づいて親会社持分相当額と非支配株主持分相当額に按分する。株主資本額のうち親会社持分相当額と親会社が保有していた子会社株式（抱合株式）の帳簿価額との差額は，親会社の特別損益（抱合株式消滅損益）とされ[11]（企業結合会計基準（注 10）），非支配株主持分相当額と取得対価（非支配株主に交付した親会社株式の時価）との差額はその他資本剰余金とされる（適用指針 206 ⑵①）。子会社の株主資本額を親会社持分相当額と非支配株主持分相当額に按分するのは，親会社が株式交換によって子会社を完全子会社とする場合の会計処理との整合性を図るためである（適用指針 438）。

　合併によって増加する親会社の株主資本等変動額は払込資本とし，その内訳は資本金，資本準備金またはその他資本剰余金として合併契約において自由に決めることができる（計規 35 ②）。なお，合併対価のすべてが合併会社株式の場合には，直前の被合併会社の資本金，資本剰余金および利益剰余金の各金額を，それぞれ合併会社の資本金，資本剰余金および利益剰余金の各増加額とすることができる（計規 36 ①）[12]。つまり，会社法上も合併会社が被合併会社の株主資本構成をそのまま引き継ぐことができるようになっている。

　移転純資産のうち株主資本以外の項目（評価・換算差額等[13]および新株予

---

(11)　抱合株式消滅損益は，連結会計上は過年度に認識済みの損益であるために，単体会計上も利益剰余金に含める。

(12)　ただし，対価自己株式または先行取得分株式等がある場合には，対価自己株式または先行取得分株式等の帳簿価額を合併直前の合併消滅会社のその他資本剰余金から減額した金額を合併存続会社のその他資本剰余金の変動額とする（計規 36 ①ただし書）。

約権）については，子会社の合併期日前日の帳簿価額を引き継ぐ（適用指針 206(2)②）。

図2　共通支配下の取引となる吸収合併における増加純資産額と内訳

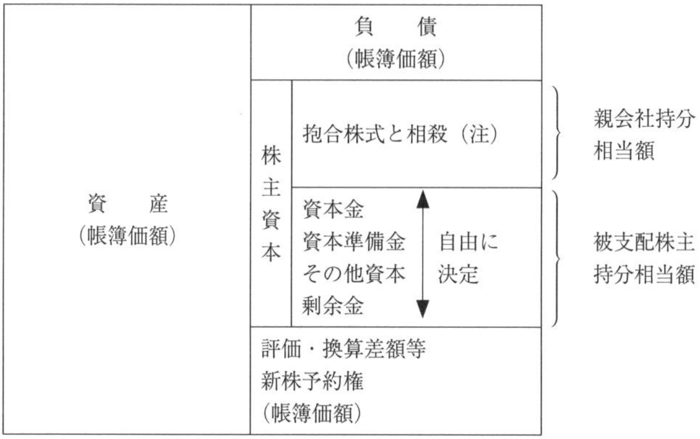

		負　債 （帳簿価額）	
資　産 （帳簿価額）	株主資本	抱合株式と相殺（注）	}　親会社持分 相当額
		資本金 資本準備金 その他資本 剰余金　　　自由に 決定	}　被支配株主 持分相当額
	評価・換算差額等 新株予約権 （帳簿価額）		

（注）差額は特別損益

㈹　子会社同士の合併

株主資本等変動額の内訳は，合併対価の種類によって異なる。

①　合併対価を合併子会社株式のみとする場合

原則として，合併会社となる子会社は合併期日前日の被合併子会社の株主資本の帳簿価額を払込資本とし，それを構成する資本金，資本準備金およびその他資本剰余金の各金額は合併契約で自由に決める。例外的に被合併子会社の合併期日前日の適正な帳簿価額による株主資本額がマイナスの場合および抱合株式等の会計処理によって株主資本額がマイナスになる場合には，その他利益剰余金を減額する。なお，被合併子会社の合併期日前日の資本金，資本準備金，その他資本剰余金，利益準備金およびその他利益剰余金の内訳科目を，抱合株式等の会計処理を除き，そのまま引き継ぐこともできる（適用指針 247）。

---

(13)　連結財務諸表において投資と資本の消去の対象とされたもの，言い換えれば支配獲得以前に計上されたものを除く。

② 合併対価を合併子会社株式と現金等の財産とする場合

合併期日前日の被合併子会社の帳簿価額による株主資本額から合併対価として支払った現金等の財産の帳簿価額を控除した金額を払込資本とする。ただし，控除した残額がマイナスとなる場合には，払込資本を0としのれんを計上する。さらに，被合併子会社の帳簿価額による株主資本額がマイナスの場合には，合併対価として支払った現金等の財産の帳簿価額相当額をのれんに計上し，株主資本相当額だけその他利益剰余金を減額する。評価・換算差額および新株予約権の適正な帳簿価額は，そのまま引き継ぐ。（適用指針251）。

③ 合併対価が現金等の財産のみである場合

被合併子会社の帳簿価額による株主資本額と対価財産の帳簿価額との差額をのれんまたは負ののれんとする。対価として株式を交付していないので，合併子会社の株主資本が増加することはない[14]。被合併子会社の評価・換算差額等は，そのまま引き継ぐ（適用指針243）。

④ 無対価の場合

完全支配関係にあるかないかによって会計処理が異なる。完全支配関係にある場合には，合併直前の被合併子会社の払込資本額だけ合併子会社のその他資本剰余金を増加させ，被合併子会社の利益剰余金額は合併子会社のその他利益剰余金に加える[15]（計規36②）。つまり，被合併子会社の資本金は資本剰余金とともに合併子会社のその他資本剰余金になり，利益剰余金はそのまま引き継ぐ。これに対して，完全支配関係にない場合には，現金等の財産のみを交付した場合の会計処理と同様に，株主資本の引継ぎは認められず，簿価純資産額をのれんまたは負ののれんとする（適用指針243

---

(14) 結合当事会社の株主である親会社は，株主として受け取った現金等の財産を適正な帳簿価額により計上し，保有していた被合併子会社株式の適正な帳簿価額との差額は原則として交換損益として認識する（適用指針244）。

(15) ただし，先行取得分株式等がある場合には，その帳簿価額を合併直前の合併消滅会社の資本金および資本剰余金の合計額から減額した残額だけ，合併存続会社のその他資本剰余金を変動させる（計規36②ただし書）。

(1))。

(ハ) 新設合併における合併消滅会社の全部が共通支配下にある場合

新設合併における合併消滅会社の全部が共通支配下にある場合には，合併設立会社の株主資本等の総額は，再編対象財産の直前の帳簿価額を基礎として，算定する（計規46①）。

合併設立会社の資本金，資本剰余金および利益剰余金の各金額は，株主資本承継消滅会社[16]に係る部分と非株主資本承継消滅会社[17]に係る部分に区分し，株主資本承継消滅会社に係る部分は合併直前の株主資本承継消滅会社の資本金，資本剰余金および利益剰余金の各金額を，それぞれ合併設立会社の資本金，資本剰余金および利益剰余金の金額とし，非株主資本承継消滅会社に係る部分は株主資本等変動額の範囲内で，非株主資本承継消滅会社が合併契約で定めた金額とし，利益剰余金額は０とする（計規46②）。合併対価の全部が合併設立会社株式であり，かつ，合併消滅会社における合併直前の株主資本等を引き継いで計算することが適切であるときは，合併直前の各合併消滅会社の資本金，資本剰余金および利益剰余金の各金額の合計額を，それぞれ合併設立会社の資本金，資本剰余金および利益剰余金の金額とすることができる[18]。非対価交付消滅会社[19]がある場合は，その資本金および資本剰余金の合計額をその非対価交付消滅会社の

---

(16) 株主資本承継消滅会社とは，新設合併消滅会社の株主等に交付する合併対価の全部が新設合併設立会社の株式または持分である場合において，当該新設合併消滅会社が株主資本承継消滅会社となることを定めたときにおける当該新設合併消滅会社をいう（計規2③四十六）。

(17) 非株主資本承継消滅会社とは，株主資本承継消滅会社および非株式交付消滅会社（新設合併消滅会社株主等に交付する再編対価の全部が新設合併設立会社の社債等である場合における当該新設合併消滅会社および非対価交付消滅会社をいう（計規2③四十八）。）以外の新設合併消滅会社をいう（計規2③四十九）。

(18) ただし，先行取得株式等がある場合には，その帳簿価額を合併直前の各合併消滅会社のその他資本剰余金の合計額から減額した残額を合併設立会社のその他資本剰余金額とする（計規47①ただし書）。

(19) 非対価交付消滅会社とは，新設合併消滅会社の株主等に交付する再編対価が存しない場合における当該新設合併消滅会社をいう（計規2③四十七）。

その他資本剰余金額とみなし，非対価交付消滅会社の利益剰余金額をその非対価交付消滅会社のその他利益剰余金額とみなす（計規47②）。

2　法人税法における合併の取扱い

合併によって移転する資産・負債の価額は，その合併が適格合併に該当するかしないかによって異なってくる。また，合併に伴って合併法人において増加する資本金等の額のうち，資本金額は合併契約によって決まるのに対して，資本金額を除く資本金等の額もその合併が適格か否かで異なってくる。

(1)　適格合併の場合

(イ)　合併法人における純資産増加額

適格合併では，被合併法人における課税を繰り延べるために，合併法人が被合併法人の資産・負債を合併日前日の属する事業年度終了時における税務上の帳簿価額で引き継ぐので，移転純資産額も税務上の帳簿価額となる（法法62の2①，法令123の3①）。

(ロ)　純資産増加額の内訳

合併法人の資本金等の額を算定するにあたって加算される金額は，次のように計算する（法令8①五）。

資本金等の額に加算される金額

＝被合併法人の合併日前日の属する事業年度終了時における資本金等の額

－合併によって増加した資本金額[20]

－抱合株式の合併直前の税務上の帳簿価額

この計算過程からわかるように，適格合併の場合の合併法人において資本金等の額に加算される金額は，被合併法人の資本金等の額の一部から成る。なお，「合併によって増加した資本金額」は，合併法人の資本金等の額

---

(20)　三角合併の場合に合併親法人株式を交付した場合には，その合併直前の税務上の帳簿価額。

の計算の起点となる資本金額にすでに含まれているので,「加算される金額」に含める必要はない。

　子会社を吸収合併する場合には,抱合株式の帳簿価額を資本金等の額の計算にあたって減額する(法令8①五・二十一ロ,119①五)。抱合株式の消滅は,税務上は株式の消却すなわち資本等取引と考えるので,税務上は譲渡損益は生じない。この結果,抱合株式の消滅あるいは消却をめぐって,会計処理(損益取引)と税務処理(資本等取引)との間に差異が生じる(Ⅳ1(2)(イ)参照)。

　被合併法人の利益積立金は,合併法人に利益積立金として引き継がれるので,被合併法人の利益積立金部分が資本金等の額に含まれることはない。よって,合併に伴って増加する合併法人の利益積立金額は次のようになる(法令9①二)。

　　利益積立金額に加算される金額
　　　=簿価純資産増加額
　　　　-合併によって増加した資本金等の額

したがって,合併が取得に該当する場合などのように,会社法上は合併法人の資本金または資本剰余金とされた利益積立金相当額は,申告調整において,資本金等の額から利益積立金額に振り替えなければならない。

図3　適格合併の場合の純資産増加額の内訳

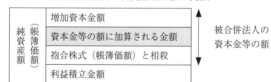

なお,合併によって被合併法人の有していた合併法人株式を合併法人が自己株式として取得した場合には,その帳簿価額を資本金等の額から減算する(法令8①二十一ロ)。

(2) 非適格合併の場合

(イ) 合併法人における純資産増加額

被合併法人の資産・負債が合併法人に時価で譲渡されたものとされ（法法62①），純資産増加額は，被合併法人株主に交付した合併法人株式，現金その他の資産[21]ならびに抱合株式に交付されるべきこれらの資産の合併時の価額すなわち時価とされる。時価純資産増加額と交付する現金等とに差額がある場合には，資産調整勘定または負債調整勘定を計上する（法法62の8①③）。

(ロ) 純資産増加額の内訳

被合併法人側で生じた譲渡損益は，被合併法人において課税の対象とされ（法法62②），税引後譲渡損益は被合併法人の利益積立金に含まれる。しかし，被合併法人の利益積立金は合併法人に引き継がれない。その結果，合併法人において増加する資本金等の額は，被合併法人の利益積立金部分も含むことになり，みなし配当が生じる[22]。そして，みなし配当のうち抱合株式に係る部分すなわち合併法人に帰属する部分は，結果的に合併法人の利益積立金となる。

合併法人は，資産・負債を時価で受け入れることになるので，合併法人の資本金等の額に加算される金額は，次のように計算される（法令8①五）。

資本金等の額に加算される金額

＝被合併法人株主に交付した合併法人株式および合併交付金等の合計額（時価）

－合併によって増加した資本金額

－合併法人株式以外の合併交付金等の額

－抱合株式の合併直前の税務上の帳簿価額

---

(21) 剰余金の配当等として交付した金銭その他の資産および合併に反対する株主に対する買取請求に基づく対価として交付される金銭その他の資産を除く。

(22) 譲渡損益を含んだ被合併法人の利益積立金相当額は，被合併法人株主にとってはみなし配当の原資となる。

第9章　組織再編成での資本取引　287

－抱合株式に交付されるべき合併交付金等の額のうちみなし配当
の額

図4　非適格合併の場合の移転純資産の内訳

純資産額（時価）（注）	増加資本金額	合併対価額（時価）
	合併法人株式以外の合併交付金等額	
	資本金等の額に加算される金額	
	抱合株式（帳簿価額）	
	抱合株式に係るみなし配当額	

（注）資産調整勘定相当額を含む。

　適格合併の場合と同様に，合併によって被合併法人の有していた合併法
人株式を合併法人が自己株式として取得した場合には，その取得対価額を
資本金等の額から減算する（法令8①二十一イ）。

3　設　　例

　P社は発行済株式の60％を保有する子会社であるS社を吸収合併した。
S社の合併直前貸借対照表は次のとおりである。

S社の合併直前貸借対照表

資　　産 900（含み益　100）	負　　債	400
	資本金	300
	資本剰余金	100
	利益剰余金（利益積立金）	100

（注）・資産・負債の帳簿価額は会計上と税務上で一致している。
　　　・利益剰余金と利益積立金も一致している。

合併条件は次のとおり。

・合併対価はすべてP社株式

・株主資本等変動額はすべて払込資本とし，増加資本金額は120とする。

・P社の有するS社株式（抱合株式）の帳簿価額は250。抱合株式にはP
社株式を割り当てない。

• 税率は30％とする。

この合併は，親会社による子会社の吸収合併なので，会計上は共通支配下の取引になる。したがって，S社の資産・負債は帳簿価額でP社に引き継がれる。S社純資産に対するP社持分は300（＝（900－400）×0.6）で，これと抱合株式の帳簿価額との差額50（＝300－250）は特別利益（抱合株式消滅益）となって利益剰余金に含まれる。P社における引継ぎの会計処理は次のようになる。

（借）資　産　900　（貸）負　債　　　　　400
　　　　　　　　　　　　　資本金　　　　　120 ⎤
　　　　　　　　　　　　　　　　　　　　　　　 ⎬ 払込資本　200
　　　　　　　　　　　　　資本剰余金　　　 80 ⎦
　　　　　　　　　　　　　抱合株式消滅益　50（利益剰余金）
　　　　　　　　　　　　　S社株式　　　　 250

一方，税務処理は次のようになる。

(ｲ)　適格合併の場合

移転資産・負債および利益積立金は帳簿価額で引き継がれるので，資本金等の額の増加額は150（＝（900－400）－100－250）となる。資本金等の額に加算される金額30（＝300＋100－120－250）を増加資本金額120に加えると，資本金等の額の増加額150と一致する。P社における引継ぎの税務処理を仕訳の形で示すと次のようになる。

（借）資　　産　900　（貸）負　債　　　 400
　　　　　　　　　　　　　　資本金等　　　 150
　　　　　　　　　　　　　　利益積立金　　 100
　　　　　　　　　　　　　　S社株式　　　 250

会計処理を前提とすると，税務上は，P社に生じた繰越損益金（抱合株式消滅益）50を否認して資本金等に振り替えるのと，払込資本とされた増加純資産のうち利益積立金相当額100を利益積立金に振り替える次の申告調整が必要になる。

所得金額計算	減算	抱合株式消滅益否認	50
利益積立金額計算	当期増	抱合株式消滅益否認	△50
		繰越損益金	50
		資本金等	100
資本金等額計算	当期増	抱合株式消滅益否認	50
		利益積立金	△100

(ロ)　非適格合併の場合

　移転資産・負債は時価で受け入れ，含み益100がS社において売却益となって課税されるので，未払税金が30（＝100×0.3）生じ，増加純資産額は570（＝900＋100－400－30）となる。利益積立金は引き継がれないので，増加純資産額のうちP社持分以外に相当する228（＝570×0.4）が資本金等の額の増加額となる。

　抱合株式に係るみなし配当額は，増加純資産の時価570がS社の資本金等の額400（＝300＋100）を上回る170のうちのP社持分102（＝170×0.6）と，合併対価時価570のうちP社に割り当てられると仮定した金額342（＝570×0.6）が抱合株式250を上回る92（＝342－250）のうち，少ない金額の92となり，これはP社の利益積立金となる。よって，資本金等の額に加算される金額は108（＝570－120－250－92）となり，これに増加資本金額120を加えると，資本金等の額の増加額228と一致する。P社の税務処理を仕訳の形で示すと，次のようになる。

（借）資　　産	1,000	（貸）負　　債	400
		未払税金	30
		資本金等	228
		利益積立金	92
		S社株式	250

　会計処理を税務処理に変更するためには，P社に生じた繰越損益金（抱合株式消滅益）50を否認して資本金等へ振り替えるのと，みなし配当92

（抱合株式消滅益50に，資産100および未払税金30を追加計上することによって生じた利益積立金70のうちのP持分相当額42（＝70×0.6）を合わせたものに相当する。）を利益積立金とし，P社以外のS社株主に帰属する利益積立金28（＝70－42）を資本金等に振り替えることになる。そのためには，次の申告調整が必要になる。

所得金額計算	加算	みなし配当認定益	92[23]
	減算	抱合株式消滅益否認	50
利益積立金額計算	当期増	資産	100
		未払税金	△30
		資本金等	△28
		資本金等	50
		抱合株式消滅益否認	△50
		繰越損益金	50
資本金等額計算	当期増	抱合株式消滅益否認	50
		利益積立金	28
		利益積立金	△50

V　分社型分割

1　分社型分割の会計

　企業集団内の吸収分割は共通支配下の取引になり，新設分割による子会社の設立も共通支配下の取引に準じて処理する（企業結合会計基準118）。それ以外の会社分割は取得になる。

(1)　吸収分割

　(イ)　吸収分割承継会社における純資産増加額

　分割対価の全部または一部が分割承継会社株式である場合には，分割承

---

(23)　別に，受取配当等の益金不算入の減算が必要になる。

継会社における純資産増加額（株主資本等変動額）の算定方法は次による（計規37①）。

①　分割が取得に該当する場合（分割会社による取得（逆取得）の場合を除く。）

分割対価または移転財産の時価を基礎として算定する方法。

②　共通支配下の取引でも移転財産に時価を付すべき場合[24]

分割対価または移転財産の時価を基礎として算定する方法。

③　分割承継会社と分割会社が共通支配下関係にある場合（②を除く。）

移転財産の分割直前の帳簿価額を基礎として算定する方法（①の方法によるべき部分については①の方法）

④　その他の場合

逆取得や共同支配企業の形成の場合は③の方法による。

㈹　純資産増加額の内訳

①　取得の場合

分割承継会社における資本金および資本剰余金の増加額は，移転純資産額（株主資本等変動額）の範囲内（分割対価に分割承継会社の自己株式があれば，交付した分割承継会社株式の時価から自己株式の帳簿価額を控除した金額の範囲内）で，分割契約において自由に決めることができる。利益剰余金は，原則として増減させない。ただし，例外的に株主資本等変動額がマイナスの場合には，対価に含まれる自己株式の処分差損額だけその他資本剰余金を減少させ，残余額はその他利益剰余金を減少させる[25]。このときも資本金，資本準備金および利益準備金は増減させない（計規37②，Ⅲ2⑵参照）。

---

[24]　事業に該当しない財産が吸収分割の対象となる場合（大野他2009）をいう。

[25]　分割によって分割会社の自己株式を分割承継会社に承継させる場合には，分割後の分割会社のその他資本剰余金額は，分割直前の分割会社のその他資本剰余金額と分割会社が交付を受ける分割対価に付すべき帳簿価額のうち承継させる自己株式の対価となるべき部分の金額の合計額から承継させる自己株式の帳簿価額を減額した金額とする（計規40）。

② 共通支配下の取引の場合

　子会社（分割会社）が親会社株式のみを分割対価とする会社分割により親会社（分割承継会社）に事業を移転する共通支配下の取引の場合には，親会社は移転事業に係る評価・換算差額等（連結財務諸表において投資と資本の消去の対象とされたものを除く。）を引き継ぐとともに，移転事業に係る株主資本相当額は，分割対価に含まれる自己株式の帳簿価額を控除した範囲内で，資本金，資本準備金またはその他資本剰余金とし，それぞれの増加額は分割契約において自由に決定する。ただし，株主資本相当額がマイナスの場合には，その他利益剰余金を減額する（適用指針214(2)）。

　同様に，親会社（分割会社）が子会社株式のみを対価とする会社分割によって子会社（分割承継会社）に事業を移転する共通支配下の取引の場合も，子会社は，移転事業に係る評価・換算差額等を引き継ぐとともに，移転事業に係る株主資本相当額だけ，資本金，資本準備金またはその他資本剰余金を増加させ，それぞれの増加額は会社法の規定に基づいて決定する。ただし，株主資本相当額がマイナスの場合には，その他利益剰余金を減額する（適用指針227(2)）。なお，例外的に分割対価の全部が分割承継会社株式の場合には，分割会社の利益剰余金変動額を分割承継会社の利益剰余金の変動額とすることができる（計規38①）。

　親会社（分割会社）が子会社株式と現金等の財産を対価とする会社分割によって子会社（分割承継会社）に事業を移転する共通支配下の取引の場合には，子会社は，移転事業に係る評価・換算差額等の適正な帳簿価額を引き継ぐとともに，移転事業に係る株主資本相当額が交付した現金等の財産の帳簿価額より大きい場合は，当該差額だけ資本金，資本準備金またはその他資本剰余金を増加させ，それぞれの増加額は分割契約において自由に決定する。移転事業に係る株主資本相当額が交付した現金等の財産の適正な帳簿価額より小さい場合は，払込資本を0とし，当該差額をのれんに計上する。なお，移転事業に係る株主資本相当額がマイナスの場合には，その他利益剰余金を減額する。また，交付した現金等の財産の帳簿価額相

当額をのれんに計上する（適用指針231⑵）。

分割対価のない場合に分割会社における分割直前の株主資本等の全部また一部を引き継いで計算することが適切である場合には，分割会社の資本金および資本剰余金の変動額を分割承継会社のその他資本剰余金の変動額とし，分割会社の利益剰余金額を分割承継会社のその他利益剰余金の変動額とすることができる（計規38②）。

(2) 新設分割

複数の会社が新設分割をする場合（共同新設分割）の分割設立会社の株主資本は，まず各分割会社が他の分割会社と共同しないで新設分割を行って会社を設立（単独新設分割）するとみなしてその会社（「仮会社」という。）の株主資本を計算し，次に各仮会社が新設合併をして設立する会社が分割設立会社になるものとみなしてその分割設立会社の株主資本の計算を行う（計規51）。

(イ) 分割設立会社における純資産額

単独新設分割は共通支配下の取引になるので，分割設立会社の株主資本等の総額（株主資本等変動額）は，分割移転財産の分割会社における直前の帳簿価額を基礎として算定する。ただし，分割移転財産に時価を付すべき場合には，分割対価または分割移転財産の時価を基礎として算定する（計規49①，Ⅲ3⑴参照）。

(ロ) 純資産額の内訳

分割設立会社の資本金および資本剰余金の各金額は，株主資本等変動額の範囲内で，それぞれ分割計画で定めた金額とし，利益剰余金額は0とする。ただし，株主資本等変動額がマイナスの場合には，その金額をその他利益剰余金額とし，資本金，資本剰余金および利益準備金の金額は0とする（計規49②）。

2 法人税法における分社型分割の取扱い

分社型分割[26]における分割法人では，移転した資産と負債の差額が分

割承継法人株式の取得価額になるので，適格分割に該当するか否かにかかわらず，利益積立金は分割法人にとどまり，分割承継法人には引き継がれない。

分割承継法人では，分割承継法人が分社型分割によって移転を受けた資産と負債の差額である純資産価額からその分社型分割による増加資本金額等を減算した金額を資本金等の額に加算する。算定方法は，適格分社型分割に該当するかしないかによって異なる。

(1) 適格分社型分割の場合

資産・負債を分割法人の帳簿価額のまま引き継ぐので（法法62の3①，法令123の4），分割承継法人において資本金等の額に加算される金額は次のようになる（法令8①七）。

資本金等の額に加算される金額

＝分割法人から移転を受けた資産・負債の分割直前の簿価純資産額

－分社型分割によって増加した資本金額[27]

(2) 非適格分社型分割の場合

分割法人では，移転資産・負債を時価で譲渡したことになるので，交付を受ける分割承継法人株式は移転した時価純資産額で評価し，時価純資産額と簿価純資産額との差額は譲渡益になって課税される。

分割承継法人側では，時価評価された資産・負債を受け入れるので，受け入れた時価純資産相当額が資本金等の額になる。したがって，資本金等

---

(26) 法人税法上の分社型分割とは，分割のうち次に該当するものをいう（法法2二の十）。

  a 分割により，分割法人が分割承継法人から交付を受ける分割承継法人株式などの分割対価資産のすべてが，分割日において分割法人の株主等に交付されない場合。ただし，無対価分割を除く。

  b 無対価分割で，その分割直前において，分割法人が分割承継法人株式を保有している場合。ただし，分割承継法人が分割法人の発行済株式等の全部を保有している場合を除く。

(27) 分割承継親法人株式を交付した場合（三角分割の場合）には分割直前の税務上の帳簿価額。

の額に加算される金額は次のようになる（法令8①七）。

イ　分割法人の分割直前に営まれていた事業およびその事業に係る主要な資産・負債のおおむね全部が分割承継法人に移転する場合（法法62の8①）

資本金等の額に加算される金額

＝分割法人に交付した分割承継法人株式および交付金等の合計額（時価）

－分社型分割によって増加した資本金額

－交付金等の額

ロ　上記イ以外の場合

資本金等の額に加算される金額

＝分割法人から移転を受けた資産・負債の分割時の時価純資産額

－分社型分割によって増加した資本金額

－交付金等の額

なお，分割承継法人からの分割対価としての分割承継法人株式や交付金等の分割法人に対する交付は，分割承継法人にとっては資本等取引になるので，分割承継法人では課税されない。

3　設　　例

A社は資本関係のないP社の営むB事業を分社型分割によって承継し，対価として新株を発行して交付した。増加資本金額は300とし，残りの株主資本等変動額はその他資本剰余金とする。B事業に係る資産・負債は次のとおりである。

B事業の分割直前資産・負債

	負　　　債　400
資　　　産　900 （含み益　100）	

（注）資産・負債の帳簿価額は会計上と税務上で一致している。

この分社型吸収分割は，会計上はＡ社による取得になる。したがって，移転資産・負債は時価で評価されることになり，Ａ社の会計処理は次のようになる。

（借）資産　　　　1,000　　（貸）負債　　　　　　　400

　　　　　　　　　　　　　　　　　資本金　　　　　　　300

　　　　　　　　　　　　　　　　　その他資本剰余金　　300

　　　一方，税務処理は次のようになる。

㈠　適格分社型分割の場合

　Ｂ事業の資産・負債は帳簿価額で引き継がれるので，Ａ社の税務処理を仕訳の形で示すと次のようになる。

（借）資産　　　　　900　　（貸）負債　　　　　　　400

　　　　　　　　　　　　　　　　　資本金等　　　　　　500

　資本金等の額に加算される金額は，200（＝ 900 － 400 － 300）となり，すでにＡ社の貸借対照表に計上されている資本金額 300 に加えると，資本金等の額が 500 になる。したがって，払込資本（資本金およびその他資本剰余金）を 100 減額する必要がある。また，税務上は資産を 100 評価減したことになるので，それだけ利益積立金を減らす。この結果，次の申告調整が必要になる。

　　　利益積立金計算　　当期増　　資産　　　　　　△ 100

　　　　　　　　　　　　　　　　　資本金等の額　　　 100

　　　資本金等額計算　　当期増　　利益積立金　　　△ 100

㈡　非適格分社型分割の場合

　税務上も移転資産・負債を時価で受け入れることになるので，分割対価の時価は 600（＝ 1,000 － 400）となり，資本金等の額に加算される額は 300（＝ 600 － 300）となる。資本金額に加算後の資本金等の額は 600 となり，会計上の株主資本額と一致するので，申告調整は必要ない。

Ⅵ 分割型分割

1 分割型分割の会計

会社法は，会社分割を分社型分割に限定し，分割型分割[28]は分社型分割と剰余金の分配（または分割承継会社株式を対価とする全部取得条項付種類株式の取得）の組合せと整理している（会社法758八，763十二）。取得となる分割型分割の場合は，分割会社において分割対価として受け取った分割承継会社株式を剰余金の現物配当として分割会社株主に分配すればよいので，分割承継会社において追加の会計処理が求められることはない。これに対して，共通支配下の取引となる分割型分割では，分割承継会社が分割対価として新株を発行または自己株式を処分すると同時に，その交付した自社株式を分割会社からの配当として受け取ることになるため，その会計処理には注意が必要である。

子会社（分割会社）が分割型分割によって親会社（分割承継会社）に事業を移転する共通支配下の取引の場合には，親会社は受け入れた資産と負債の差額である純資産額を，親会社が子会社を吸収合併する場合に準じて会計処理する。分割型分割においては，親会社は分割対価として発行した株式または処分した自社株式を自己株式として保有することになるが，会計上は，これら一連の取引を一体とみて，親会社が受け入れた自己株式の帳簿価額は0（自己株式を処分した場合には，適正な帳簿価額）とする（適用指針218(2)）。

---

(28) 法人税法における分割型分割とは，次に該当する分割をいう（法法2十二の九）。
   a 分割により，分割法人が分割承継法人から交付を受ける分割承継法人株式などの分割対価資産のすべてが，分割日において分割法人株主等に交付される場合
   b 分割により，分割対価資産のすべてが，分割法人株主等に直接交付される場合
   c 分割対価資産のない分割（無対価分割）で，分割直前において，分割承継法人が分割法人の発行済株式等の全部を保有している場合
   d 無対価分割で，分割法人が分割承継法人株式を保有していない場合

親会社（分割会社）が分割型分割によって子会社（分割承継会社）に事業を移転する共通支配下の取引の場合には，子会社において増加する株主資本は，親会社が分割対価を子会社株式のみとする会社分割によって事業を子会社に移転する場合の子会社の会計処理に準じて会計処理する（適用指針234(2)）。

例外的に，分割型分割における分割対価の全部が分割承継会社株式または分割設立会社株式で，分割会社における直前の株主資本等の全部または一部を引き継いで計算することが適切であるときは，分割型分割により増減する分割会社の資本金，資本剰余金および利益剰余金の各金額を，それぞれ分割承継会社または分割設立会社の資本金，資本剰余金および利益剰余金の増減額とすることができる[29]（計規38①）。

2 法人税法における分割型分割の取扱い

(1) 分割法人

(イ) 適格分割型分割の場合

移転資産・負債は帳簿価額で引き継がれるので（法法62の2②），簿価純資産額が減少する。減少純資産額のうち，資本金等の額の減算額は，次式で算定する（法令8①十五）。

分割法人の資本金等の額から減算される金額

$$= \text{分割型分割直前の資本金等の額} \times \frac{\text{(b) 分割型分割直前の移転純資産の税務上の帳簿価額}}{\text{(a) 分割型分割日の属する事業年度の前事業年度終了時の純資産の税務上の帳簿価額}} \cdots \text{(A)}$$

---

(29) ただし，対価自己株式がある場合には，その帳簿価額を分割会社のその他資本剰余金額から減額した金額を，分割承継会社のその他資本剰余金の変動額とする（計規38①ただし書）。

（注）・（b）の計算結果がマイナスの場合は0とする。

　　　・分割型分割の直前の資本金等の額が0以下の場合は（A）の割合は0とする。

　　　・分割型分割の直前の資本金等の額および（b）がプラスで（a）が0以下の場合の（A）の割合は1とする。

　　　・（A）の割合に端数がある場合は小数点以下3位未満を切り上げる。

　移転簿価純資産額から，前式によって算定した資本金等の額の減算額を差し引いた残額が利益積立金の減算額になる（法令9①十）。

　㈠　非適格分割型分割の場合

　移転資産・負債は時価で譲渡したものとされるので，譲渡損益が生じる。譲渡損益を反映した純資産額から，株主に交付した現金その他の資産の金額が減少する。減少純資産額のうち，資本金等の額の減算額は，上記㈠で算定された金額となり，残額は利益積立金から減算される（法令9①九）。

⑵　**分割承継法人**

　分割型分割により移転を受けた資産と負債の差額である純資産価額から，その分割型分割による増加資本金額等および分割承継法人が有していた分割法人株式に係る分割純資産対応帳簿価額を減算した差は，分割承継法人の資本金等の額に加算される。

　㈠　適格分割型分割の場合

　分割承継法人は移転を受けた資産・負債を税務上の帳簿価額で引き継ぐ（法法62の2②）。移転簿価純資産額のうち，前記⑴の分割法人の資本金等の額から減算される金額に相当する金額が資本金等の額の加算額になる（法令8①六ニ）。このうち，増加資本金額は，分割承継法人が資本金に組み入れた金額となり，三角分割や無対価分割でなければ，その残額が資本金等の額に加算される金額になる。

　　資本金等の額に加算される金額

　　　＝分割法人の資本金等の額について法人税法施行令8条1項15号

の規定によって計算した金額（(1)の分割法人の資本金等の額から減算される金額）

－分割型分割によって増加した資本金額[30]

－分割対価資産のない分割（無対価分割）の場合には分割法人株式[31]の分割純資産対応帳簿価額（法法61の2④）

移転簿価純資産額から，資本金等の額の増加額および無対価分割の場合の分割純資産対応帳簿価額を差し引いた残額が利益積立金の加算額になる（法令9①三）。

(ロ)　非適格分割型分割の場合

次の2つの場合に分けて，それぞれ資本金等の額に加算される金額を計算する（法令8①六イロ）。

イ　分割法人の分割直前に営まれていた事業およびその事業に係る主要な資産・負債のおおむね全部が分割承継法人に移転する場合（法法62の8①，法令123の10①）

資本金等の額に加算される金額

＝分割法人に交付した分割承継法人の株式および交付金等の合計額（時価）

－分割型分割によって増加した資本金額

－交付金等の額

ロ　上記イ以外の場合

資本金等の額に加算される金額

＝分割法人から移転を受けた資産・負債の分割時の時価純資産額

－分割型分割によって増加した資本金額

---

(30)　合併承継親法人株式を交付した場合には分割型分割直前の税務上の帳簿価額。

(31)　分割法人株式とは，次の場合において分割承継法人が有する分割法人の株式をいう。

　イ　分割承継法人が分割法人の発行済株式等の全部を保有する場合

　ロ　分割承継法人と，分割承継法人の発行済株式等の全部を保有する者が，共同して分割法人の発行済株式等の全部を保有する場合

第9章　組織再編成での資本取引　301

　　　－交付金等の額

　分割型分割では，分割法人は分割承継法人から交付された分割承継法人株式を直ちに分割法人株主に交付する。このときの分割法人株主への分割承継法人株式の交付は，会社法および会計上は，その他資本剰余金またはその他利益剰余金からの配当になる（自己株式及び準備金の額の減少等に関する会計基準の適用指針10）。法人税法上も分割法人の資本金等の額から減算するが，その金額は次式で計算する（法令8①十五）。

$$\text{分割法人の資本金等の額から減算される金額}$$
$$=\text{分割型分割直前の資本金等の額}\times\frac{\text{(b) 分割型分割直前の移転純資産の税務上の帳簿価額}}{\text{(a) 分割型分割日の属する事業年度の前事業年度終了時の純資産の税務上の帳簿価額}}\text{(A)}$$

(注)・(b) の計算結果がマイナスの場合は0とする。

　・分割型分割の直前の資本金等の額が0以下の場合は（A）の割合は0とする。

　・分割型分割の直前の資本金等の額および（b）がプラスで（a）が0以下の場合の（A）の割合は1とする。

　・（A）の割合に端数がある場合は小数点以下3位未満を切り上げる。

3　設　　例

　A社は資本関係のないP社の営むB事業を分割型分割によって承継し，対価として新株（時価570）を発行してP社株主に交付した。増加資本金額は300とし，残りの株主資本等変動額はその他資本剰余金とする。分割直前のP社貸借対照表とB事業に係る資産・負債は次のとおりである。税率は30％とする。

P社の直前貸借対照表

資　産	1,800	負　債	800
		資本金	600
		資本剰余金	200
		利益剰余金 （利益積立金）	200

(注) • 資産・負債の帳簿価額は会計上と税務上で一致している。
　　 • 利益剰余金と利益積立金も一致している。

B事業の分割直前資産・負債

| 資　産 | 900
（含み益　100） | 負　債 | 400 |

(注) 資産・負債の帳簿価額は会計上と税務上で一致している。

会計上は取得になるので，A社における移転資産・負債承継の仕訳は次のようになる。

　　（借）資　　産　　1,000　（貸）負　　債　　　　　　400
　　　　　　　　　　　　　　　　　　資　本　金　　　　　300
　　　　　　　　　　　　　　　　　　その他資本剰余金　　300

(ｲ)　適格分割型分割の場合

　P社の資本金等の額から減算される金額は400（＝（600＋200）×（900－400)/(1,800－800））となり，減少する利益積立金は100（＝（900－400）－400）となる。よって，A社における移転資産・負債の受入れの税務処理を仕訳の形で示すと次のようになる。

　　（借）資　　産　　　900　（貸）負　　債　　　400
　　　　　　　　　　　　　　　　　　資本金等　　　400
　　　　　　　　　　　　　　　　　　利益積立金　　100

よって，A社では次のような申告調整が必要になる。

　　利益積立金計算　当期増　資産　　　　　△100

資本金等の額　　200

資本金等額計算　当期増　利益積立金　　△200

(ロ)　非適格分割型分割の場合

A社における移転資産・負債の受入れの税務処理を仕訳の形で示すと次のようになる。

（借）資　　　産　　1,000　（貸）負　　　債　　　400

資本金等　　　600

よって，申告調整の必要はない。

Ⅶ　現　物　出　資

1　現物出資の会計

企業集団内における現物出資は，共通支配下の取引になる。共通支配下の取引と共同支配企業の形成以外の現物出資は，被現物出資会社にとっては取得になる。取得になる現物出資では，移転資産・負債の時価が被現物出資会社の取得原価になる。よって，被現物出資会社の資本金等増加限度額[32]は，現物出資財産の時価によって計算される（計規14①ニロ）。

これに対して，共通支配下の取引，共同支配企業の形成または逆取得になる現物出資では，現物出資会社の帳簿価額で移転資産・負債が被現物出資会社に引き継がれる。よって，資本金等増加限度額も簿価純資産額に基づいて計算されることになる（計規14①ニイ）。

2　法人税法上の取扱い

(1)　適格現物出資の場合

現物出資法人は，移転資産・負債を直前の帳簿価額で譲渡したものとされる（法法62の4①）。

---

(32)　資本金等増加限度額とは，株主となる者が会社に対して払込みまたは給付した財産額をいう（計規13①）。

被現物出資法人においては，適格現物出資により移転する資産の帳簿価額から負債の帳簿価額を差し引いた純資産価額から適格現物出資により増加した資本金額を減算した金額を，資本金等の額に加算する（法令8①八）。

　　資本金等の額に加算される金額

　　　＝現物出資法人から移転を受けた資産・負債の簿価純資産額

　　　　－現物出資によって増加した資本金額

(2)　非適格現物出資の場合

　現物出資法人で営まれていた事業およびその主要な資産・負債のおおむね全部が，被現物出資法人に移転する場合の現物出資で，法人税法62条の8第1項に規定するものにおいて，現物出資法人に交付した被現物出資法人株式の現物出資時の価額から現物出資によって増加した資本金額または出資金額を減算した金額を資本金等の額に加算する（法令8①九）。

　　資本金等の額に加算される金額

　　　＝現物出資法人に交付した被現物出資法人株式の時価

　　　　－現物出資によって増加した資本金額

3　設　　例

　A社とB社は，それぞれ資産900（時価1,000）と負債400をあわせて現物出資して，新たにC社を設立し，それぞれC社株式600ずつの交付を受けた。C社の資本金は1,000とした。これは共同支配企業の形成になるので，会計上はC社は資産・負債を帳簿価額で引き継ぐ。よって，会計処理は，次のようになる。

　　　（借）資　　産　　1,800　（貸）負　　債　　　　800
　　　　　　　　　　　　　　　　　　　　資本金　　1,000

　(イ)　適格現物出資の場合

　C社の簿価純資産額は1,000（＝900＋900－400－400）となり，このすべてが資本金となるので，税務処理を仕訳の形で表すと次のようになる。

　　　（借）資　　産　　1,800　（貸）負　　債　　　　800

資本金等　　　1,000

　資本金等の額に加算される金額はない。会計処理と税務処理は一致するので，申告調整の必要はない。

　㈦　非適格現物出資の場合

　C社からA社およびB社に交付されたC社株式は1,200であり，これがC社の時価純資産額になるので，税務処理を仕訳の形で表すと次のようになる。

（借）資　　産　　2,000　（貸）負　　債　　　800

資本金等　　　1,200

　資本金等の額に加算される金額は200（＝1,200－1,000）となる。よって，C社では次の申告調整が必要になる。

利益積立金計算　当期増　資産　　　　　　　200

資本金等の額　　△200

資本金等額計算　当期増　利益積立金　　　　200

Ⅷ　株式交換・株式移転

1　株式交換の会計

(1)　株式交換完全親会社における純資産増加額

　完全親会社の取得した完全子会社株式の取得原価は，取得の場合は時価となり，共通支配下の取引の場合は完全子会社の簿価純資産額に基づいて算定される。そこで，株式交換対価の全部または一部が完全親会社株式である場合には，完全親会社における株主資本等変動額は，次の各場合に分けて計算する（計規39①）。

　①　取得（逆取得を除く。）に該当する場合

　株式交換対価または完全子会社株式の時価を基礎として算定する（Ⅲ2(1)参照）。

② 完全親会社と完全子会社が共通支配下関係にある場合

完全子会社の財産の直前の帳簿価額を基礎として算定する（①によるべき部分については①の方法）（Ⅲ 3(1)参照）。

③ その他の場合

逆取得の場合は②の方法による。

(2) 純資産増加額の内訳

完全親会社の資本金および資本剰余金は，純資産増加額（株主資本等変動額）の範囲内で，それぞれ株式交換契約で定められた金額だけ増加し，利益剰余金額は変動させない。ただし，債権者が異議を述べる場合を除いて，完全親会社の資本金と資本準備金は，株主資本等変動額に対価に含まれる自己株式の帳簿価額を加えた金額に株式発行割合[33]を乗じた金額から株主資本等変動額までの範囲内で[34]，株式交換契約で定めた金額だけ増加させ，増加した合計額を株主資本等変動額から減額した残額をその他資本剰余金の変動額とする（計規 39 ②）。株主資本等変動額がマイナスの場合には，その金額のうち対価自己株式の処分差損額だけその他資本剰余金を減額し，残余額をその他利益剰余金から減額する。資本金，資本準備金および利益準備金は変動させない（計規 39 ③）。

株式交換によって完全親会社において増加する純資産の会計処理は，株式交換対価の種類によって異なる（Ⅲ 2(2)参照）。

① 完全親会社が株式交換対価として新株を発行する場合

取得対価額だけ，資本金，資本準備金またはその他資本剰余金を増加させる。それぞれの増加額は，株式交換契約に基づいて決定する（適用指針 111）。

---

(33) 株式発行割合とは，株式交換に際して発行する株式数をその株式数および対価自己株式数の合計数で除した割合をいう。

(34) 株主資本等変動額と対価自己株式の帳簿価額の合計額に株式発行割合を乗じた金額が株主資本等変動額を上回る場合には株主資本等変動額とする。

② 完全親会社が株式交換対価として自己株式を処分した場合（新株発行を併用した場合を含む。）

自己株式処分の対価額（新株発行と同時に行う場合には，新株発行の対価額との合計額）から処分した自己株式の帳簿価額を控除した処分差額を，資本金，資本準備金またはその他資本剰余金とし，それぞれの増加額は株式交換契約に基づいて任意に決定する。処分差額がマイナスとなる場合には，その他資本剰余金を減少させる（適用指針112）。

③ 完全親会社が株式交換対価として自社株式以外の財産を完全子会社株主に交付した場合（子会社が親会社株式を支払対価とする場合を含む。）

交付財産の時価と企業結合日前日の適正な帳簿価額との差額を株式交換日において完全親会社の損益に計上する（適用指針113，114）。

2　株式移転の会計

(1)　株式移転設立完全親会社における純資産額

企業集団内の株式移転による持株会社の設立は，共通支配下の取引に準じて処理する（企業結合会計基準118）。したがって，完全親会社の純資産額は完全子会社の帳簿価額に基づいて算定される。他方，企業集団外の企業を完全親会社の完全子会社にして支配を取得する場合は取得になる。

株式移転によって設立される完全親会社の純資産額（株主資本総額）は，次の各部分の合計額（株主資本変動額）となる（計規52①）。

① 完全子会社による取得に該当する場合の他の完全子会社に係る部分

当該他の完全子会社の株主に交付する株式移転対価または当該他の完全子会社株式の時価を基礎として算定する。

② 完全子会社の全部が共通支配下関係にある場合の当該完全子会社に係る部分

当該完全子会社における財産の帳簿価額を基礎として算定する（①によるべき部分については①の方法）。

③　その他の部分

逆取得などの場合は②の方法による。

(2)　純資産額の内訳

完全親会社の資本金および資本剰余金の各金額は，株主資本総額の範囲内で，株式移転契約で定めた金額とし，利益剰余金額は 0 とする。ただし，株主資本変動額がマイナスの場合には，その金額をその他利益剰余金額とし，資本金，資本剰余金および利益準備金の各金額は 0 とする（計規 52②）。

株式移転に際して完全子会社がその自己株式を完全親会社に取得される場合には，完全子会社のその他資本剰余金額は，次の①と②の合計額から③を減額した残額とする（計規 42）。

①　株式移転直前の完全子会社のその他資本剰余金額

②　完全子会社が交付を受ける再編対価に付すべき帳簿価額のうち，自己株式の対価となるべき部分の帳簿価額

③　完全親会社に取得させる自己株式の帳簿価額

3　法人税法における株式交換の取扱い

(1)　完全親法人における完全子法人株式の取得価額

完全親法人が完全子法人株主から取得する完全子法人株式の取得価額は，適格株式交換の場合には帳簿価額，非適格株式交換の場合には時価になる（法令 119 ①二十七）。適格株式交換の場合の帳簿価額の算定方法は，完全子法人株主数が 50 人未満か 50 人以上かによって異なる（法令 8 ①十）。

イ　直前における完全子法人の株主数が 50 人未満の場合

完全子法人株主が株式交換の直前において有していた完全子法人株式の税務上の帳簿価額（取得費用を除く。）

ロ　直前における完全子法人の株主数が 50 人以上の場合

次式によって算定した完全子法人の資産・負債の税務上の帳簿価額に基づく純資産額

$$\left(前期末簿価純資産額 \pm \begin{array}{c} 前期末から株式交換直前 \\ までの資本等の額および \\ 利益積立金額の増減額 \end{array} \right) \times \frac{\begin{array}{c} 取得した完全子法 \\ 人株式数 \end{array}}{\begin{array}{c} 完全子法人の発行 \\ 済株式総数 \end{array}}$$

(2) 完全親法人における純資産増加額の内訳

完全親法人が，株式交換によって移転を受けた完全子法人株式の取得価額から当該株式交換による増加資本金額等を減算した金額を，完全親法人の資本金等の額に加算する。ここでの「株式交換によって取得した株式交換完全子法人株式の取得価額」や「増加資本金額等」は，適格株式交換に該当するかしないかによって，さらに適格株式交換の場合には，株式交換完全子法人の株主数によっても異なる。

(イ) 適格株式交換の場合（法令119①十）

① 直前における完全子法人の株主数が50人未満の場合

資本金等の額に加算される金額

＝取得した完全子法人株式の取得価額（完全子法人株主が直前において有していた完全子法人株式の税務上の帳簿価額（取得費用を除く。））

－増加資本金額[35]

－完全子法人の新株予約権に代えて完全親法人の新株予約権を交付した場合には，消滅した完全子法人の新株予約権の消滅直前における税務上の帳簿価額

② 直前における株式交換完全子法人の株主数が50人以上の場合

資本金等の額に加算される金額

＝取得した完全子法人株式の取得価額（完全子法人の簿価純資産額）

－増加資本金額[36]

---

(35) 完全支配親法人株式を交付した場合（三角株式移転の場合）には直前の税務上の帳簿価額。

(36) 完全支配親法人株式を交付した場合（三角株式移転の場合）には直前の税務上の帳簿価額。

－完全子法人の消滅した新株予約権に代えて完全親法人の新株予約権を交付した場合には，その完全子法人の新株予約権の消滅直前における帳簿価額

(ロ)　非適格株式交換の場合

資本金等の額に加算される金額

＝取得した完全子法人株式の時価

－増加資本金額

－完全子法人株主に交付した金銭等の額（剰余金の配当として交付した金銭等を除く。）

－完全子法人の消滅した新株予約権に代えて完全親法人の新株予約権を交付した場合には完全親法人の新株予約権の時価

4　法人税法における株式移転の取扱い

(1)　完全親法人における完全子法人株式の取得価額

完全親法人の取得する完全子法人株式の取得価額も，株式交換の場合と同様に，適格か否かで異なり，さらに適格株式移転の場合は完全子法人株主数が50人未満か以上かによって異なる。

(イ)　適格株式移転の場合（法令119①十二）

イ　直前における完全子法人の株主数が50人未満の場合

各完全子法人株主が直前において有していた完全子法人株式の帳簿価額

ロ　直前における完全子法人の株主数が50人以上の場合

完全子法人の前期末における資産・負債の帳簿価額に前期末から株式移転までの資本金等の額および利益積立金額の増減額を加減して算定した純資産額

(ロ)　非適格株式移転の場合（法令119①二十七）

完全親法人が完全子法人株主から取得した完全子法人株式の取得時の時価。

第9章　組織再編成での資本取引　311

⑵　完全親法人における純資産額の内訳

　完全親法人は完全親法人株式を完全子法人株主に交付するので，資本金等の額が増加する。増加額は，完全親法人株式の取得価額から，完全子法人株主に交付した完全親法人株式以外の資産の価額を減額した金額になる（法令8①十一）。したがって，株式移転に際して完全親法人の資本金等の額に加算される金額は，その株式移転が適格株式移転に該当するか否か，さらに適格株式移転の場合には株式移転完全子法人の株主数によって異なる。

(イ)　適格株式移転の場合

①　直前における完全子法人の株主数が50人未満の場合

　資本金等の額に加算される金額

　　　＝完全子法人株主が直前において有していた完全子法人株式の帳簿価額（前記⑴(イ)イの金額）

　　　－消滅した完全子法人の新株予約権の消滅直前における税務上の帳簿価額

②　直前における完全子法人の株主数が50人以上の場合

　資本金等の額に加算される金額

　　　＝完全子法人の資産・負債の帳簿価額（前記⑴(イ)ロの金額）

　　　－消滅した完全子法人の新株予約権の消滅直前における帳簿価額

(ロ)　非適格株式移転の場合

　資本金等の額に加算される金額

　　　＝取得された完全子法人株式の時価

　　　－完全子法人株主に交付した金銭等の額

　　　－消滅した完全子法人の新株予約権に代えて交付された完全親法人の新株予約権の時価

5　設　　例

　P社は発行済株式の60％を保有する子会社S社を株式交換によって完

全子会社とし，対価として新株を発行した。Ｐ社の取得したＳ社株式の時価は 228 であった。新株発行に伴う増加資本金額は 100 とし，残余額は資本準備金とする。Ｐ社以外のＳ社株主が有していたＳ社株式の帳簿価額の合計は 180 であった。

株式交換直前のＳ社の貸借対照表は次のとおりである。

Ｓ社の株式交換直前貸借対照表

資　産　900 (含み益　100)	負　債	400
	資本金	300
	資本剰余金	100
	利益剰余金 (利益積立金)	100

(注)・資産・負債の帳簿価額は会計上と税務上で一致している。
　　・利益剰余金と利益積立金も一致している。

会計上は共通支配下の取引になるので，Ｐ社の取得するＳ社株式の取得原価は帳簿価額に基づいて算定する。よって，Ｓ社株式の取得原価は 200（＝（900 － 400）× 0.4）となる。

Ｐ社における会計処理は次のようになる。

　　（借）Ｓ社株式　　200　（貸）資本金　　　　　100

　　　　　　　　　　　　　　　　資本準備金　　　　100

税務処理は，適格株式交換に該当するか否かによって異なる。

(イ)　適格株式交換の場合

①　Ｓ社株主数が 50 人未満の場合

Ｓ社株式の取得価額は 180 となるので，税務処理を仕訳の形で表すと次のようになる。

　　（借）Ｓ社株式　　180　（貸）資本金等　　　　180

よって，次の申告調整が必要になる。

　　利益積立金額計算　当期増　　Ｓ社株式　　　△ 20

　　　　　　　　　　　　　　　　資本金等　　　　 20

　　資本金等額計算　当期増　　利益積立金　　　△ 20

② S社株主数が50人以上の場合

S社株式の取得価額は200（＝（900 － 400）× 0.4）となるので，税務処理を仕訳の形で表すと次のようになる。

　　（借）S社株式　　200　（貸）資本金等　　　200

よって，申告調整の必要はない。

㈪　非適格株式交換の場合

P社によるS社株式の取得価額は228なので，税務処理を仕訳の形で表すと次のようになる。

　　（借）S社株式　　228　（貸）資本金等　　　228

よって，次の申告調整が必要になる。

　　利益積立金額計算　　当期増　　S社株式　　　　28
　　　　　　　　　　　　　　　　　資本金等　　　△28
　　資本金等額計算　　当期増　　利益積立金　　　28

Ⅸ　組織再編成に係る会計と税務の差異

企業結合会計基準は，株主による持分の継続の有無に着目して，組織再編成を取得と共通支配下の取引および共同支配企業の形成に分け，資産・負債を受け入れる合併会社，分割承継会社，被現物出資会社，株式交換完全親会社，および株式移転設立完全親会社の純資産増加額を，その組織再編成が取得に該当すれば時価で，共通支配下の取引または共同支配企業の形成に該当すれば帳簿価額で引き継ぐこととしている。

これに対して，法人税法は，資産を時価で譲渡し，その譲渡損益を計上することを原則とする。しかし，企業グループ内の組織再編成および共同事業を行うための組織再編成であって，移転資産・負債に対する支配が継続している場合には，適格組織再編成として移転資産等の譲渡損益の計上を繰り延べ，従前の課税関係を継続させることとしている。この税制は，「組織再編成による資産等の移転が形式と実質のいずれにおいてもその資

産等を手放すものであるときは，その資産等の譲渡損益の計上を求め，他方，その移転が形式のみで実質においてはまだその資産等を保有しているということができるものであるときは，その資産等の譲渡損益の計上を繰り延べることができると考えられることによる」(中尾他2001，134頁)。

　このように，組織再編成によって移転する資産・負債への支配が継続しているか否か，言い換えればこれらを実質的に売却したか否かに基づいて，移転資産・負債の評価と資本構成が決まるという点は，会計上も税務上も同じである。しかし，その判定の基準が会計基準と税法で異なる。この相違は，会計基準が，連結会計を前提とし，さらに国際的な会計基準との整合性を重視するのに対して，税制は支配の継続のための要件をより細かく明示するとともに産業政策上の要請も考慮に入れているほか，配当課税の機会の喪失を回避しなければならないからである。

　この結果，組織再編成の処理が，会計と税務の間で異なることが多くなる。特に税務上の取扱いの特徴としては，株主の拠出資本と法人の稼得した留保利益とを厳格に区別するという考え方が一貫している。そして，移転純資産の譲渡とされる非適格組織再編成においては，直前の利益積立金が払込原資に充てられることから，みなし配当も認識されることになる。組織再編成税制が創設された平成13年度税制改正における立法事務担当者は，「新しい組織再編成に係る税制は，組織再編成に係る税制上の取扱いが全体としての整合性のあるものとなるように税制独自の観点から体系的に整備されているため，新しい組織再編成に係る税制においては，商法や企業会計における取扱いとは異なる取扱いをすることとなるものが生ずることがあります」(中尾他2001，134頁)ということを前提として，「新しい組織再編成に係る税制においては，広く申告調整を認めることにより，商法や企業会計の求める処理を妨げることがないように最大限の配慮がなされています」(中尾他2001，134頁)と述べている。

　このように，組織再編成においては，会計と税務の間に差異が生じることが前提とされ，しかも一度生じた差異は将来にわたって継続する。した

がって，特に組織再編成においては，資本金等に加算される額の内容を把握しておくことが重要になる。

X　おわりに

　組織再編成において問題となるのは，移転純資産の金額とその内訳である。会計基準も会社法も法人税法も，これらについて規制している。会社法は，移転純資産の金額については会計基準の考え方を受け入れる一方で，その内訳については細かく規制している。

　会計基準および会社法と法人税法では，移転資産・負債に対する支配の継続の要件が異なること，税制では政策上の要請も反映されていること，さらに税制では配当課税の機会の喪失を回避する必要があることから，移転純資産額とその内訳が会計と税務で異なることが多い。そのため，会計上の払込資本額（資本金，資本準備金およびその他資本剰余金の合計額）と税務上の資本金等の額に差異が生じる。そこで，税務では申告調整において貸借対照表に計上された資本金および資本剰余金の額に加減算の調整を加えて資本金等の額を算定する必要がある。しかも一度生じた差異は将来にわたって継続する。したがって，組織再編成においては，資本金等に加算される額の内容を把握しておくことが重要になる。

【引用文献】

大野晃宏・小松岳志・澁谷亮・黒田裕・和久友子 2009「会社法施行規則，会社計算規則等の一部を改正する省令の解説——平成二一年法務省令第七号——」『商事法務』1862 号（2009 年 4 月 5 日）4-23 頁。

中尾　睦他 2001『改正税法のすべて　平成 13 年版』大蔵財務協会。

純資産の部の総合的検討

第 10 章　会社法成立以降の 純資産の部に関連する判決例

甲南大学教授　古田　美保

は じ め に

　平成 12, 13 年の商法改正，および平成 18 年の会社法施行により，会社法（商法）における純資産の部の構成や思考は大きく変容し，これを受けて法人税法でも多くの改正が行われた。特に，金庫株の解禁に伴う自己株式取得取引等に関する取り扱いや，組織再編税制，連結納税制度などは純資産の構成の理解およびその変化に関する思考の変更であり，これらの資本等取引の結果として法人の所得・税額計算に大きな影響を及ぼした。また，それぞれの資本等取引により生じる種々の損益取引も，間接的に所得・税額計算に大きな影響を与えた。同様に，事業体の多様化による構成員課税の適用拡大など，事業体課税のあり方についても，会社法施行からより大きな論点となったと考えられる。結果として，資本等取引をきっかけとして最高裁まで争った事例が複数生じ，その解釈についても多くの議論を提示することとなっているのが現状である。

　本章においては，これらの資本等取引に関する規定適用が争点となった主要判決のうち確定したものについて，資本等取引あるいは純資産の観点から検討することを目的とする。

I 第三者割当増資（有利発行）に関する事例
〜オウブンシャホールディング事件

第一審	東京地方裁判所平成 13 年 11 月 9 日判決
	(LEX/DB 文献番号 28070197)
控訴審	東京高等裁判所平成 16 年 1 月 28 日判決
	(LEX/DB 文献番号 28091983)
上告審	最高裁判所第三小法廷平成 18 年 1 月 24 日判決
	(LEX/DB 文献番号 28110319)
差戻控訴審	東京高等裁判所平成 19 年 1 月 30 日判決
	(LEX/DB 文献番号 28132025)

　法人が行う新株の発行は法人税法上資本等取引に当然に該当し，その取引による資産の増減は課税所得計算から除外される（法22条2，3項）。また，子法人が実施した第三者割当増資の取引により親法人が保有する子法人株式について特段の処理は通常要せず[1]，株式の期末評価については，有価証券の評価損計上事由に該当する場合に損金経理を条件として損金算入が認められるのみである（法33条2項，法令68条2項）。

　しかし，本件では，子法人が実施した第三者割当増資が，親法人の当該第三者あての寄附金の支出であったとの認定が行われた。子法人の資本等取引が親法人の所得計算に影響を及ぼしたことになり，ある法人の純資産の構成内容の変化が他の法人の課税所得計算にどのような影響を及ぼしうるかが問われたこととなる。

---

(1)　なお，平成 12 年度税制改正において，子会社株式区分からその他有価証券区分への変更等の保有有価証券の区分変更をみなし譲渡として時価に評価換えすることとされた（法令 119 条の 11）が，本件の発生時点においてはこの規定の適用はない。

1 事案の概要

　本件は，子会社が実施した第三者割当増資により生じた子会社株式の資産価値の下落が当該第三者への寄附金に該当し，この額につき親法人である原告が法人税法 22 条 2 項に基づく益金の計上をすべきであったとして受けた更正処分について争われた事案である。

　事案の概要としては次の通りである。

　原告である旺文社（現オウブンシャホールディング）は，センチュリー文化財団に 49% を支配される同族会社であるが，平成 3 年 9 月 4 日にオランダに 100% 子会社のアトランティック社を現金約 1 億円および有価証券（帳簿価額約 15.5 億円）の現物出資により設立し，同社の株式 200 株を取得した。なお，当該現物出資は平成 10 年度税制改正前の法人税法上の特定現物出資[2]に該当し，現物出資資産の時価との差額は圧縮記帳の対象とされた。

　その後，平成 7 年 2 月 13 日にセンチュリー文化財団がオランダに100% 子会社のアスカファンド社を新設し，同日，アトランティック社はアスカファンド社に対して第三者割当増資（3,000 株，約 1.76 億円）の決議を行い，アスカファンドはこの増資を引き受けて同年 2 月 15 日に約 1.76億円を払い込み，同社株式 3,000 株を取得した。この増資により，旺文社のアトランティック社株式保有割合は 6.25% に下落した。

　当該増資実行時点でのアトランティック社の時価総額は約 273 億円と算定され，1 株当たりの時価は約 1.36 億円であったにもかかわらず，当該第三者割当増資においては 1 株当たり約 58,757 円と著しい有利発行となっていた。そして，この増資の決議がアトランティック社の当時の唯一の株主である旺文社の同意に基づき実施されていることから，税務署長は当該取引を旺文社が保有するアトランティック社株式の資産価値を約 255 億円（時価総額の 93.75% 相当）減少させた上でアスカファンド社に対価なし

─────────

(2)　なお，平成 10 年度税制改正により，外国子会社を設立等する場合には特定現物出資の圧縮記帳の適用がない旨改正された。

図表 1　オウブンシャホールディング事件関係図

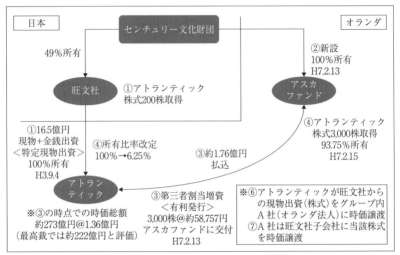

(出典) 判決文等より筆者作成

で移転させた寄附金の支出と認定し，旺文社に対して更正処分を行った。すなわち，アトランティック社株式に関する含み益の実現として約 255 億円と同額の寄附金の支出，および寄附金の損金不算入額として約 252 億円[3]の行為計算の結果として，親法人である旺文社の課税所得・税額の計算が行われるべきであったものとされたものである。

　なお，所轄税務署長は，更正処分および第一審当初段階においては当該寄附金の支出が経済的に不合理な行為であるとして法 132 条の適用を主張して寄附金の認定を行っていたが，第一審審理中に法 22 条 2 項の適用を主たる主張とする変更を行っている。

　また，裁判の争点からは外れるが，当該有利発行はオランダで行われているため，現地法に基づき，アスカファンド社は株式有利発行による受贈

---

(3)　なお，旺文社は当該年度に繰越欠損金の当期控除額約 3 億円があったため，差し引き所得金額としては約 249 億円であったが，本稿の検討においては繰越欠損金部分については検討対象外とする。

図表2　オウブンシャホールディング事件の時系列

旺文社 アトランティック社（旺文社100％子会社）	センチュリー文化財団 アスカファンド （センチュリー文化財団100％子会社）
① H3.9.4　オランダにアトランティック社設立。旺文社からの現物出資（放送会社株式約15.5億円と現金約1億円，計16.5億円）による100％子会社，旺文社に200株を交付 　※特定現物出資として時価との差額（約81億3,400万円）は圧縮記帳 　※アトランティック社資本構成 　資本金20万ギルダー（約1,500万円） 　資本準備金2,180万ギルダー（約16.35億円）	② H7.2.13　オランダにアスカファンド社を設立（センチュリー文化財団100％子会社）
③ H7.2.13　3,000株の増資と発行株式の第三者割当（額面300万ギルダーに対して303万0,303ギルダー＝約1.76億円）を決議。アスカファンド社に3,000株を発行，交付へ 　→旺文社出資比率：6.25％ 　　アスカファンド社出資比率：93.75％	④ H7.2.15　アスカファンド社が増資払込 　→アトランティック社株式3,000株取得
→ H10.12.18　更正処分 子会社が行った新株有利発行に伴う資産価値下落が当該株式取得者への寄附に当たるとして寄附金損金不算入額の計上漏れを指摘 　　　　第一審　　H13.11.9　原告勝訴 　　　　控訴審　　H16.1.28　国側勝訴 　　　　上告審　　H18.1.24　破棄差戻（有価証券の評価方法についてのみ） 　　　　差戻控訴審　H19.1.30　国側勝訴，確定	

上部欄外：
- センチュリー文化財団は旺文社（同族会社）を49％所有
- 旺文社は含み益のある有価証券（放送会社株式）を保有

益について課税を受けていない。さらに，アトランティック社は現物出資を受けた放送会社株式をオランダ法人であるグループ関連会社に時価（約280億円）で譲渡しているが，その際の譲渡益についても現地法に基づき課税を受けていない。当該放送会社株式については，その後，旺文社の100％子会社（日本法人）に時価で譲渡されている。

2 主たる争点

① 子法人が実施した第三者割当増資は，親法人における法22条2項の収益を生じさせる取引（およびその寄附金としての支出）に該当するか。すなわち，子法人の実施した第三者割当増資はキャピタルゲインの実現に該当するか。

② 子法人が行った第三者割当増資の結果として生じた親法人保有株式の資産価値の下落（移転）が法132条で否認できる親法人の行為計算に当たるか。

以上の2点を主たる争点として，高裁においてはさらにアトランティック社株式の時価評価のあり方についても論じられたが，本稿においては検討の対象外とする。

3 当事者の主張

(1) 旺文社の主張

まず，法22条4項が規定する会計処理の基準は，広く一般社会において確立された会計処理基準であるべきであり，別段の定めなしにその公正妥当性を否定することはできない旨を主張した。また，「取引」の定義も税法上にない以上，一般私法におけるものと同義であるべきであり，会計慣行上も，第三者に対する新株の有利発行により旧株式の含み益が減少したとしても，旧株主において当該含み益が実現するとすることはなく，税法上にもそのような別段の定めは存在しない。したがって，減少相当額の含み益が実現したものとして益金の額に算入することはできず，法25条の評価益規定からも明らかである旨を主張した。

また，法132条の適用については，そもそも憲法14条（平等原則）および憲法84条（租税法律主義）に反し違憲である旨主張した。

(2) 税務署長の主張

本件税務署長は，アトランティック社が実施した増資が，旺文社の保有するアトランティック社株式価値のアスカファンド社への移転取引である

と主張した。すなわち，旺文社はアトランティック社を100%支配しており，第三者割当増資の発行条件は旺文社の意思により定められたものであるから，その資産価値の一部を「なんらの対価を求めることもなく新株主…に移転させた」贈与取引であると主張した。この取引は法22条2項の無償取引に該当し，旺文社はアトランティック社の新株を「潜在的に保有しているに等しいということさえ可能」と指摘した上で，「指名権の行使と同視することもできる本件決議という態様」によって新株プレミアム相当の経済的利益の譲渡（無償取引）があったというべきとした。すなわち，株主総会の決議が法人の行為を決定する「原因行為」であり，株主総会の決議は，当該株主総会開催法人ではなく，それを承認した株主自身の行為（法人の行為を承諾する行為）とした。また，控訴審においては，法22条2項の適用について「無償による資産の譲渡」または「その他の取引」のいずれかに該当し，かつ寄附金の支出に該当する旨の主張の変更を行った。

　なお，法132条の適用については，減失価値相当額に見合う対価を受領する等の合理的な行動が取られておらず，同利益にかかる法人税を不当に減少させたものとして該当する旨を主張した。また，「同族会社の不自然・不合理な行為・計算によって，法22条2項により益金に算入できない利益移転がされている場合は，まさに法132条に定める法人税の負担を不当に減少させる行為」であるとしている。控訴審においては，法132条の「行為」は法22条2項の資産の譲渡等の取引に該当する必要がなく，本件においては株主総会における議決権の行使が否認されるべき行為に当たる旨を主張した。

4　判決の要旨

　第一審は法22条2項，法132条いずれの適用についても「理由がなく」，更正処分は違法であったとして原告勝訴とした。すなわち，第三者割当増資はあくまでもアトランティック社とアスカファンド社の間で行われた資本等取引であり，この取引の行為を旺文社のものと考えるためには法人格

否認の法理を用いない限り困難であり，また，法人税の負担を不当に減少させる余地もなかったとの判示を行った。

しかし，控訴審では法22条2項の「取引」を「関係者間の意思の合致に基づいて法的及び経済的な結果を把握する概念」と企業会計上の取引概念とは異なるものを含むものとして定義し，本件増資決議が旺文社とアトランティック社の合意によってなされたアスカファンド社への持分の「無償による…その他の取引」[4]に該当すると判示した。また，有価証券のみなし譲渡を定めた法令119条の11は平成12年に新設されたものであるが，これは法22条2項でも可能であったものが条文の新設により「明文上も明らかになったというべきで，これにより初めて可能になったと解すべき理由もな」いとして，持分比率の変動が資産の無償譲渡等の取引に該当するのは法22条2項により当然とした。なお，法132条の適用については「適用する場合に当たらない」（差戻控訴審）[5]とされた。

最高裁においても，株式評価方法以外の争点について高裁判決を支持した。

5　純資産の部の税務の観点からの考察

第一審においては，税務署長は資本等取引や株式有利発行の場合の課税上の取り扱いについても主張・説明している。まず，資本等取引を課税所得計算から除外しているのは，法人擬制説の立場から法人の資本（期首純資産）を株主が拠出する元手と捉え，元手たる資産の利用による純資産の増加（利益）のみを法人税の課税所得としているためとする。「すなわち，

---

(4)　控訴審では「資産の譲渡」への該当性については疑義を生じ得ないが，「無償による…その他の取引」には当たると認定した。しかし，差戻控訴審では，「無償による資産の譲渡」に当たると判示しており，若干の揺らぎが見られる。差戻控訴審の認定の場合，資産の定義についても議論を提示するものと考えられるが，本稿では検討を控える。

(5)　控訴審では「本件においては…判断を要しない」とのみ判示され，適用の可否も論じられていない。

第10章　会社法成立以降の純資産の部に関連する判決例　325

株主が法人に出資した財産は，私法上は法人の所有に属するが，法においては企業所有者たる株主が株式という形でなお保有するものと考えられているのであり，この元手を法人に利用させたことによる利益分についてのみ法人の段階で法人税が課されている」とし，ここから第三者割当の新株有利発行は「子会社財産に対して有する持分割合が新株主に移転する場合」に該当し，「株主相互における経済的利益の移転」すなわち「株主に対する課税の問題」であって「子会社は何ら元手を利用していないことから，子会社に対する課税が問題となる余地はな」いとされる（第一審判決別紙（被告の主張））。このような論旨に従い，子法人が実施した第三者割当の新株有利発行は，親法人から当該第三者に対する経済的利益の無償供与になりうるとした。また，根拠として無償取引にかかる収益の計上を認めた判決（昭和41年6月24日最高裁判決）を引用し，増資決議が株式プレミアムとして具体化することが認められた例を引用している。

　これに対し，第一審判決は，①アトランティック社の株主総会の決議は法人の内部的な意思決定であり，その段階では増資の効果が生じていなかったこと[6]，②昭和41年判決は納税者に利益が移転していたのに対し，本件では「抽象的な含み益があったのみ」であって「原告所有の株式が具体的に増価したと見ることはできない」ことから，譲渡自体が成立しないと判断された。また，第三者割当の新株有利発行については，支配的株主が存在しない法人においても行われることがあり，その場合に「決議に賛成した株主全部につき…含み益が顕在化したものとして収益を認定し，課税することにならざるを得ないが，被告自身もそうした結論を是認するものとは思われず」，「あえて無理な擬制をして結論を導いている」とした。

　しかし，控訴審判決においては，関係各法人と役員等が意思を相通じた

---

(6)　利益移転の時期について，税務署長は，株主総会決議時点をその原因行為，利益の移転時期はアスカファンドへの割当の実施もしくはアスカファンドからの払込時と主張し，第一審判決では「不確定な主張」「本件決議を上記利益移転の原因行為として捉えること自体に無理があることを示すもの」として却下している（第一審判決　第3争点に対する判断）。

結果であり，旺文社がアスカファンド社との合意に基づいて行われた無償
による持分の譲渡に当たると認定，特に法22条2項における「無償によ
る…その他の取引」に当たると認定した。同法にいう取引とは，「関係者
間の意思の合致に基づいて生じた法的及び経済的結果を把握する概念」と
して，アスカファンド社による増資払込時点に発生したと認定したのであ
る。

　本件の示唆としては，議決権の行使が法132条の対象となりうるもので
あり，かつ，子法人が実施した増減資の資本等取引が，状況によっては親
法人の損益取引と認定されることを示した点がまずあげられる。すなわち，
私法上の取引および会計理論上の取引のいずれにも該当しない税法上の取
引概念を規定の上，子法人の実施した資本等取引が親法人の損益取引を導
き，課税所得計算に算入されるべきことを法22条から自明とした点は，
今後慎重な検討を要するものと考えられる[7]。

　また，新株有利発行という資本等取引がどのような課税関係を生じさせ
るのか，状況によって様々な判断と課税処分がありうることが明示された。
本件の裁判所の判断は本件における有利発行におけるものであり，「新株
の有利発行に対する課税と異なるのは当然」としていることから，必ずし
も第三者割当の有利発行を一般的に議論したものではないとは言える（高
裁判決　第3，1(2) ウ）[8]。すなわち，アトランティック社が100％支配の
ペーパーカンパニーであったこと等が重視されたものと考えられるが，同
時にアトランティック社がオランダ法人であったことは争点とはされなか

(7)　この点につき，法22条2項が，「単なる個別否認規定ではなく，より一般的な否
　　認規定として用いられる端緒となった」（例えば太田［2016］100-101頁）との指
　　摘もある。
(8)　本件においては完全支配関係にある子法人をはじめとする関連会社間のみの取引
　　であったことを重視したこともうかがえる。最高裁では「唯一の株主であった
　　というのであるから…保有する同社株式に表彰された同社の資産価値を，同株式
　　から切り離して，対価を得ることなく第三者に移転させることができたもの」と
　　判示し，通常の新株有利発行に対する第三者とは異なる判断であったことを指摘し
　　ている。

第 10 章　会社法成立以降の純資産の部に関連する判決例　327

ったことから，国際課税や現物出資の圧縮記帳額の国外流出は，少なくとも直接の論点とはされていないと考えられる。しかし，資本等取引を利用した国際的租税回避と認定された場合には，同様の論理で法 22 条により課税が行われる可能性が否定できない。やや適用論理は異なるものの，平成 22 年 12 月 15 日東京高裁判決（上告不受理決定により確定）では，新株有利発行を発行会社（タイ法人）と新株主（日本法人）の取引と認定した上で新株主に受贈益課税が行われた。資本等取引が（国際的）租税回避取引と認定された場合に，経済的利益の移転取引を擬制の上で法 22 条 2 項により課税処分が行われる事例が，本件以降蓄積されつつあると言える[9]。

　また，国内においても，仮に完全支配内国法人において同様の第三者割当増資が行われた場合，会社法に従えば，有利な価格による第三者割当増資を行う際には株主総会で当該有利な価格に関することを含めて決議を得る必要がある（会社法 199 条 2，3 項）。本事例を前例として，株主総会での承認がすなわち子会社株式の簿価修正益の計上と寄附拠出の取引と扱われる可能性が指摘される。

　なお，現行法制においては，旺文社の行った現物出資は圧縮記帳の対象とならず，また，第三者割当増資の株主総会決議を了承したことにより生じた経済的利益の供与が認定された場合には国外関連者への寄附として全額が損金不算入とされると考えられる。さらに，アトランティック社の行った第三者割当増資の結果として，同社株式の保有区分が満期保有目的有価証券からその他有価証券に変更されることからみなし譲渡として評価換えの対象となる。ただし，仮に保有比率が 20％以上を保っていた場合には，みなし譲渡の対象とはならず，現物出資後の評価増減額への課税は生じないと考えられる。

---

(9)　平成 22 年 12 月 15 日東京高裁判決に関する検討については，岩武［2014］等参照。

II　自己株式取得取引による減資に関する事例

　平成13年商法改正により，自己株式の取得について制限がなくなったことから，自己株式の取得・消却による減資取引に関する法人税務についても多くの事例が生じ，また，課税事例も示されている。本章では，IBM事件と日産事件の2例を取り上げる。

II-1　IBMの自己株式取得取引における みなし配当課税と譲渡損失

第一審	東京地方裁判所平成26年5月9日判決
	（LEX/DB文献番号25503893）
控訴審	東京高等裁判所平成27年3月25日判決
	（LEX/DB文献番号25506159）
上告審	最高裁判所第一小法廷平成28年2月18日判決
	（LEX/DB文献番号25542527）

　本件は，自己株式に関する商法規制の改正および税制改正，連結納税制度の導入，欠損金繰越期間の延長等，多くの制度変更が行われる中で，これらの新しい制度を適用した結果として生じた種々の課税所得計算の適正性が問われた。すなわち，自己株式の取得は，株価維持や配当の代替のほか，組織再編を行う目的でも実施され，原則として減資すなわち資本等取引に該当することとなる。ただし，減少資本金等の把握と同時に交付金銭と減少資本金等の差額でみなし配当を補足するほか，自己株式の回収に応じた旧株主においては譲渡原価と減少資本金等の差額で譲渡損益が生じることから，旧株主側の所得計算に影響が生じ，本事案ではこの額が連結所得計算にまで影響した。

1 事案の概要

　米 IBM グループの米 WT 社は，当初日本 IBM を直接 100％所有していたが，事業再編計画の一環として日本に中間持株会社を設置することを計画，平成 14 年 2 月に有限会社 X の全持分を 700 万円で取得した。同月，同社の商号を「IBM AP」に変更の上，増資を行った。米 WT から約 1,332 億円の払い込みを受け，IBM AP は資本金を約 1.3 億円，資本準備金を約 1,330 億円に積み増した。なお，同社はチェック・ザ・ボックス規則により支店としての取り扱いを選択し，課税上米 WT と一体となっている。また，この事業再編は，米 WT が日本 IBM から利益配当を受けた際にかかる源泉所得税が，米国 IBM の代替ミニマム税の適用の結果として税額控除が制限されていたために国際的二重課税が調整されない状態にあったところ，この状態を改善するという「資金効率の改善」という目的が含まれていた。

　平成 14 年 4 月に米 WT より日本 IBM の全株式を時価（1 株当たり約

図表 3　IBM 事件関係図

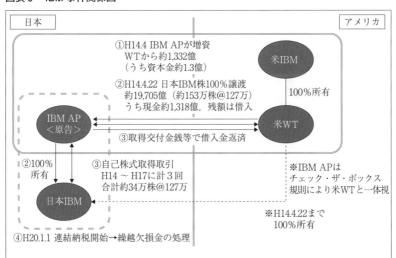

（出典）判決文等より筆者作成

図表 4　IBM 事件の時系列

- 従前は米 WT が日本 IBM を 100%所有
- 米 IBM は代替ミニマム税適用により，日本 IBM からの配当等への源泉所得税の税額控除の制限を受けていた
- 米 WT は H14.2 に有限会社 X 全持分を 700 万で取得，「IBM AP」に商号変更

IBM AP	米 WT
①米 WT より増資払込 　→資本金　　　約 1.3 億 　　資本準備金　約 1,330 億	①H14.4　IBM AP に増資等約 1,332 億払込
②H14.4.22　米 WT より日本 IBM 株全部を取得 　→ @ 約 127 万，1,533,470 株 　　代金のうち約 18,182 億は無担保融資	②日本 IBM 株全部を IBM AP に譲渡 　@ 約 127 万　合計約 19,705 億（時価） 　うち約 18,182 億は IBM AP に融資
③H14〜17　日本 IBM に株式売却 　H14.12.20　@ 約 127 万，167,000 株[10] 　H15.12.22　@ 約 127 万，18,008 株 　H17.12.8　@ 約 127 万，152,531 株[11] 　→みなし配当および譲渡損を計上 交付金銭等　約 3,499 億／子会社株式　約 4,298 億 所得税　　　約 799 億 株式譲渡損　約 3,995 億／みなし配当　約 3,995 億 　かつ，交付金銭で米 WT に借入金返済 　　（元本返済に源泉徴収なし）	※③貸付金回収→源泉徴収税課税なし
④H20.1.1　日本 IBM 等 18 法人を連結子法人として連結納税制度のみなし承認 　→連結納税開始	
⑤H20 年度納税申告 　→③で計上した譲渡損を原因とする繰越欠損金を連結所得計算上減算して申告	
→ H22.2.19　更正処分 日本 IBM の自己株式取得取引による IBM AP の譲渡損失の計上による欠損金の計上は法 132 条 1 項における「不当」な税負担の減少に当たるものとして否認 　　第一審　　H26.5.9　原告勝訴 　　控訴審　　H27.3.25　原告勝訴 　　上告審　　H28.2.18　上告不受理決定，確定	

---

(10)　平成 14 年譲渡については，当初は簿価純資産価額で株式数を算定し，69.7 万株を取得・消却するものとして届け出，また源泉所得税等の経理を行っていたところ，時価純資産価額（米 WT の取得価額 @ 約 127 万円）で再計算すべきであったとして 16.7 万株に修正した。

127万円。DCF法により第三者が算定）で取得し，代価のうち1,318億円は現金で支払い，残額は米WTからの借入（無担保融資）とした。なお，米連結申告によりこれらの譲渡取引はグループ内の移動となり課税対象となっていない。

　日本IBMは米WTに対しても自己株式の買取による適時の実質配当を平成9年から行っていたところ，平成14年から平成17年にかけて計3回，IBM APから自己株式の買取を行った。その際の1株当たりの価額は適正時価としてIBM APの取得価額と全く同額の約127万円，取得株式数は3年間合計で約34万株であり，取得した自己株式は直ちに消却している。なお，この一連の取引により，IBM APには合計で約3,995億円の譲渡損失およびみなし配当の額が計上された。IBM APは独自の事業を行っておらず，この譲渡損失はそのまま繰越欠損金となった。また，この交付金銭により米WTへの借入金返済を行っているが，その元本部分に源泉所得税は課されない。

　その後，平成20年に連結納税のみなし承認を受け，IBM APを連結親法人とする連結納税を開始，上の繰越欠損金を連結所得の計算上控除して申告を行ったところ，更正処分となった。

2　主たる争点

　本件においては，主に自己株式取引により生じた譲渡損失を原因とする繰越欠損金による法人税負担の減少は「不当」（法132条1項）なものと言えるかどうかが争われた。なお，「不当」と評価できる場合について課税所得等の引き直し計算のあり方についても争点とされた。

---

(11)　平成17年譲渡については，当初は自己株式の取得・消却額を約1,945億円と算定して届け出ていたところ，約1,940億円とするべきであったとして事後的に取得株式数の修正を行った。取得価額については前2回と同額である。

3 当事者の主張

(1) IBM AP の主張

IBM AP は, 一連の事業再編が合理的な事業計画の一環で実施されたものであり, 米 IBM の代替ミニマム税対策を含め, 妥当な事業目的を有していた旨を主張した。すなわち, IBM AP は事業再編計画上の一定の機能を果たしており, 再編後の自己株式取得取引も適時の配当を行う手段として以前から実施していたこと, および, 1 株当たりの買取価格を約 127 万円としたことも直近の時価として第三者評価を参照したに過ぎない旨を主張した。米 WT からの無担保融資も一般的なレバレッジ・バイアウト・ファイナンスであると主張した。

その上で, 控訴審では法 132 条の具体的判断基準としては, 「行為又は計算が異常ないし変則的であり, かつ, 租税回避以外に正当な理由ないし事業目的が存在しないと認められる場合であって, 当該行為又は計算に基づき課税所得を計算した場合の法人税額が, 合理的経済人であれば選択したであろう行為又は計算に置き換えて課税所得を計算した場合の法人税額と比較して少額になる場合を指すものと解すべき」と主張して, 更正処分が不当であるとした。

(2) 税務署長の主張

税務署長は, IBM AP が個別納税申告を行っていた際に完全支配子法人との資本等取引に付随して生じた損失の原因となった譲渡取引を容認することが「法人税の負担を不当に減少させる結果」となると主張した。すなわち, ① IBM AP を中間持株会社としたことに正当な事業目的があったとは言い難いこと, ②米 WT からの融資が巨額かつ無担保で独立当事者間の通常の取引とは異なること, ③一連の行為に租税回避の意図が認められること, の 3 点をもって, 法 132 条 1 項にいう「不当」に該当することを主張した。

また, 控訴審においては, 132 条 1 項の適用上租税回避の意図の存在は要件とはならず, ①「独立当事者間の通常の取引」と異なっており, ②結

果として課税所得が減少することとなっている場合には「特段の事情がない限り，経済的合理性を欠く」ものとして法132条を適用するべきであることを追加主張した。すなわち，IBM AP が実施した一連の行為が「独立当事者間の通常の取引とは明らかに異なるもので経済的合理性を欠く」として譲渡取引を否認すべきと主張した。具体的には，平成14年，平成17年譲渡取引において譲渡単価や取得株式数を事後的に修正したことや，譲渡取引における価格が IBM AP の米 WT からの取得価額を基準として決定されたことなどが，同族会社であるがゆえに成立していると指摘した。また，譲渡損失の額が関連規定を「形式的に当てはめた結果算出されたものであり，被控訴人が実際に行った営業活動によって生じた損失ではなく，法律の規定により計算上発生した見せかけの損失」と主張し，連結納税による税負担の軽減を意図したものとの主張の補充を行った。

4　判決の要旨

　課税処分においては同族会社の行為計算否認規定を適用して譲渡損失の計上の否認（中間法人の設立と全株式の取得，増資，融資，譲渡の一連の取引の否認）を行ったが，第一審でその全ての処分が取り消された。また，控訴審では租税回避の意図の有無を問わない行為計算否認規定の適用余地については認められたものの，一連の取引に経済的合理性を否定されないとして国側敗訴，最高裁でも高裁の判決を維持する上告不受理決定がされ，確定した。

　本件の場合，組織再編前の米 WT への配当等の支払いに対する源泉徴収所得税が，代替ミニマム税により米 IBM グループの税額計算上税額控除の制限を受けていたところ，IBM AP を中間会社として貸付金とその返済とすることにより，源泉徴収所得税の額を減少させ，アメリカにおける二重課税状態の軽減を図ったとされる。すなわち，配当の支払いという資本等取引を借入の返済と負債利子の支払いという損益取引に変換することが組織再編の目的の一つであったとされる。日本の税制上の負担軽減では

ないものの，税務戦略が組織再編の一つの目的となっていたことは明らかであった。ただし，自己株式取得取引はこの"節税"とは直接関係せず，また，平成14年から17年に行われた自己株式取得取引により生じる譲渡損失の計上を，欠損金の繰越控除期間の延長の税制改正が平成16年度に行われることを予測した上で平成20年に開始することとなった連結所得計算上の控除可能性を目論んだとすることは，無理のある見立てとされた。

　一方，法132条1項の意義については，租税回避の意図の有無ではなく経済合理性で判断するべきとの税務署長の主張を認めた。この点につき，IBM AP は「「独立当事者間の通常の取引と異なる」ことさえ主張立証しさえすれば，具体的な意味で「経済的合理性を欠く」ことを主張立証する必要がなくなるというのであれば…不当性を基礎付ける事実の立証負担なしに不当性を認定し得る」「同項の適用範囲を過度に拡大する」として租税法律主義に反すると主張したが，法132条の改正の経緯から，むしろ租税回避の意図・目的についての文言を削除してきたこと，目的ないし意図も考慮される場合があることを否定する理由はないものの，租税回避目的がなければ適用対象とならないとは解せられないとした。この点については，租税回避以外に正当で合理的な理由ないし事業目的があったと認められるか否かが主要な論点の一つとする通説（金子［2017］498-499頁）と乖離し，独立当事者間取引から乖離した取引であるとさえ認定されれば否認可能となるとの批判も見られる（大淵・太田［2016］10頁）。しかし，租税回避（節税）は事業上の重要な関心事であり，租税回避の意図のない取引の方が少ないとも考えられる。このように考えれば，包括的否認規定適用の際に租税回避の意図の有無を問わないとの判断はやむを得ないだろう。その上で，当該行為計算が否認されるべき異常なものであることの立証責任が税務署長側に課されたと考えるべきである。本件においては，租税回避の意図を問わない経済合理性基準でのみ判定された上で，一連の取引に経済的合理性がないとは判断されなかった，ということになる。

5 純資産の部の税務の観点からの考察

本件は，組織再編による中間会社の設置と，自己株式取引による株主への利益還元という資本等取引を組み合わせた結果として，最終的に連結所得の圧縮に繋がったことが問われたという資本等取引の課税のあり方への示唆を含んでいると考えられる。また，子法人の資本等取引の結果として親法人で生じた損益取引の取り扱いが国際課税の問題を孕んで論じられたという点で，オウブンシャホールディング事件と裏表の関係にある事例とも言える。一方で，自己株式取得取引が利益配当の手段として行われていたという点での特殊性も指摘される。

日本IBMは，期末と中間にしか認められていなかった利益配当を適時に行うために自己株式の取得取引を継続的に行っていたようである。しかし，平成13年以前と比較すると，平成14年以降ではその規模が大きく拡大している。具体的には，日本IBMによる配当・自己株式取得の状況によると，平成9年から平成12年までの4年間で自己株式の取得は6回，1株当たり17万〜20万円弱程度，総額約2,170億円であるが，平成14年以降は本件の3回のみ，ただし1株当たり約127万円で約4,289億円となっている。この点につき，判示の通り法人税法上の規定通りの適用であり特段の問題は指摘しえないところ，平成13年以前であれば帳簿価額上限があったため譲渡損失の計上ができなかった，すなわち平成13年度改正を利用した資本等取引による租税回避であるとの指摘もある（朝長［2015］12頁他）。しかし，平成13年度改正で帳簿価額制限を排除したことには一定の理があり，かつ，本件取引はこの規定のために不合理な取引を行ったわけでもない。完全支配関係にある当事者間での自己株式の消却であることからか，本件損失は「法律の規定により計算上発生した見せかけの損失」（高裁判決文3(1)控訴人の当審における新主張）[12]との主張もなされるが，判示の通り，当時の法律の規定を適用する上でこれ以外の計算を行う余地

---

(12) 岡村［2015］も同様の主張を行っている。

はなかったと思われる。自己株式取引における譲渡法人側の譲渡損益の額は，譲渡株式の簿価（譲渡原価）と，当該株式に対応する資本金等の減少額との比較により生じる。この場合の「対応する資本金等の減少額」は，通常の取引における"適正な収益"すなわち税法上の時価を示す額となる。譲渡対価を算定するプロラタ計算の手法の是非はともかく，この額と帳簿価額との差額を譲渡損益とすることは極めて自然であり，架空とする指摘は本件が完全支配関係にある法人間である点および課税所得の国外流出への対応を重視する観点から生じた論点のズレであると考えられる。

　なお，平成22年度改正では本件を想定したと思われる改正が行われ，完全支配関係にある内国法人の株式を発行法人に対して譲渡する等の場合には，みなし配当は補足する一方譲渡損益を計上せず，資本金等の額にチャージすることとされた（平成22年改正時の法61条の2 16号，法令8条1項19号[13]）。すなわち，完全支配関係にある当事者間での自己株式の取得取引を完全に資本等取引とした改正と言うことができる。しかし，この点につき，なぜ資本金等を減少させるのかという点についての理論的説明が困難であると思われる。

　完全支配の場合に自己株式取得取引の譲渡損益相当額を資本金等の額にチャージすることの理由については，次のような説明がなされる。すなわち，①一種の手仕舞い型の組織再編成であり，それらとの整合性を取ること，②親法人と子法人を一体的なものとして，資本を見ようとすること（佐々木他［2010］236頁），の2点であるが，前者については減資取引が手仕舞い型組織再編と位置付けられるとは限らず，困難な理由づけと考えられる。また，後者については，「資本の一体化」というこれまでの法人税制には見られない概念が用いられたように思われる。すなわち，日本のグループ法人単体課税制度は完全支配関係にある法人の所得計算を一定の範囲で一体化して捉えるが，資本を連結させることはなく各法人を独立した課

────────────

(13)　現行法上は法61条の2 17号，および法令8条1項22号。

税主体として捉えている。また，連結納税制度でも所得連結方式を採用しており，資本連結を行うものとは解されない。本件のような完全支配関係にある法人間，かつ，利益積立金を潤沢に有する法人の自己株式取引が，資本等取引による課税所得計算からの除外と譲渡損益の"恣意的"な計上を可能にする租税回避行為に該当するとの理解から行われた改正であると思われるが，法人税法上の資本金等の概念の混乱をもたらす改正となったと考えられる。完全支配法人間の自己株式の取得取引における譲渡損失が，繰延の対象ですらなく生じさせるべきものでないとすれば，株式併合とみなす等の取り扱いが考えられるが，実際に減資が行われている場合にはこれも妥当しないこととなる。そして，減資により生じる株式譲渡差額を損益と捉えないのであれば，完全支配法人間の損益取引の多くについて同様の議論を生じさせる可能性が否定できないものと考えられる。

Ⅱ-2　日　産　事　件

第一審	東京地方裁判所平成 24 年 11 月 28 日判決 （LEX/DB 文献番号 25497265）
控訴審	東京高等裁判所平成 26 年 6 月 12 日判決 （LEX/DB 文献番号 25504422）
上告審	最高裁判所第一小法廷平成 27 年 9 月 24 日判決 （LEX/DB 文献番号 25541901）

　日産事件においては，自己株式の取得を子法人の合併・整理のための減資を行うために実施した。IBM 事件においては譲渡対価の額については大きな問題とはされなかったが，本件で問題となったのは，減少するべき資本金等の額，すなわち譲渡対価の額が商法上の制約に従った額と消却株式の時価相当額のいずれが採用されるべきであるかという点である。

　本件では，当初申告において時価相当額の払戻を受けなかったことにつ

いて，申告額との差額を子法人に対する寄附金の支出として更正処分が行われた。すなわち，グループ法人間の取引について，資本等取引による租税回避行為が認定され，これを法22条2項により否認しようとしたものである。

1 事案の概要

日産は，子法人日産不動産を存続会社とする事業再編を計画し，一連の資本等取引を実施した。すなわち，日産不動産以外の51の子法人につき，平成18年4月1日を効力発生日として分社型分割を行った上で，将来実施する吸収合併のために4月28日または5月12日を効力発生日として債務超過状態にあった子法人30社について日産を割当人とする第三者割当増資845億円を実施した。

その後，事業税の外形標準課税の軽減等の目的で，子法人全ての資本金を1,000万円（旧商法上の最低資本金）にするため，同年6月20日または

図表5　日産事件関係図

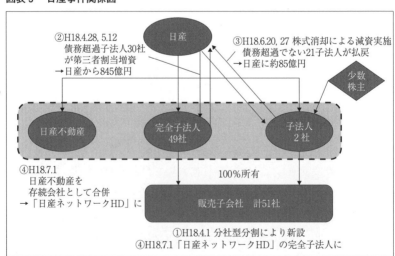

（出典）判決文等より筆者作成

第 10 章　会社法成立以降の純資産の部に関連する判決例　339

図表 6　日産事件の時系列

日産	日産子法人
・日産は 49 の完全子法人と少数株主がいる 2 の子法人計 51 の法人について，日産子法人である日産不動産を軸とする事業再編を計画	
②債務超過解消のため，子法人 30 社が実施した第三者割当増資を引き受け，払込 　→株式取得 ③子法人の減資に伴い，51 社のうち 21 社から合計約 85 億円の払戻し 　・内訳 　12 社：減資に対応する額を払戻 　 9 社：債務超過にならない範囲で払戻 　30 社：債務超過のため払戻なし 　→譲渡損とみなし配当を計上 交付金銭　　約 85 億／子会社株式　約 1,432 億 株式譲渡損　約 1,391 億／みなし配当　　約 44 億	①H18.4.1　子法人 51 社につき分社型分割を実施，販売会社を新設 ②H18.4.28，5.12　債務超過にある子法人 30 社につき，第三者割当増資 845 億円を実施，日産が引受け ③H18.6.20，27　外形標準事業税負担軽減のため，自己株式の消却を実施 　→子法人の資本金を全て 1,000 万円に 　資本金等　　約 41 億／現金等　　約 85 億 　利益積立金　約 44 億 ④H18.7.1　子法人のうち日産不動産を存続会社として子法人 51 社を吸収合併
→H20.6.30　更正処分 自己株式消却時の子法人への寄附金の支出と譲渡損失の過大計上について更正処分 　　　第一審　　H24.11.28　国側勝訴 　　　控訴審　　H26.6.12　国側勝訴 　　　上告審　　H27.9.24　上告棄却，確定	

27 日を効力発生日として株式消却による減資を行った。この際，上の増資を行った 30 社は再び債務超過となることを回避するために資本金等の払戻を実施せず，増資を行わなかった子法人のうち 9 社は払戻により債務超過にならない範囲で，残りの 12 社は株式消却により減少する資本金等に対応する額の払戻を行った。これらの払戻額は合計で約 85 億円，みなし配当の額は約 44 億であった。譲渡原価は約 1,432 億円であったため，譲渡損失は約 1,391 億円と計算された。

　これらを行った上で，同年 7 月 1 日を効力発生日として，日産不動産を存続会社とする子会社 51 社の吸収合併を行い，商号を「日産ネットワークホールディングス」とした。なお，その際の合併比率については，当時

の日本政策投資銀行による時価純資産法評価額に基づき算定された。

これらの取引の結果として，日産は平成19年6月に上の払戻額，みなし配当，譲渡原価，譲渡損失に基づき，欠損金額約530億円として確定申告を行ったところ，税務署長は減資時の払戻額が適正譲渡対価の額に比して低く，譲渡損失を過大に計上していると同時に各子法人への寄附金の支出にあたるとして更正処分を行った。

2 主たる争点

① 商法上の払戻限度額超過額について法人税法上寄附金に該当するか。

② 本件における適正な譲渡対価の額とは何か。

③ 払戻限度超過額は法22条2項の収益に該当するか。

本件においては，自己株式消却時に計算されるべき「減少資本金等の額」が時価による純資産を基準として計算されるべきか，商法上の制約を超える部分を排除するべきかが争われた。商法上の払戻限度額超過額については，当時の商法上払戻が禁じられていることから当然に払戻は実施されておらず，収受していない違法な金額について取引を擬制するべきか，するとすればどのようになされるべきかが争われたと言える。なお，日産子法人側の受贈益への課税については主張されず，論じられていない。

3 当事者の主張

(1) 日産の主張

日産は，法22条2項における無償譲渡等につきいわゆる二段階説を引用し，本件取引においては適正な価額の受領とその返還が行われておらず，また商法上の払戻限度額を超える部分の額については，違法・無効な収益となることから寄附金には該当しない旨を主張した。すなわち，旧商法289条3項等の払戻限度額規制を踏まえた限度で払戻を受けたものであるから，払戻限度超過額については違法・無効な額として受領することのできる法的地位にないものであり，仮に収受していたとしても返還債務を負

第 10 章　会社法成立以降の純資産の部に関連する判決例　341

うものとして，返還時に損金とされるべきであるとした。そして，不当利得については返還債務という対価を負い，払戻限度超過額を受領しなかったことについては商法遵守のためという合理的理由を有するものとして，寄附金の要件（対価要件と合理性要件⁽¹⁴⁾）を満たさないとした。この主張を行うため，日産は実際払戻額と商法上の払戻限度額約 308 億円の差額部分の額については寄附金の支出とする判断を受け入れている。その上で，商法の規制を遵守するために払戻限度超過額を受領しなかったことについて寄附金と認定する更正処分は「私法上許されていない行為を税法上原告に強制するものであって，余りにも不当」とした。

　本件における適正な譲渡対価の額としては，法人税法基本通達が定める合理的な方法として財産評価基本通達 179 の類似業種批准価額法によることが適当であると主張した。ただし，みなし配当の額については主位的には争っていない。

　また，控訴審では払戻限度超過額の収益該当性を改めて主張した。すなわち，現実に収受することができず，かつ収受もしていないのであるから，収入実現の蓋然性がなく，違法かつ現実に収受していない経済的利益を法人税法上の「収益」とはされないとした。また，法 22 条 4 項も参照し，会計処理上も認識不能である点を指摘し，あくまでも「法令の範囲内で収受可能な公正な対価の額とするべき」と主張した。

　なお，予備的主張として，時価による取引と寄附金支出を認容した場合，みなし配当の額について当該寄附金支出額を交付金銭等の額に含むものと考慮した上で計算されるべきとして，みなし配当を約 242 億円とする主張も行っている。

---

(14)　寄附金該当性の要件としては，対価要件と合理性要件によるとされる。すなわち，対価要件とは「経済的利益が対価なく他に移転すること」，合理性要件とは「通常の経済取引として是認できる合理的な理由が存在しないこと」であり，この要件を共に満たす場合に寄附金に該当するとされ（平成 14 年 5 月 15 日名古屋高裁金沢支部判決），本件でもこの要件で寄附金該当性が採用された。

(2) 税務署長の主張

税務署長は，日産が消却株式の払戻を受けておらず，また，払戻を受けなかったことが旧商法を遵守するためであったとしても贈与であることに変わりはなく，子法人らの倒産防止等のやむを得ず行った事情も認められないことから，対価要件と合理性要件のいずれも満たしており，寄附金に該当する旨を主張した。したがって，消却株式の時価を約715億円と算定した上で，実際払戻額等との差額として約629億円を寄附金の額として認定した。

また，適正譲渡対価の額としては，消却株式の時価の額からみなし配当額および資本金等の額超過分(15)を差し引き，約678億とするのが適当とした。消却株式の時価の評価については，日産が合併比率算定に用いた日本政策投資銀行の評価額が参照された。

なお，みなし配当に関する予備的主張に対しては，みなし配当に関する

図表7　裁判における譲渡対価および寄附金の額の計算（更正処分と主位的主張）

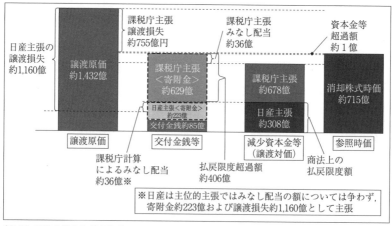

（出典）判決文等より筆者作成

---

(15) 各子法人の時価純資産額のうち未消却株式にかかる部分が減資後の資本金等の額に満たない場合，資本金等の額から時価純資産額のうち未消却株式にかかる部分を控除した金額のこと。税務署長準備書面および控訴審判決文。

第 10 章　会社法成立以降の純資産の部に関連する判決例　343

図表 8　裁判における譲渡対価および寄附金の額の計算（更正処分と予備的主張）

（出典）判決文等より筆者作成

　規定は「発行法人から法人株主への利益移転」があった場合の二重課税調整のためのものであり，本件では経済的利益が「株主から発行法人への贈与」であり該当しないとした。すなわち，みなし配当の額はあくまでも発行法人側を起点とする交付金銭等の株主への給付額を基礎として計算するべきとした。

図表 9　自己株式消却仕訳

	日産		日産子会社	
当初申告	交付金銭　　　　約85億 株式譲渡損　約1,391億	子会社株式　約1,432億 みなし配当　　　　44億	資本金等　　　約41億 利益積立金　約44億	交付金銭　約85億
更正処分 ＝ 裁判所認定	交付金銭　　　　約85億 支出寄附金　　約629億 株式譲渡損　　約755億	子会社株式　　1,432億 みなし配当　　約36億	資本金等　　約678億 利益積立金　約36億 受贈益　約629億	交付金銭　約85億
日産主張 (主位的)	交付金銭　　　　約85億 支出寄附金　　約223億 株式譲渡損　約1,160億	子会社株式　約1,432億 みなし配当　　約36億	資本金等　　約272億 利益積立金　約36億 受贈益　約223億	交付金銭　約85億
日産主張 (予備的)	交付金銭　　　　約85億 支出寄附金　　約629億 株式譲渡損　　約960億	子会社株式　約1,432億 みなし配当　　約242億	資本金等　　約472億 利益積立金　約242億 受贈益　約629億	交付金銭　約85億

※日産子会社側の受贈益については更正処分は行われておらず，裁判においても争われていない。

4 判決の要旨

裁判所は税務署長の主張をほぼ全面的に是認した。すなわち，適正譲渡対価としては時価を基準として算定されるべきであり，実際払戻額との差額は寄附金に該当すること，および，旧商法における払戻限度額の規制を考慮するべきとする法人税法の定めはなく，商法が認めていないからといって法人税法がそれを酌むべき事情はないと判示している。また，払戻限度超過額の払戻を受けうる法的地位の有無によっては経済的利益の移転の判断は左右されないとした。

また，日産が本件全子法人のほぼ全ての株式を保有する株主[16]として払戻限度額や消却すべき株式数等を決定することができる立場にあったことを指摘した上で，「払戻限度超過額の払戻を受けることができない法的地位の作出等を原告が不当に意図していたか否か等の事情」にかかわらず，経済的利益の移転が判定できるとした。

法22条2項の趣旨としては，法人税法が成果（企業利益）を課税物件とするものである以上，旧商法の規定上許されないことをもって直ちにその収益性を否定することはできないと解するのが相当とした。収入実現の蓋然性についても，日産が主導した事業再編であることから，株式消却の時点で管理支配が成立していたと判示された。

譲渡対価の額の評価方法についても，税務署長の主張をより合理的として採用した。

なお，予備的主張に関しては，みなし配当額は実際払戻額を基礎に算定するのが相当とした。

5 純資産の部の税務の観点からの考察

本件は自己株式の消却の際の譲渡対価の額について，税法上の消却する自己株式等に対応する減少資本金等の額としてプロラタ計算により求めら

---

(16) 子法人のうち2社については，それぞれ0.008％と1.67％が外部株主によって所有されており，完全支配関係にはなかった。

第10章　会社法成立以降の純資産の部に関連する判決例　345

れる額と，商法上の払戻限度額のいずれに基づいて譲渡損益を計算するべきかにつき，法人税法22条2項を根拠に争われた事件である。支配関係に基づく資本等取引および並行して生じる損益取引につき法人税法22条2項の適用のあり方を争ったという点において，オウブンシャホールディング事件との一部関連性が指摘できる。また，自己株式の譲渡対価となる法人税法上の時価算定のあり方[17]について争われたという点で，IBM事件との対比を考えるべき事例とも言える。

　裁判所は，税法上の計算につき商法（事件当時の規定）上の制限にかかわらず税法上の規定に基づき計算することが経済的実態に即した実質的な理解として，法22条2項の趣旨は課税の公平な負担の観念として実質的に租税回避行為否認規定（中里［2014］131頁）として機能するものと観念していることが伺われる。また，法22条4項についても「適正な課税が行われることを目的とし，その実現を担保するための規定」としており，株式消却の実態からして商法上の限度額にかかわらず税法上の減少資本金等の額に基づき収益を計算するべきことを要求しているものとしている。実際払込額に基づく当初計算の妥当性を争わなかったことが，取引額の恣意性を日産側も認識していたと認定されたものと考えられる。

　ただし，当時の商法が認めておらず，また日産も実際に収受していない払戻金の存在を擬制することが可能なのかはやはり疑問と言わざるを得ない。税務署長，および裁判所も，別段の定めがない限り，商法が認めていないとしても法人税法がそれを酌むべき事情はないと判示しているが，これは旧商法の規定の法22条4項上の公正処理基準性を否定したと言うことができ，本件判示によれば，法人税法の課税所得計算は，他の私法上の制約を一切受けることなく経済的利益の額を捕捉して行うべきこととなる。

---

(17)　本件においては，消却株式時価の算定方法として法基通4-1-5と4-1-6すなわち時価純資産法と財産基本通達に依拠する方法等の複数の選択肢のいずれを採用するべきかについても争われているが，本稿ではこの検討については取り上げていない。

しかし，商法の規定を根拠に匿名組合契約による利益の分配を配当と判示した事例（平成27年6月12日最高裁判決）もあり，商法あるいは会社法の規制が課税所得計算に影響しないとすることは理論的にも判例的にも困難であろう。実際に払戻超過額を違法に収受した上でこれを返還していた場合にはどのような判断となったのか，この場合の返還額も寄附金支出とされたのかなどの疑問も生じるが，特に配当の制約に関連して，税法と商法，及び会計との距離がどのようなものと理解されているのかについて，資本等取引の観点からの検討の必要性が提示されていると考えられる。他の私法や公法，外国法の制約が課税所得計算にどのように影響するのかも検討する必要が提示されたと言える。

また，「適正な課税が行われること」を重視して商法上の違法性にかかわらず経済的利益の額を捕捉するのであれば，予備的主張の通り，みなし配当の額を経済的利益の額を踏まえて計算する必要があるだろう。仮に商法違反の「適正な」支払いがなされていたとすれば，予備的主張通りの所得計算になっていたことが想定されるためである。その上で，"正しい"所得計算が行われていなかった結果として寄附金の損金不算入額の計算および子法人側の受贈益の認識がされることはあり得たと考えられる。税務署長および裁判所の判断は，「株主から発行法人への贈与」という表現から，経済的利益の供与が自己株式取得取引という資本等取引から独立して行われたものとの認定に基づくと考えられるが，そのような認定には無理があると考えられる。更正処分の趣旨は，「発行法人からの交付金銭等を受領しなかったことによる利益の供与」と考えるべきものであると思われるためである。

なお，更正処分における譲渡対価の計算にあたって「資本金等の額超過分」という控除項目が示されている。これは，あるべき譲渡対価の額を計算するにあたり，株式の時価の額からみなし配当の額と「資本金等の額超過分」を控除して計算される額であり，各子法人の時価純資産額のうち未消却株式にかかる部分が減資後の資本金等の額に満たない場合の当該超過

第10章　会社法成立以降の純資産の部に関連する判決例　347

部分とされる（控訴審判決文）。すなわち，自己株式を適正時価よりも低い額で消却できたことによる発行法人側の利得と考えることができる部分になり，そのために寄附金の額として認定する額を減額したものと推察される。しかし，未消却株式の時価が減資後資本金等の額に満たない場合，すなわち「超過額」の計算式がマイナスである場合[18]はゼロとして計算されている。この措置がマイナスの資本金等が観念されていなかったためなのか，裁判においては一切争われていないため不明であるが，減資規制もマイナスの資本金等の制約もない状況においてはこの計算がどう変化するのかについては慎重な検討が必要となると考えられる。

　本件では，日産が子法人をほぼ完全支配をする株主であることを更正処分の妥当性の判断基準としている節がうかがえる。資本等取引の背景で行われる損益取引の法22条2項による引き直しが，法人税一般で行われるべきとされるものなのか，同族会社間の取引であることが考慮された結果なのかについても明らかとされていないが，法132条の適用がされていないことは前者への示唆とも考えられる。この場合には，同族会社間に限らず自己株式の取引一般において，慎重な対応が必要になるものといえる。

　また，現行税制においては子法人のうち49社については完全支配関係にあるものとして平成22年度税制改正の適用を受けることとなる。商法・会社法も改正されたため，減資の額の制限もないこととなるが，完全支配関係にある49社の資本金等の額は会社法と法人税法とで大きく異なることとなるほか，完全支配関係にない2社についてはその制約を受けないと考えられる。譲渡損益が計上されない場合に子法人への利益供与が捕捉されうるのかについても，検討が必要となるだろう。

---

(18)　第一審添付資料によれば，51の子法人のうち，当該超過額がプラスであった法人が20，マイナスであった法人が31であり，正負の額を単純に集計すると約367億円のマイナスが計算される。

III 組織再編成と繰越欠損金の引継ぎ・利用に関する事例～ヤフー・IDCF 事件

ヤフー事件

第一審　東京地方裁判所平成 26 年 3 月 18 日判決
　　　　　　　　　　　　　　　　（LEX/DB 文献番号 25503723）

控訴審　東京高等裁判所平成 26 年 11 月 5 日判決
　　　　　　　　　　　　　　　　（LEX/DB 文献番号 25505180）

上告審　最高裁判所第一小法廷平成 27 年 2 月 29 日判決
　　　　　　　　　　　　　　　　（LEX/DB 文献番号 25447796）

IDCF 事件

第一審　東京地方裁判所平成 26 年 3 月 18 日判決
　　　　　　　　　　　　　　　　（LEX/DB 文献番号 25518814）

控訴審　東京高等裁判所平成 27 年 1 月 15 日判決
　　　　　　　　　　　　　　　　（LEX/DB 文献番号 25447566）

上告審　最高裁判所第一小法廷平成 28 年 2 月 29 日判決
　　　　　　　　　　　　　　　　（LEX/DB 文献番号 25447797）

　組織再編税制の導入は、それまで損益取引とされてきた合併等の組織再編を資本等取引とする余地を創出したという点で大きな改正と言える。すなわち、組織再編税制については、組織再編成により資産を移転する場合は時価取引として譲渡損益を計上するのを原則として、組織再編の前後で経済実態に実質的な変更がないと考えられる場合すなわち支配が継続している場合には課税関係を継続させるべきとして、適格組織再編成について帳簿価額の引継ぎによる課税の繰り延べと一定の範囲で繰越欠損金等を引継ぐことができるものとされる（税制調査会 [2000] 18-19 頁）。特に重要となるのが資本構成の変更や繰越欠損金の控除可能性をどの主体のものと捉えるかに関する議論であり、この点について IBM 事件や日産事件との関

連性も指摘される。

ヤフー事件とIDCF事件は，それぞれ組織再編における租税回避事件として個別に争われたが，両者の事実関係は密接に関連しており，個別の事件としてではなく全体として検討する必要があると考えられる。

1 事案の概要

ソフトバンクはヤフー株を約42％，IDCS株式100％を保有していたところ，IDCSからIDCFを新設分割の上で，ヤフーによるIDCSの吸収合併を行う組織再編成を計画し，実行した。具体的には次のとおりである。

まず，これらの組織再編成に先立ち，平成20年12月26日にヤフー社長がIDCS社株主総会の決議等を経て同社副社長に就任した。次に，IDCSは平成21年2月2日，IDCFを新設分割し，同社のデータセンター事業を承継させた。

次に，同年2月20日，IDCSは保有するIDCF全株式をヤフーに対して

図表10 ヤフー・IDCF事件関係図

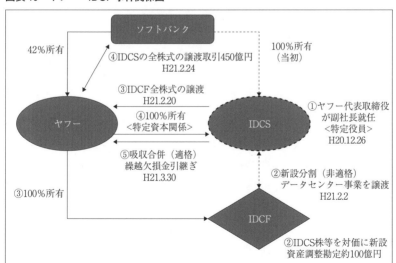

(出典) 判決文等より筆者作成

350

図表 11　ヤフー事件時系列

ヤフー事件	IDCF 事件
• ソフトバンクはヤフー株約 42%，IDCS 株式 100% を保有（H17） • ヤフーによる IDCS 吸収合併と IDCF 新設分割を計画	
① H20.12.26　ヤフー代表取締役が IDCS 副社長に就任〈特定役員〉	
	② H21.2.2　IDCS のデータセンター事業を分割，100% 子会社の IDCF を設立 　　ヤフーによる IDCS 吸収合併を前提に非適格分割 　　→ IDCF：資産調整勘定約 100 億円計上 ③ H21.2.20　IDCF 株式の全部を 115 億円でヤフーに譲渡（IDCS と IDCF の支配関係の消滅） 　　→ IDCS：資産譲渡益を繰越欠損金と相殺
④ H21.2.24　ソフトバンクから IDCS の全株式を 450 億円で取得 〈特定資本関係成立〉 ⑤ H21.3.30　ヤフーが IDCS を吸収合併 　　みなし共同事業要件により適格合併 　　IDCS の繰越欠損金約 543 億円を引継ぎ	
→ H22.6 更正処分 非適格合併として引き継いだ繰越欠損金の損金算入を否認 　　第一審　H26.3.18　国側勝訴 　　控訴審　H26.11.5　国側勝訴 　　上告審　H28.2.29　上告棄却，確定	→ H23.3 更正処分 適格外しとして資産調整勘定の損金算入を否認 　　第一審　H26.3.18　国側勝訴 　　控訴審　H27.1.15　国側勝訴 　　上告審　H28.2.29　上告棄却，確定

115 億円で譲渡した。なお，IDCS が得た IDCF 株譲渡益は，同社の繰越欠損金と相殺された。また，この譲渡があらかじめ予定されていたことから，IDCF の新設分割は組織再編税制上非適格分割に相当するものとして，IDCF 側には約 100 億円の資産調整勘定が計上され，その後の各年度において資産調整勘定償却計算を行った。

　同年 2 月 24 日，ヤフーはソフトバンクから IDCS の全株式を 450 億円で取得，ヤフーと IDCS の間に特定資本関係が生じることとなった。同年 3 月 30 日，ヤフーを存続会社，IDCS を消滅会社とする吸収合併を実施し

た。本件合併は特定資本関係発生後5年以内のグループ内合併であったが，一連の組織再編成に先立って行われたヤフー社長のICDS副社長就任の事実と役員の継続をもって特定役員引継要件を満たし，かつ事業の相互関連性要件も満たしているとして，適格合併として処理し，同社の繰越欠損金約543億円を引き継いだ上で，損金の額に算入して申告した。

なお，一連の取引に先立ち，平成21年2月19日，ヤフー取締役会において IDCF 全株式の買収，ソフトバンクから IDCS の全株式の買収が決定されたが，その際，一連の取引による税務リスクについてはソフトバンクが負う旨を確認する差入書が資料として提出されていた。すなわち，IDCS の適格合併による繰越欠損金承継が税務上否認された場合，および，IDCF が計上した資産調整勘定の償却額が税務上否認された場合の支払いを要する額については，ソフトバンクがヤフーに対して支払う旨が約されていた。

これらの一連の取引につき，税務署長は，IDCF の非適格分割については形式的な適格外しに該当するものとして適格組織再編とみなして同社が計上した資産調整勘定にかかる償却計算を否認し（IDCF 事件），ヤフーによる IDCS の吸収合併については特定役員引継要件が形式的で実体を伴わない適格偽装であるとして非適格組織再編とみなして繰越欠損金の引き継ぎを否認する更正処分（ヤフー事件）を，法132条の2に基づきそれぞれ行った。

2　主たる争点

①　法132条の2における不当性とはどのような行為か，また，同条により否認される「法人の行為」とは更正処分を受ける法人の行為等に限られるか否か（両事件共通）。

②　IDCS 副社長就任は法132条の2により否認することができるか（ヤフー事件）。

③　事前の組織再編計画に基づいた分割承継行為を法132条の2により

否認することができるか（IDCF 事件）。

すなわち，グループ全体の経営計画として策定された組織再編計画に基づいて実行された組織再編成は，どの法人の行為と認定され，また，法132条の2にいう「法人税の負担を不当に減少させる結果となる」行為として否認しうるかが争点とされた。

また，ヤフー事件に関しては，法57条3項の繰越欠損金の承継に関する個別否認規定と法132条の2の包括否認規定の関係についても議論された。

3 当事者の主張

(1) ヤフー・IDCF の主張

まず，法132条の2の「不当性」は不確定概念であり，通説に従うべきとして金子説を引用した。すなわち，不当性の判断は「経済人の行為として不合理・不自然な行為又は計算か否か」という観点から行われるべきで，かつ，「租税回避以外に正当な理由ないし事業目的が存在しない場合をいうと解すべき」と主張した。その上で，個別否認規定がある場合の包括否認規定の適用は，個別要件の充足が形式的なものでしかない場合に限定される等より慎重であるべきであり，また法132条の2が否認できる法人の行為は更正処分を受ける法人に限定されるべきとした。すなわち，本件IDCS副社長の就任は事業目的において不自然な点はなく，組織再編税制におけるみなし共同事業要件を満たすものであり，更正処分はいずれも違法とした。

その上で，IDCSの事業分割案は当初から株式上場を想定していたことから非適格分割となることを想定し，事業譲渡益で平成21年3月に期限切れとなる繰越欠損金を処理することを想定していたとするが，繰越欠損金の活用が主眼であったわけではないと主張した。本件特定役員も，副社長として取締役会への参加や事業提携契約締結等，職責を全うしており，役員就任が特定資本関係成立の直前で短期間であったとしても形式的なも

のではなく，租税上の考慮以外にも正当な事業目的を有する旨を主張した。IDCS 全株式の取得に際してソフトバンクが作成した差入書については，繰越欠損金の税効果が未実現であることによる M&A で行われるリスク回避のための通常の実務とした。また，IDCF を適格分割した場合には事業上の連携に支障が生じる恐れがあったために，株式の譲渡を予定して非適格分割を行ったものであり，通常かつ正当な事業目的が存在する組織再編であり，非適格分割として組成して資産調整勘定を計上した行為は「節税」行為であると主張した。

(2) 税務署長の主張

法 132 条の 2 は「個別の否認規定により対処することを想定していなかった租税回避の事態に対処するのみならず，適格作り（適格外し）や個別規定の要件作り（要件外し）等，課税減免等に係る規定ないし制度の逸脱・濫用があった場合に，そのような行為を許さないこととして適正な課税を行う否認規定」とした。その上で，事業目的が完全に否定できないとしても，主たる目的が租税回避目的である行為計算については同規定が適用されて否認されるべきとした。また，否認の対象となる法人の行為とは，更正処分の対象となる法人のみならず，組織再編の当事者である法人全ての行為が含まれるとした。その上で，本件の特定役員の就任はヤフーの行為と同視しうるものであり，あるいは IDCS の行為であるとしても同条の適用は妥当とした。

その上で，本件一連の組織再編においては，IDCS の有する繰越欠損金額の控除可能性が重要な関心事であったことが社内メール等で認められるとした。すなわち，IDCS は平成 14 年度から平成 18 年度までの間で合計 666 億円の欠損金を計上しており，平成 19 年度以降は毎年約 20 億円の所得を計上していた。そのため，特に平成 14 年度計上の欠損金 124 億円については平成 21 年度で繰越期限が到来して期限切れとなることが見込まれていた。この状況のもとで IDCS の事業計画が株式公開も含めて各種策定された上で，本件の一連の事業再編が実施された。その検討の中でも

IDCS の繰越欠損金額の全てが処理することができるかが重視されていた[19]。IDCS の買収価格 450 億円には「繰越欠損金の節税効果」として約 200 億円[20]が含まれていたこと，および，繰越欠損金の承継には特定役員引継要件が重要であることを法人側が認識していたことなどを指摘し，組織再編を行う主目的が繰越欠損金の利用であり，当該租税回避目的以外の目的は見出し難いとした。ヤフー社長の IDCS 副社長就任も，事業上の目的が存在したとしても，特定資本関係が発生する直前の時期に就任させる必要性は乏しかったとし，役職も含めて税務上の理由であったとした。

同様に，IDCF の新設分割についても，一連の組織再編成の計画を全体として見ると，完全支配関係の一時的な切断が短期間のうちに復活することが予定されており，実質的に見て分割会社による「移転資産に対する支配」が継続する内容のものであると評価すべきとした。

4　判決の要旨

裁判所は，IDCF の新設分割と IDCS の吸収合併につき，ソフトバンク財務部提案に基づく IDCS の繰越欠損金の全てを処理することを目的とした組織再編であったと認定した。すなわち，ヤフー社長の IDCS 副社長就任は特定役員引継要件を満たすためのものであり，事業上の必要性は高くなく，また，IDCF の新設分割も適格分割とみなされるとした。

その上で，法 132 条の 2 の「不当性要件」は，①法 132 条と同様に，取引が経済的取引として不合理・不自然である場合のほか，②組織再編税制の趣旨目的又は個別規定の趣旨・目的に反することが明らかであるものを含むとした。すなわち，個別にみると事業目的がないとは言えないような場合であっても，組織再編成全体としてみた場合に組織再編税制の趣旨・

---

(19)　IDCS の事業再編に関しては複数の案が検討されており，特に「ソフトバンクへの財務面の寄与」という観点からは同社の繰越欠損金額の全てが処理できるか否かが，ソフトバンク財務部の意向として重視されていたことが指摘されている。

(20)　繰越欠損金額に税率 40％を乗じて算出された額で，すなわち繰延税金資産に該当する額。

目的に明らかに反し，又は個々の行為を規律する個別規定の趣旨・目的に反するときも，法132条の2の対象とする不当な租税負担の軽減に当たると判示した。すなわち，個別否認規定を形式的に適用して課税上の効果を生じさせることが明らかに不当であるという状況が生じる可能性があり，その場合には税負担の公平を図るために法132条の2を適用すべきであるとした。ただし，包括否認規定の適用を行えるかどうかは，個別規定の趣旨・目的に応じて定まるものであり，当該個別規定の趣旨・目的によっては形式的に適用を貫く場合もあるとした。すなわち，法57条3項は企業グループ内適格合併の場合の繰越欠損金の承継について制限を加える個別否認規定であり，法令112条7項5号はその委任を受けて要件を定めている。この要件の中に特定役員引継要件が定められているものの，この要件は，「合併の前後を通じて移転資産に対する支配が継続しているか否かの指標として，常に十分にその機能を果たすものとまでは言い難」く，「特定役員引継要件を形式的に適用するだけでは，課税の公平を実現することができない恐れがある」すなわち課税の繰延を認める支配の継続を確認するための要件として不十分であるとした。したがって，特定役員引継要件を形式的に満たすだけで，組織再編成の他の具体的な事情（例えば当該役員の任期や職務内容，事業や従業員の継続性，繰越欠損金額の多寡等）を一切問わずに繰越欠損金の承継を認めるべきものとして定められたとはいえず，形式的に該当する事実があるとしても包括否認規定を適用することは排除されないとした。同様に，IDCFの新設分割についても，局所的に「当事者間の完全支配関係」の継続の見込みがないと判定される場合でも，組織再編成に係る具体的な事情次第では，「移転資産に対する支配」が継続していると評価すべき（すなわち，適格分割であるとすべき）場合が生じうるため，完全支配関係継続見込み要件が局所的に見ると充足されない場合において包括否認規定を適用することが排除されないとした。

　否認対象となる「その法人の行為又は計算」については，税務署長の主張の通り，組織再編を行う当事者である法人を含むとした。IDCS副社長

の就任は原告であるヤフーの行為と同一視できるとする税務署長の主張は
採用できないものの，本件役員就任は法132条の2の規定に基づき否認す
ることができる行為又は計算に含まれるとした。

5　純資産の部の税務の観点からの考察

　本件は組織再編成の行為計算に関する包括否認規定である法132条の2
の適用が争われた初めてのケースとして注目された裁判であった。特に，
包括否認規定が適用される不当性について，組織再編税制の趣旨・目的に
反するものを含むこととされた点については，他の包括否認規定への影響
も考えられるところである。一方，IBM事件との関連で言えば，同事件で
は法132条が租税回避目的を問わないと判示したのに対し，本件では租税
回避目的があることが重要な要素として取り上げられたという点は指摘さ
れる。

　ヤフー・IDCFはいずれも一連の組織再編成の主たる目的は租税回避以
外の事業目的であるとしていたが，一方でIDCSが有していた繰越欠損金
の有効かつ完全な処理の可能性を模索し，重視していたことも認め，その
ための組織再編を「節税」として認められるべきものと主張した。確かに，
自らが計上した繰越欠損金を自らの所得と通算するのは納税者の当然の権
利であり，期限的な制約が加えられることにこそ理論上の問題があると言え，
その全額の解消を目指すこと自体には問題がないはずである。自らが計上
した繰越欠損金の解消は複数事業年度の税負担の適正化に繋がるものであ
り，租税回避とは異なるものであるためである。繰越欠損金自体に資産性
があることも，繰延税金資産を計上する企業会計上，および同資産を配当
財源として認める会社法上も明らかと言える。これらの点に関する税務署
長および裁判所の指摘は，経済取引においては経済実務ではなく租税法上
の配慮を重視すべきと指摘しているに等しく，妥当性を欠くと言える。

　一方で，繰越欠損金という租税属性を，計上した法人以外の法人が利用
することについては制約が課せられるのも当然であろう。だからこそ，そ

第10章　会社法成立以降の純資産の部に関連する判決例　357

の承継の条件を定めた組織再編税制が整備されたはずであり，本件は包括
否認規定が組織再編税制の個別規定を全体の趣旨・目的に照らしてオーバ
ーライドする可能性を指摘した点で重要といえる。すなわち，本件の純資
産の部の税務に関する論点としては，繰越欠損金を含む純資産の部の引継
ぎを行いうる組織再編とは何かという点が挙げられる。

　税制調査会の答申によれば，資産の移転は時価取引として譲渡損益を計
上するのが原則としつつ，組織再編の前後で経済実態に実質的な変更がな
いと考えられる場合には課税関係を継続すなわち譲渡損益を繰延等し，欠
損金等についても引継ぎを行うものとするのが組織再編税制とされる。原
則譲渡とは資本構成の引継ぎが生じない時価取引であり（法62条），条件
を満たした旨を申告した場合のみ，適格組織再編として資本構成の引継ぎ
が認められる（法62条の2）。その実質的な継続性を判定するのが適格要
件であり，支配の継続や事業の継続を適格要件充足により確認することで
組織再編前後の実質的継続性を認定してきたものと考えられてきた。

　しかし，ヤフー事件，IDCF事件とも，裁判所は，組織再編税制におけ
る各適格要件はそれ自体では不完全であることが自明であると判示し，実
態として組織再編の前後の「支配の継続性」が保たれていることが適格要
件の個別充足以上に重要であるとした。すなわち，本判決を踏まえれば，
原則・例外という別ではなく，その組織再編の前後で実質が継続している
場合には資本構成引継ぎ，非継続なら時価取引と，その実質により判定さ
れ，その典型的判断基準の一例として適格要件が例示されていると理解さ
れる。また，適格要件の形式的な充足・非充足については，包括否認規定
により実質判定の上，否認される可能性が否定されない。

　ヤフー事件は期間や人数など個別規定に定めのない要素が判定要素とな
っていることなどその否認のされ方について「法創造」（谷口［2014］26頁）
との批判も妥当と思われるが，一方で特例である適格合併が原則通りの課
税関係となったという想定されうる判断であったとも思われる。しかし，
IDCF事件は，原則通りの非適格組織再編として申告したものにつき，実

際には適格組織再編とされるべきであったとして否認され，特例的取り扱いに課税関係の引き直しが行われている。しかも，この引き直しが資産調整勘定についてのみ行われている。この点につき，個別要件を満たさず，あるいは，要件を満たしたことを申告しなくても，実質が継続と判定されれば適格組織再編となるとの思考が本件から提示される。しかし，この個別規定のオーバーライドは包括否認規定である法132条の2によってしか行われず，したがって課税庁側のみにその余地が委ねられていることになる。仮に，ヤフー事件において形式的に適格要件を満たしているが非適格組織再編として申告し，あるいはIDCF事件において適格要件を満たしていないのに適格組織として申告していた場合に，特に後者について認容される余地があるとは思われない。ヤフー事件についても，期間や人数，繰越欠損金の多寡すなわち数値が問題であるなら，明確な数値基準なしに法的安定性や予測可能性が担保されるとは考えにくいとの指摘は当然であろう。「支配の継続」の概念としての曖昧さ（藤曲［2014］70頁）も指摘されるところである。

　適格要件の個別該当性にかかわらず，組織再編の前後で実質が継続している場合には帳簿価額や純資産構成等の租税属性が承継されることが公平な課税にかない，そのために実質により判定するという構成は一見理論的であるようにも思われるが，前述のとおり法132条の2は納税者側から適用を要請することができない規定である。

　本判決を踏まえた上で予測可能性と法的安定性を担保するためには，制度の趣旨・目的を税法上に明示し，かつ，課税計算上の要件を現行の判断の幅を排除する程度に詳細に定める必要がある。しかし，それでも全ての状況に対応した規定とすることは困難であろうし，また，132条の2の適用を最終的に回避しうるかどうかは不分明と言わざるを得ない。したがって，支配の継続や事業の継続を単なる形式要件の充足ではなく実質で判定するのであれば，現行の組織再編税制に関する事前照会制度をさらに充実させ，事前確認制度とする必要がある。なお，その運用にあたっては組織

第10章　会社法成立以降の純資産の部に関連する判決例　359

再編成の事業上の要請を害さない程度に適時に運用する責任が，課税庁側
に課されるべきと考えられる。

Ⅳ　事業体の法人該当性判断とその結果としての資本等取引の該当性の判断に関する事例

デラウェア州 LPS 事案

第一審　名古屋地方裁判所平成 23 年 12 月 14 日判決

（LEX/DB 文献番号 25480178）

控訴審　名古屋高等裁判所平成 25 年 1 月 24 日判決

（LEX/DB 文献番号 25445906）

上告審　最高裁判所第二小法廷平成 27 年 7 月 17 日判決

（LEX/DB 文献番号 25447357）

差戻控訴審　名古屋高等裁判所平成 28 年 3 月 8 日判決

（LEX/DB 文献番号 25448488）

バミューダ特例 LPS 事案

第一審　東京地方裁判所平成 24 年 8 月 30 日判決

（LEX/DB 文献番号 25495967）

控訴審　東京高等裁判所平成 26 年 2 月 5 日判決

（LEX/DB 文献番号 25503389）

上告審　最高裁判所第二小法廷平成 27 年 7 月 17 日決定

（LEX/DB 文献番号 25546614）

オウブンシャホールディング事件や IBM 事件では，国外での非課税取
引規定等の外国税法が事件の概要において大きな意味を有していたほか，
日産事件では法人税法の課税所得計算は他の私法の制約を受けないことを
判示した。本件では，外国法制における事業体が日本の法人税法上どのよ
うに取り扱われるべきかが論じられた。特にデラウェア州リミテッドパー
トナーシップ（以下 LPS）についてはほぼ同時期に東京，大阪，名古屋で

同様の内容の提訴がされ，下級審では判断が分かれたものの最終的には LPS を外国法人としたのに対し，バミューダ特例 LPS 事案では最高裁でも同 LPS を外国法人とはみなさなかった。事業体が法人である場合には，当該事業体への資金提供や利益の送金は資本等取引に該当するのに対し，法人に該当しない場合には資本等取引とはされない等の相違が生じることから，事業体の法人該当性についても純資産の税務に関連するものとしての検討が必要になると思われる。

1 事案の概要

• デラウェア州 LPS 事案

東京，名古屋，大阪で出訴されたいずれも，米国デラウェア州の LPS 法に基づき設立された LPS を利用した米国所在の不動産貸付等の事業を行っていた。当該事業にかかる所得および減価償却費につき，日本在住の投資家の不動産所得に該当するものとして損益通算の上申告していたところ，当該 LPS は日本の租税法上法人に該当するため，当該所得は当該 LPS に帰属するものとして更正処分が行われた。

• バミューダ特例 LPS 事案

英国領バミューダ諸島の法律に基づき組成された特例 LPS がスワップ契約等により得た事業利益につき，匿名組合契約に基づき利益分配を行ったところ，当該利益分配が国内源泉所得に該当し，法人税の申告を行うべきであったとして法人税の決定処分および無申告加算税の賦課決定処分が行われた。

2 主たる争点

両事案とも，各 LPS が租税法上の法人あるいは人格なき社団に該当するか否かが争われた。なお，構成としては，法人該当性がまず争われ，法人に該当しない場合に人格なき社団への該当性が論じられたが，本稿では法人該当性に焦点を置くこととする。

第 10 章　会社法成立以降の純資産の部に関連する判決例　361

3　当事者の主張

(1)　投資家側の主張

　投資家側は，外国事業体の法人該当性につき，民法 36 条 1 項に従い，①当該外国の事業体の根拠法において法人として定められていること，②商行為を行うことを目的として設立された社団であること，の 2 点で判断すべきであり，当該 LPS はいずれも満たしていないとして法人に該当せず，法人税法上の外国法人にも該当しないと主張した。

　また，バミューダ特例 LPS については，むしろ日本法における組合やケイマン特例 LPS[21] に類似すると主張した。

(2)　税務署長の主張

　税務署長は，いずれの事案においても法人該当性の判断基準として①構成員の個人財産と区別された独自の財産を保有すること，②権利義務の帰属主体となりうる能力を有すること，の 2 点を主たる判断基準とし，かつ，手続法的に③訴訟当事者となりうること，を加え，これら 3 つの能力等を有しているか否かに基づいて判断すべきとした。その上で，いずれの事案においても LPS にはいずれの能力も認められるとし，法人に該当すると主張した。

4　判決の要旨

・デラウェア州 LPS 事案

　名古屋出訴の第一審および控訴審においては，法人該当性は準拠法の定めに依拠して判断されるべきとされた。すなわち，外国事業体についても当該事業体の準拠法において法人格を付与する旨を規定されていると認められるか否かにより判断されるべきとされた。その上で，具体的には内国法人と同様に損益の帰属すべき主体として設立が認められたものと言えるかどうかを検証するのが相当とし，州 LPS 法が当該 LPS を法人とする旨

---

(21)　ケイマン特例 LPS について法人該当性を争った判例において，法人に該当しないと判断された事例（平成 19 年 3 月 8 日名古屋高裁判決，確定）。

を定めたものと解することはできず，また，当該LPSが損益の帰属すべき主体として設立が認められたものということもできないことから，当該LPSは法人に該当しないと判断した。すなわち，租税法律主義や法的安定性の観点から，法人概念については借用概念として整理すべきとした。

しかし，最高裁においては，法人該当性の判断基準を，まず①当該組織体の設立根拠法令の規定の文言や法制の仕組みから，日本法上の法人に相当する法的地位を付与されていることが疑義のない程度に明白であるかを検討し，これができない場合に②当該組織体が権利義務の帰属主体であると認められるか否かを検討して判断するべきとした。その上で，当該LPSは根拠法上法人に相当する法的地位を指すものであるかは明確でないものの，法律上の権利義務の帰属主体となっていると認められることから外国法人に該当すると判示した。

・バミューダ特例LPS事案

本件においては，第一審から法人該当性の判断基準としては法人法定主義を基本とし，外国事業体については，①当該外国の法令において当該事業体を法人とする（当該事業体に法人格を付与する）旨を規定されているかという点に加えて，②経済的，実質的に見れば，明らかに我が国の法人と同様に損益の帰属すべき主体（構成員に直接その損益が帰属することが予定されない主体）として設立されたか，を検討すべきであり，特に後者が肯定される場合に限り法人に該当すると判断すべきとした。税務署長の主張

図表12　外国事業体に関する法人該当性の判断基準

	米LCC	米LPS	バミューダLPS	ケイマンELPS
事業体	ニューヨーク州LLC	デラウェア州LPS	英領バミューダ特例LPS	ケイマン諸島特例LPS
法人該当性	肯定		否定	
法人の要素	財産所有・処分 契約締結主体 訴訟当事者能力　等 ＝権利義務の主体		設立根拠法上の法人格付与 ＋損益帰属主体	無限責任社員の有無 会社法上の登録の有無

する判断基準は法人該当性の判断基準として採用することはできないとした上で，本件特例LPSについては当時の法制上法人格を有しておらず，LPSの事業損益は構成員に直接帰属することとされているため，法人には該当しないと判示した。控訴審でも同様の判断がされ，最高裁では上告不受理決定となり確定した。

5 純資産の部の税務の観点からの考察

　会社法の成立により，日本においても合同会社や有限責任事業組合といった新たな形態の事業体の設立が可能となった。これらについて，日本では前者は会社すなわち法人，後者は組合のため構成員課税とし，法人格の有無すなわち統一説に基づく認定を行った。事業体が法人であるか否かにより，純資産の部の税務の観点からの検討のされ方も変わることとなるため，法人該当性が明確ではない外国事業体について日本の課税上法人と扱われるかどうかが大きな問題となっていた。なお，この判決の以前の実務上の取り扱いとしては，民法上の組合と同様の取り扱いが適用されてきた。ニューヨーク州LLCについても，平成19年10月10日東京高裁判決において米国での納税ステータスにかかわらず外国法人として取り扱うべきこととする判断[22]が示されたが，それ以前の実務は組合として扱うものも多く，また，米LLCでも，他州のLLCについては個々の判断を要するとされ，LLCであれば必ず法人と扱われるかも判然としない状況にある[23]。

　このような状況のもと，両判決はいずれも外国事業体であるLPSの法人該当性を争ったものであるが，最終的な結論としては全く異なることとなった点で注目された。特に，デラウェア州LPSに関する本件事案についても，第一審および控訴審までは裁判所はバミューダ特例LPS事案と同

---

(22)　この裁判に先立ち，平成13年2月26日付の国税不服審判所裁決事例でも判旨と同様の判断が示されている。

(23)　国税庁質疑応答事例「米国LLCに係る税務上の取扱い」によれば，米LLCは原則として外国法人として取り扱われるものの，個別に判断する必要があるとしている。

様に法人該当性を否定する判断で共通していた。これらの法人該当性を否定した裁判で共通して議論されたのは，当該事業体は損益が帰属する主体であるか否かという点であり，デラウェア州 LPS の法人該当性を肯定した最高裁判決では損益帰属性を判断しなかった[24]。すなわち，損益帰属性に関する判断が両判決の相違を生んだ可能性が指摘される。

　なお，デラウェア州 LPS について大阪地裁に出訴された事例では，損益帰属による法人該当性判断についても検討した上で，第一審，控訴審とも法人該当性を肯定した。すなわち，大阪地裁は「ある事業体が「権利義務の主体となることのできるもの」であり，その事業活動において，その名において財産を取得し，法律行為を行い，債権を有し債務を負うのであれば，その事業活動に伴う損益も当然に当該事業体に帰属する」として，権利義務の主体であることが損益の帰属を包摂する概念と指摘した。また，控訴審である大阪高裁判決では「米国ではチェック・ザ・ボックス規則によって損益が事業体の構成員に帰属すると擬制されることもあることからすると，当該事業体が法人に該当するか否かを判断するにあたり，当該事業体が権利義務の帰属主体となることとは別に，損益の帰属すべき主体として設立されたものであるかどうかを判断基準とすることは，相当でない」と指摘した。すなわち，この事例においても，事業体課税の要素としては損益の帰属を重視[25]しつつも，判断基準とはしないことで LPS の法人該当性を判断したことがうかがわれる。

　これらからは，課税相当性という観点を重視して事業体を損益帰属性で判断する場合には，多くの LPS の法人該当性が否定されうることがうかが

---

(24)　デラウェア州 LPS の法人該当性について争った平成 25 年 3 月 13 日東京高裁判決でも，損益帰属が無い事を判断の上で法人に該当しないと判示した第一審を破棄し，損益帰属性は判断基準とすることは不要とした上で同 LPS を法人に該当すると判断した。

(25)　同判決文では，法人税について「法人には，その事業（取引）の損益が帰属することを前提として，その所得に対する法人税が課されて」おり，また，組合に対しては「当該組合の事業の損益が構成員に帰属することを前提として，その構成員に所得税又は法人税が課されている」と指摘している。

がわれる。損益帰属性が制度設計上操作可能[26]なものであることを重視して，操作性のない部分での実質判断を試みたものと考えることもできるが，一方で，外国法人 PE や有限責任事業組合の取り扱いと整合的な判断であるかは疑問が呈されるところであろう。

所得の滞留がありえない事業体に対する事業体段階への課税の必要性について疑問も呈されうるが（古田［2015］36 頁），それ以上にこれらの事案における問題としては，所得等が国境を越えて流出入することについての対応のあり方であったと思われる。すなわち，一連の取引が国内で完結している場合には，損益の帰属につき重視して課税すれば足りるものの，所得が滞留しない事業体で稼得された所得あるいは欠損が国境を越えて移動した場合に，国内で完結する取引に対する課税との公平性の観点から課題が生じるという BEPS の問題が，これらの問題への対応のズレを生んだと思われる。

外国事業体が法人とされた場合の出資者である法人の課税所得計算への影響としては，資本等取引の範囲や取り扱い，また所得計算の結果欠損が計上された場合の通算の制限などがありうる。また，当該事業体から割り当てられた利益の額についても，利益の配当として外国子会社配当の益金不算入規定の適用は当然に認められるべきと考えられるが，外国税額の納付があった場合にその税額が出資者である法人の名義の外国税額として外国税額控除の適用がありうるのか等，その範囲を明示する必要があるだろう。

また，課税所得として捕捉するタイミングとしても，当該事業体が法人に該当する場合には，当該事業体で稼得し実現した段階では日本の法人税の課税は及ばないこととなる。すなわち，当該事業体が法人に該当しない場合には，実際の支払いの有無にかかわらず収益・費用の発生時点で法人

---

(26) アメリカでは，一定の事業体については①構成員課税，②事業体課税，③メンバーの支店としての取り扱い，のいずれかを選択でき，前述の IBM 事件における米 WT はこの選択において米 IBM の支店としての取り扱いを受けていた。

の損益とされるが，法人に該当する場合には，欠損金については当該事業体に滞留し，利益についても実際に支払いが実施された場合に配当として取り扱われることになる。日本において法人とみなされた外国事業体が現地法制で構成員課税等を選択していた場合，その利益を再投資すれば実質的に非課税所得での投資が可能となる。外国子会社合算税制の適用のあり方も議論の対象となりうるが，いずれにせよ最高裁判示の基準でLPSを法人とした場合にもBEPSの問題は別途の議論を要すると考えられる。

終わりに

　法人税が包括的所得概念に基づき課税所得計算を行う以上，資本等取引がその計算から除外されるのは当然のことと言える。そして，課税所得計算から除くべき資本等取引の骨子は当初出資額とその増減取引，および課税済み所得に関する取引と考えられるが，平成13年以降の一連の商法・会社法改正や法人税法の改正は，資本等取引の内容を非常に複雑なものとし，法人税法上の純資産の概念に混乱をきたし，また資本等取引を背景として生じる損益取引にも大きく影響を及ぼすこととなった。結果として，企業集団内の資本等取引の実行が租税回避の観点から論じられる事例が増加し，その論拠を包括否認規定のみならず所得計算の通則（法22条）に求める事例が増加したことが指摘される。特に，国境をまたいだ資本等取引とその背景にある資産の増減による損益により，資本等取引自体からは損益は生じなくても，出資者側では経済的な損益が生じることから取引全体では損益が生じ，結果として企業集団全体として租税負担の軽減が発生することもありうる点は，議論されるべき課題であると考えられる。一方で，合法的な範囲での租税負担の軽減すなわち節税は容認されるべきであり，全体として租税負担の軽減があるということを持って直ちに否認されるべきでもない。特に，法22条を一般的否認規定のように用いることは厳に慎むべきであり，個別規定が定めていない要素を解釈により付加したり変

更したりすることも認められるべきではないだろう。

　いずれにせよ，各種の論点について裁判例は蓄積されつつあるものの，明確な指針として確立しているとは言い難く，事後的な税制改正により修正を図る例も多く見られるのが実情である。前述の通り法人税法における純資産概念の混乱も指摘されるところであり，これらにつき所得課税の観点からの論理整合的な対応と，BEPS 対策の観点からの議論を混同することなく行うことが求められる。また，平成 30 年 11 月より開始された税制調査会「連結納税制度に関する専門家会合」では，連結納税制度の見直しを組織再編税制との整合性の観点から図るべきとの議論も行われているようである。この点についても，企業集団の資本等取引と所得課税のあり方の観点から注視が必要であろう。

【参考文献】

岩武一郎［2014］「新株有利発行課税の問題点：東京高裁平成 22 年 12 月 15 日判決の検討を中心として」『会計専門職紀要（熊本学園大学）』5 号，23-40 頁

漆さき［2016］「匿名組合契約の課税関係」『租税判例百選［第 6 版］（別冊ジュリスト）』228 号，44-45 頁

太田洋［2016］「法人税法 22 条 2 項にいう「取引」の意義」『租税判例百選［第 6 版］（別冊ジュリスト）』228 号，100-101 頁

大淵博義・太田洋［2016］「法人税法 132 条，132 条の 2 とその運用の捉え方」『税務弘報』64 巻 1 号，8-33 頁

岡村忠生［2013］「子会社の減資に伴う株式消却と譲渡損益(1)〜(3)」『税研』169〜171 号

岡村忠生［2015］「株式発行法人への株式譲渡に伴う譲渡損失の連結納税持込みと行為・計算否認規定— IBM 事件」『ジュリスト』1479 号，211-212 頁

金子宏［2017］『租税法（第 22 版）』弘文堂

佐々木浩，椎谷晃，松汐利悟［2010］「法人税法の改正」『平成 22 年度税制改正の解説』（財務省 HP 掲載）

税制調査会［2000］「平成 13 年度の税制改正に関する答申」

髙橋祐介［2016］「民法上の組合の課税関係」『租税判例百選［第 6 版］（別冊ジュリスト）』228 号，42-43 頁

田中啓之［2016］「リミテッド・パートナーシップ（LPS）の租税法上の扱い」『租税判例百選［第 6 版］（別冊ジュリスト）』228 号，46-47 頁

谷口勢津夫［2014］「ヤフー事件東京地裁判決と税法の解釈適用方法論—租税回避アプローチと制度（権利）濫用アプローチを踏まえて—」『税研』177号，20-30頁

谷口勢津夫［2015］「旧商法上の減資払戻限度超過額と法人税法22条2項による収益擬制」『ジュリスト』1479号，213-214頁

朝長英樹［2015］「検証・IBM事件高裁判決（第3回）」『T&A master』596号，4-15頁

中里実［2014］「株式消却を伴う減資の際の払戻しと旧商法375条」『法律時報』86巻9号，130-131頁

中西良之［2016］「外国事業体の法人該当性に関する一考察—平成27年7月17日最高裁判決を題材にして—」『金沢星稜大学論集』49巻2号，99-105頁

藤曲武美［2014］「「支配の継続」の考え方」『税務弘報』62巻7号，65-73頁

古田美保［2015］「事業体の多様化に伴う税務上の課題」『会計』187巻3号，30-44頁

吉村典久［2014］「子会社株式の強制消却による減資等に係る払戻金と譲渡損益の計算」『ジュリスト』1472号，8-9頁

〔謝辞〕本研究はJSPS科研費JP16K04007の助成を受けたものです。

純資産の部の総合的検討

日 税 研 論 集　第 76 号　（2019）

令和元年 7 月 20 日　発行

定　価　（本体 3,889 円＋税）

編　者　公益財団法人　日本税務研究センター

発行者　浅 田 恒 博

東 京 都 品 川 区 大 崎 1 - 1 1 - 8
日本税理士会館 1 F

発行所　公益財団法人　日本税務研究センター

電話（03）5435-0912（代表）

製　作　財経詳報社